夢幻往来
師直の恋 ほか

松本 徹

鼎書房

夢幻往来・師直の恋 ほか　目次

『袈裟《けさ》の首《くび》』抄

『師直《もろなほ》の恋《こひ》』抄

凡　例

一、本巻およびこれ以降の巻は、歴史的仮名遣ひとする。これまで一、二巻は現代仮名遣ひとしたが、発表誌などの関係からである。著作集として一貫性を持たせなかつたことをお許し頂きたい。

二、暦は和暦をもつてし、要所では括弧内に西暦に準じた数を入れる。その数は、和暦の枠を越えない便宜的なもので、いわゆる西暦に合はせた通し番号である。

三、原本にある引用文献、参考文献は、ここでは省いた。執筆当時のもので、いささか古くなつたためである。

四、数字は和数字を基本とするが、括弧内などは洋数字を用ひる。

『夢幻往来』

信太森《しのだのもり》——うらみ葛の葉

上町《うへまち》台地は、大阪城を北端として南へ真直ぐ、大阪市街の背骨をなすやうにその中心を貫いて、伸びてゐる。大阪城附近が海抜二十二・四メートルと最も高く、南へ下がるにつれて少しづつ低くなり、約二十キロ、住吉神社に及んでゐる。

その上町台地が途中で一所、極端に狭まつてゐるところがある。天王寺と阿倍野《あべの》の境である。明治二十二年（一八八九）にその個所を開削、掘割とし、鉄道が敷設された。現在の関西線である。いまはそのほか環状線、南海天王寺線の、十本の軌道が敷かれ、その上に天王寺駅ビルが巨大な橋のやうに架かつてゐる。ビルの正面は、同じく掘割の上に架かつた阿倍野橋に向つてをり、橋全体が駅前広場になつてゐる。駅ビルが出来る以前は、橋と駅の間から下を走る列車や電車が見えた。

この阿倍野橋の、駅ビルと反対側からの眺めは、いまも変らずすばらしい。橋の下をくぐり抜けた幾條ものレールは、真直ぐ西へ坂を下つてゆき、そこから眺める者の視線をいやがうへにも遠くへ放つのだ。靄に阻まれなければ、大阪湾の光る海面が遠望できる。そして、大阪市街の中心部を含む西半分が、眼下にひろがつてゐるのである。伸びるレールの指さす正面は、大阪港周辺で、左手は釜ケ崎《かまがさき》、飛田《とびた》、右手は新世界から恵美須《えびす》町、日本橋《にほんばし》、難波《なんば》から本町、北浜となる。そして、その向ふの北摂の山々から六甲まで見わたすことができる。

この橋を南へ渡つたところが、近鉄の阿倍野橋駅ターミナルで、百貨店やレジャービル(注)が建ちならび、交差点の上には、歩道橋が交錯してゐる。ここから昔の阿倍野が始まる。だから、阿倍野橋は、阿倍野の端でもあるのだ。そして、旅行者をしばしば戸惑はせるのは、掘割をまたいだ天王寺駅南口が、近鉄の阿倍野橋駅と道路一つへだてて向ひあひ、陸橋で繋つてゐることである。

その阿倍野橋のターミナルから南へ、阿倍野筋の商店街を歩く。

五、六分もゆくと、阿倍野筋四丁目、かつての阿倍野斎場前に出る。その交差点から西南にかけて広大な墓地がひろがつてゐる。現在、一万一千余の墓があるとのことだが、明治七年(一八七四)に、千日《せんにち》や飛田にあつた墓地を移したものだ。阿倍野はひろく、住吉神社から和泉《いづみ》への、あるいは熊野詣の道筋として早くから知られ、しばしば戦場ともなつたが、丘陵地のため水に恵まれず、明治の中頃まではあまり開発されなかつた土地である。だから、明治になつて大規模な墓地が営まれたのだが、いまや、かつての阿倍野の面影を残してゐるのは、わづかにここだけであらう。そして、上町台地もここまでくると、西へゆるやかに傾いて、穏やかに開けた印象を与へる。

この墓地の一番手前、東側に、かつては焼場があつた。昭和三十年(一九五五)頃に現在の瓜破《うりわり》に移されたが、それまでは交差点から、高い煙突が煙を吐くのが、よく見えた。そして、風向きによつてはその煙が交差点まで降りて来て、強く臭つた。

敗戦の翌年に中学生になつた私は、いまは廃線になつた南海平野線に乗つて、中野から恵美須町まで通つたが、市街型の電車は、この交差点を東から西へ横切つていくのだ。だから、少年だつた私は、毎日、その煙を眺め、時には臭ひをかいだ。そして、交差点を渡り切つた電車が、墓地の北側沿いのながい坂道を、スピードをあげて下り出すとほつとしたものである。

私が大学に入つた翌年の春、祖母がこの焼場で煙になつた。

いまはその煙突もなく、緑色の電車が走つた道の上には、高速道路が大きく覆ひかぶさつて伸びてゐる。

この交差点を突切つて、さらに南へ十分ほどもいくと、謡曲で知られる松虫《まつむし》の塚があり、その少し先、右側に阿倍王子《あべのわうじ》神社がある。熊野詣とともに発達した熊野九十九王子社の、第二社である。白河院、鳥羽院、そして後白河院、後鳥羽院らが幾度も参拝してゐる。

境内には、楠の巨木が三本生えてゐるほかは松が多く、かつては海浜の印象がどことなく漂つてゐたものだが、いまはその真中に二階建のコンクリートの建物が大きく横たはつて、小じんまりした本殿は、その奥にかくれたやうな具合ひだ。境内を抜けて西側に出ると、五メートル幅のひつそりした道が通つてゐるが、これが熊野街道である。渡辺の津（現在の大阪市東区京橋三丁目付近、堂島川畔で天満橋の袂）に発し、天王寺をへて住吉神社から遠く熊野へと通じてゐた、その道の一部が、残つてゐるのである。

この熊野街道を松虫のはうへ少し戻ると、東側に、安倍晴明《あべのせいめい》神社がある。

狭い境内だが、楠が鬱蒼と茂つてゐる。石の鳥居をくぐると、すぐ右手に赤く塗られた稲荷《いなり》の祠《ほこら》がある。その隣りに、背の高い棕櫚の木二本にはさまれて、二メートルほどの石柱が立つてゐるが、これに「安倍晴明誕生地」とある。

安倍晴明は、いふまでもなく平安時代中期の陰陽道《おんみやうだう》の博士《はかせ》で、才学すぐれ、卜をよくし、通力ならびなく、播州の芦屋道満《あしやだうまん》と技競べをして勝つたことなど、多くの逸話が伝へられてゐる。出生地がここだといふのは多分誤りだと思はれるが、清明は、全国いたるところに出生地や墓を持つ人物の一人だから、真偽を穿鑿するのは野暮といふものだらう。

もつとも、このあたりが、阿倍野の古くからの中心で、一帯に勢力を張つてゐた阿倍氏なり安倍氏が居住してゐた。晴明神社には、晴明が生れたときに使つたといふ「産湯の井」（現在はないが『摂津名所図会大成』などには描かれてゐる）があり、水に恵まれない野のなかにあつて大事な場所であつた。そして、安倍晴明が伝説的人物として成長するにつれて、その姓の縁から、結びつけられたに違ひない。

そのとき、もう一つの伝説がはらまれた。誕生地表示の柱の向ひに葛之葉稲荷《くずのはいなり》大神の額をかかげた祠があるが、それが語るところのもので、人並み外れた才知と能力のゆゑに、晴明は人間の子ではなく狐を母とするらしい、と囁やかれるやうになつたことに発するらしい。

その際、主人公を晴明本人でなく父とし、歴史上実在の人物から外したことが有効だつたやうだ。すなはち、保名《やすな》が登場して来るのである。『尊卑分脈』や「阿倍氏系図」には益材《ますき》とあつて、保名の名は見当たらないが、そのもう一人の父が主人公なのである。

現在、この名が最も親しまれてゐるのは、歌舞伎の舞台であらう。たとへば、舞踊劇の『保名』がある。

恋よ恋　われ中空《なかぞら》になすな恋　恋風が　来ては　袂にかいもつれ

夫婦の堅い約束を交してゐた榊《さかき》の前が、非業の死をとげた悲しみのあまりに狂気した保名が、清元の唄とともに現はれ、舞ふのである。一本の桜の下、一面にひろがる菜の花のなかを、露芝模様の黒地の着物に、白地の紫ぼかしの長袴、紫縮緬の鉢巻を締め、肩に榊の前の小袖を掛けてゐる。まさしく恋に狂つた男の、極彩色といつてもよい色気が、舞台いつぱいに発散する。

この舞台は、武田出雲《たけだいづも》の浄瑠璃『芦屋道満大内鑑《あしやだうまんおほうちかがみ》』に基づく。出雲がこの作品を書くのに、古浄瑠璃『信太妻《しのだづま》』や紀海音《きのかいおん》の『信太森女占《しのだのもりをんなうらかた》』などに拠つたとのことだが、それらの先行作には、この場はないので、出雲の工夫によるのであらう。

この保名が狂気を発したのは京においてだが、狂ひ歩くのは、大阪・泉州《せんしゆう》の信太《しのだ》の森といふことになつている。ずいぶん離れてゐる。そして、信太の森の社にお参りに来た、榊の前の妹葛の葉に出会ふことになる。彼女は、姉にそつくりで、保名は、榊の前だと見誤るが、その驚きのために正気に戻る。葛の葉に同行してゐた父親は、榊の前の死を知つて悲しむが、姉の替りに葛の葉を嫁にと保名に申し出る。そこへ狐の生胆を求めて狩りをしてゐた石川悪右衛門に追はれ、年経た白狐が助けを求めて駆け込んでくる。その狐を匿つた保名は、多勢に無勢で、悪右衛門の手下にさんざん打ちのめされる。そして、葛の葉を奪はれたと思ひ込み、自殺しようとする。そのとき、助けられた白狐が葛の葉に化けて押しとどめ、傷ついた保名を介抱するまま、ともに阿倍野に隠れ住み、やがて晴明を生むことになる……。

天王寺駅へ戻ると、阪和線の区間快速電車に乗つた。そして二十数分、北信太《きたしのだ》駅で下車した。向ひ側の上り線ホームを見ると、古ぼけた絵看板が一枚、クリーム色に塗られた明るい壁にはめ込まれてゐる。「信太森葛葉稲荷神社」と横に黒く筆書きされた文字の傍に、髷《まげ》の若い男が赤ん坊をかかへてをり、その背後の障子に、「恋しくば尋ね来て見よ和泉《いづみ》なる　信太の森の　うらみ葛の葉」の歌が、流れるやうに書かれてゐる。

駅が改築されるまでは、もう一枚、十二単衣姿の葛の葉を描いた、同じやうな筆使ひの絵看板がかかつてゐたと記憶する。もつとも私がこの駅に初めて立つたのは、二十年も以前のことである。結婚して間もなく、泉大津市助松《すけまつ》の公団住宅に入り、子どもができるまでの三年余を送つたが、通勤には南海電車を使ひ、阪和線には縁がなかつたものの、散歩の足を少し伸ばすと、信太森葛葉稲荷に到る。そこで、時にはこの駅から電車に乗り、天王寺へ出た。

線路に添つて少し進むと踏切があり、それを西側へ渡ると、赤く塗られたコンクリート製の大きな鳥居に行き着く。コンクリートの地肌が透けてゐて、違和感を覚えるが、そこを左折して進むと、その道に面して右側に、簡素な造りの山門がある。それをくぐると、今度は木の赤鳥居が幾つとなく奥へ続いてゐる。どこの稲荷社でも見られる風景である。ただし、本殿は小ぶりな白木造りである。前には玉と巻物をくはえた狐の石像が左右に据ゑられてゐるが、なぜか獰猛な目つきをしてゐる。

この本殿の左側に、楠の巨木がそびえてゐる。もう老木で、勢ひを失つてゐるが、空にむかつて枝々を振りたててゐる姿は、なんとも力強い。

二十年前の私は、今度やつて来たのと反対側から、この高々と盛りあがつた繁みを目指して田んぼの中を歩いて来た。そして、いまと同じく梢を見あげたのだが、その時に味はつた晴れやかな気持が蘇つてくる。そして陽をうけてつやつやと光る緑の葉叢、その上にひろがる空の明るさも、変りない。違ふのは、ここへやつてきた道筋と、私を捉へてゐる時間だ。

信太の森は、ずいぶん古くから知られてをり、『枕草子』に「森は……信太の森」と記されてゐるとともに、歌に多く詠まれてゐる。最も有名なものとしては、この楠を扱つた一首、

いづみなるしのだの森の楠の木の千枝《ちえ》にわかれてものをこそ思へ　　古今六帖

千もの枝をもつ楠の巨木が、この信太の森の象徴だつたのである。たとへば藤沢衛彦『日本伝説研究』第五巻に引用されてゐる四十五首のうち、二十一首までが「千枝」なる言葉を詠み込んでゐる。ひめまつの会編『平安和歌歌枕地名索引』（大学堂書店刊）には四十六首、半ばが『日本伝説研究』と重複してゐるが、十四首に「千枝」が見られる。そして、その言葉を用ひない場合でも、ほとんどがなんらかのかたちで数の多さを問題にしてゐる。数の多さなどと無粋な言ひ方をしたが、もつぱら恋の思ひの繁きことを訴へるために使はれてゐるのである。

ほしわびぬおもひしのだの森の露ちえにくだるる手《た》まくらの袖　源具親
もの思へばちぢに心ぞくだけぬる信太のもりのちえならねども　西　行
きく人のなみだもしげしほととぎす信太の森の夜半のしのびね　俊成女

かうした歌を見るにつけても、この森が烈しい恋愛譚と結びつく素地が認められよう。その「信太妻」のエッセンスをなすとも言つてもいい、駅の絵看板にあつた歌「恋しくば……」を、狐とともに彫り込んだ石碑が、楠の前にあつた。建立年をみると、昭和五十年とある。

今度初めて、本殿の横から裏へと入り込んでみた。そして、驚いたのだが、本殿と楠の両側から裏一帯にかけて、祠や厨子《づし》や石碑が、いくつもいくつも並んでゐるのだ。

刻み込まれた文字を見ていくと、小玉大明神、阿倍大神、楠宮大神、白光大神、葛葉大明神、八大龍王、森吉大神などとある。それらがどのやうな神々なのか、私にはよくわからない。楠宮大神が楠、葛葉大明神が信太妻の伝承によることぐらいは、察することができるが。二柱一組の例が多いのも、保名と葛の葉にあやかつてのことだらう。

ほとんどは講による建立で、明治から最近におよんでゐる。

なかでも、ひときは目立つたのが、御影石でつくられた楠木龍王二柱大神を祭つた祠で、その横に由緒を刻んだ、高さ三メートルもある堂々たる石碑が立つてをり、昭和五十三年六月、大楠の枝が大音響とともに折れて落下、その下から白蛇二匹が死んで見つかつたので、それを神として祀つた、とある。ついこの間にも、神が誕生したのである。かうしたさまざまな神々が、本殿と楠の周囲にひしめいてゐるのだ。白狐が神として君臨してゐる森の中であれば、当然かもしれない。

この森と阿倍野を、なにが結びつけたのであらう。答は簡単で、かつて一本の道が通じてゐたのである。駅から神社の方へ踏切を渡らず、逆に左へ曲つて二百メートルほど行くと、五メートル幅の道に出る。それが熊野街道である。安倍晴明神社、阿倍王子神社の前を通つてゐた道である。いまやあちこちで切れてしまつてゐるが、かつては徒歩で半日足らずの道のりであつた。

ちやうど角に交番があつたので、訊ねてみると、このあたりでは、熊野街道といはず小栗《をぐり》街道と呼んでゐますとのことであつた。さういはれて注意してみると、交番のすぐ近くの道端にあつた地蔵には、小栗地蔵と刻まれてゐた。いふまでもなく、説経や浄瑠璃で知られる小栗判官にもとづく命名である。

また、この社の本社であつたのが、ここから徒歩で二十分ほどの小高い丘にある聖《ひじり》神社で、聖は日知り、暦の神の謂で、江戸時代には諸役免除の陰陽師が数人ゐて、暦を製造、販売してゐたから、晴明に繋る。天文博士の晴明と係りを示すことは、彼らを権威づけ、その暦の販売にも大きく役立つたに違ひない。だから、阿倍野を晴明の出生地に仕立てあげたのは、じつはこの地の陰陽師たちであつたかもしれない。さうして聖神社の末社、葛の葉社の由来を、『信太妻《しのだづま》』として語り出し、広めたと考へることもできさうである。

ただし、これらはごく実際的な理由であつて、伝承の世界のこととなると、他にもさまざまな要素が複雑にからんでゐよう。阿倍野は、晴明といふ世俗において栄誉を獲得した歴史上の人物に係る場所であり、信太の森は、老狐の生棲する妖かしの地であつて、いまなほ、白蛇龍王などといふ神々が誕生してゐるところなのである。存在の位相が違ふ、といつてよい。

ここでまた、さきに触れた晴明より一代前、それだけ歴史的位置から伝承的位置へと繰り上がつた保名の存在が、意味を持つてこよう。彼は、狂気と正気、妖かしと現実の間を身ひとつで往復するのである。いかに異質な場所であらうとも、ひとつに縫ひあはせていく。

そして、その保名の裡を貫くのが、恋情である。恋情がそのまま男の姿をとつたのが保名だといつても、舞踊劇『保名』を見たことのあるひとなら、認めてくれるのではないか。もつともこの場では死んだ恋人への恋情に囚れてゐるにすぎないが、物語の進展につれて、それは妻へ、母へ、さらには異類の女へと、ひろがり深まつてゆく。

この異類の女こそ、じつは、男の恋情をより純粋に燃えたたせるに違ひあるまい。

異類との交婚説話は『古事記』や『風土記』にも見られるやうに、ずいぶん古い。豊玉姫はワニ、乙姫はカメであり、かぐや姫は月世界といふ異郷の女であつた。そして、彼女たちは、いづれも、異類の、あるいは異類の女であることによつて、一段と魅惑的であつた。

古来から男には、自分と世界を異にした美しい性に、烈しくこころを掻きたてられるところがあるらしい。これは、なにも特別のことでもなんでもなく、たとへば、女がすぐれて魅力的であるとき、別の世界の生きものではないかと真剣に疑ふ体験は、誰しもが持つ。そして、さう疑ひ見ることによつて、女はなほさら美しく、男はより情熱的に純粋になつてゆく。だから、この世のものとは思はれぬ女とは、単なる比喩ではなく、感情の上の真実なのだ。

　この異類の女が、ワニやカメ、あるいは月世界の住人であるよりも、つやつやとした長い栗色の毛に覆はれ、しなやかな細い胴と長くて太くたくましい尻尾をもつた狐であるとき、われわれを強く捉へるのは間違ひないところで、数ある異類との交婚説話のなかでも、狐が最も人気がある所以である。文献上で最初のまとまつた、狐と人間の交婚説話は、『日本霊異記』上巻第二「狐を妻となして子を生ましむる縁」である。いま、それを手短かに紹介しておくと、欽明《きんめい》天皇の御世、大和の男が、妻とすべき女を求めて美濃《みの》の国を旅してゐて、「曠野《くわうや》の中にうるはしき女に遇へり。その女、壮《をとこ》に媚《こ》び馴《なつ》く」。そこで彼女を妻とし、子をなしたが、飼つてゐた犬が絶えず女をおびやかし、ついにある日、犬に追はれた恐怖と驚きから、狐の正体を顕はし、籬《まがき》の上に逃げる。それを男が見て、子までできたお前を忘れることができないから、夜毎に訪ねて来て寝よといひ、狐はその言葉に従つた、といふのである。この終りのところはキツネ（来つ寝）の語源説話だが、いまは次の部分に注意したい。

　時にかの妻、紅染の裳《も》を著て窈窕《さ》びて、裳襴《もすそ》引き逝《ゆ》く。夫、去《い》ぬる容《すがた》を視、恋ひて歌ひて曰はく、
　　恋は皆我が上に落ちぬたまかぎるはろかに見えて去《い》にし子ゆゑに

「窈窕」とは、しとやかでおくゆかしいさま、あるいは、なまめかしいさまをいふ漢語だが、正体を顕はしてなほ人間の女として立ち去つてゆく姿が、如何に男の心を掻きたてたか、それは歌の、「恋

は皆我が上に落ちぬ」といふ烈しい言葉に明らかだらう。

保名が、死んだ恋人榊《さかき》の前の小袖を肩に掛け狂つて登場するのも、この点から考へてみると、大変意味深い。幽明境を異にした、すなはち、異郷へ立ち去つてしまつた女に恋ひこがれてゐるのだ。そしてまた、保名は、やがてこの信太の森で、もう一人の異郷に去つた女を恋ひ求めて呼ばはることになる。

が、そこへ話を持つてゆく前に、葛の葉について述べておかなくてはなるまい。『芦屋道満大内鑑』では、葛の葉が二人も出てくるのでややこしいが、あくまで狐の化けてゐる葛の葉がヒロインであり、彼女は、異類であるとともに異郷からやつて来た女なのである。そして、その点において、じつは異郷に去つた榊の前と重なる。ただし、榊の前は、もはや現し身を持たぬゆゑに空しくあくがれるよりほかない存在だが、葛の葉は、その本質を等しくしてゐながら、生身の女として抱き、子をなすことができるのである。

かうしてともに隠れ棲み、子をなして過した保名と葛の葉の日々が、如何に甘く魅惑的なものであつたか、想像に難くあるまい。

しかし、破局はやつてくる。『芦屋道満大内鑑』によれば、ホンモノの葛の葉が、両親とともに保名を訪ねて来るのである。彼ら三人が家の中をのぞくと、葛の葉が機《はた》を織つてゐる。そこで親子は驚き、どちらが本当の葛の葉か、葛の葉自身を含めて、思ひ惑ふことになる。そこへ保名が帰つてきて、この惑乱状態に輪を掛けるが、葛の葉の裾をまくつて保名が尻尾を捜すといふやうな演出もおこなはれたやうである。

さうしてゐるうちに舞台が回り、赤子を抱いた葛の葉が、「恥かしや浅ましや年月包みし甲斐もなく、おのれと本性をあらはして妻子の縁を是限《これぎり》に、別れねばならぬ品になる」と嘆いたすゑ、消える。その後には、「恋しくば……」の歌が、障子に書き残されてゐた、といふ段取である。

歌舞伎では、両手で子を抱いた葛の葉が、口に筆をくはへ、歌を書くところが、見せ場になつてゐるのは、よく知られてゐるとほりである。

しかし、古浄瑠璃『信太妻』では、この本性顕はしの場がだいぶ違ふ。秋、庭の籬《まがき》の菊が咲き乱れてゐる様子を、葛の葉が「賞《め》でて、ながめ入り、仮りの姿をうち忘れ、あらぬ形と、変じつつ、しばし時をぞ移しける」とき、昼寝から目覚めたわが子に見られてしまふのだ。

菊を賞でて仮りの姿を忘れるとは、素直に読めば、花の美しさに心を奪はれた忘我の境において、本性を顕はしたといふことにならう。美がもたらしたエクスタシーのなかで、女が本性を顕はす、あるいは狐に変身したのである。そして、そのエクスタシーは、必ずしも菊の美しさだけが呼んだのではなく、保名との甘い日々が招きよせたものでもあらう。

かうして見ると、出雲の作品には、趣向のあざとさが感じられるが、ついでに『信太森女占』にも触れておくと、敵役の男に狐釣りの業を仕かけられ、ついつい本性をみせてしまひ、恥じて逃げることになつてゐる。これらよりも古浄瑠璃のほうが、はるかに高雅で、エロティックであらう。

ただし、古ければ古いほどよいといふわけでもない。最も古く『信太妻』の形式に係ると考へられる暦占の秘伝書『簠簋《ほき》抄』には、単に「童子三歳之暮、歌ヲ一首連ネ給テ曰ク」とあつて「恋しくば……」の歌になり、「ト読給テ掻消様ニ失ニケリ」で終つてゐる。この書に基づいて浅井了意《れうい》が書いたのが『安倍晴明物語』（寛文二年・一六六二年刊）で、それが、『信太妻』の「典拠」であるともいはれるが、『信太妻』のモチーフの一つ、本性顕はしの場がない。

代つて母子の別れのつらさが前面に出てゐて、いはゆる母恋ひの狂言になつてゐる。

さうして、阿倍野から信太の森への道行となるのだが、まづは葛の葉が、子との離別の悲しみに打ちひしがれて悄然としながら、身振りの節々に、狐の本性を徐々に顕はしつつ、歩んでゆくのが、見所となる。『芦屋道満大内鑑』から、

爰《ここ》に、哀《あはれ》を、とゞめしは、安倍の童子が母上なり。之より其身は畜生の苦しみ深き、身の上を語り明かして夫《つま》にさへ、添ふに添はれず住み馴れし我がふるさとへ帰ろやれ。我が住みすてし一村《ひとむら》の、仮りの宿は秋霧に、立ち紛れたるいろ〳〵菊も、此身知るかとはづかしく、足爪立てゝちよこ〳〵、ちよこ〳〵と爪立てゝ、所体《しよたい》乱るゝ萩薄《はぎすすき》、……


この母親の跡を、保名が子を抱いて、慕ひ追ふのである。古浄瑠璃と違ひ、その父子に処女妻のホンモノの葛の葉が加はり、にぎやかになるが、それだけ、哀れが薄くなるのは当然だらう。

この道行については、谷崎潤一郎『吉野葛』が触れてゐる。幼くして母を失つた主人公が、作者自身らしい人物と吉野を旅しながら、母への思ひをあれこれ話すうちに、子どもの頃に見た人形芝居の、まさしくこの道行の場面や、それを採り入れた生田流箏曲「狐噲《こんくわい》」について語る。しかし、ここでは、もつと早い時期の作品『母を恋ふる記』を見るのがよからう。谷崎自身が母を亡くして二年後に見た夢を描いた、といつてゐるが、実際に母関の死去二年後の大正八年に発表されてをり、多くを信太妻の道行に拠つてゐるのである。

もつともここでは、七つか八つの幼い私がひとり、「闇夜とも月夜とも熟方《どつち》とも考へられるやうな晩」

「しろ〴〵とした中にも際立つて白い一すじの街道」を、歩いてゆくのである。左手から潮の香を含んだ風が吹いてきて、道の両側につづく松並木を鳴らす。その音と、海鳴りの音、それに加へて右手にひろがる古沼の蓮の葉がたてる聞慣れない音に、怯《おび》える。しかし、そのうちに「哀音に充ちた三味線を聞く時のやうな、冴え〴〵とした、透き徹つた清水のやうに澄み渡つた愁しみが、何処からともなく心の奥に吹き込まれて来る」のだ。『芦屋道満大内鑑』にはかうある、

……振返り見る弓手《ゆんで》も馬手《めて》も、里遠く、遠里小野《とほざとをの》や、浅香潟《あさかがた》、安倍野も跡に難波津の、三津《みつ》の浦風烈しきに……

遠里小野（現在は「おりおの」と読む）は、住吉の南で、つづいて浅香となり、堺の町に入る。堺を抜けると、

心細道分け迷ひ、行けば、微かにゆふづく日。人顔さへもちらちらと、暮れぬさきより灯《とも》す火は、神の御燈《みとう》かいや白菊の、花に露ちる秋の野か。あれこそ佐野《さの》に灯《とも》す火の、入江々々に網引《あびき》の声。風にさそはれて行く道の、梢まばらに末枯《うらが》れて……

保名たちも、谷崎の少年も、潮風に吹かれ、木々がたてる音に心細い思ひをし、露を身に受けつつ歩んでゆくのだ。そして、保名が遠く入江のあたりに灯を見出すやうに、少年も「沖の漁火《いさりび》のやうに赤く小さく瞬《またた》くもの」を見つけることになる。

思《おもふ》にや、焦《こが》れて燃ゆる、野辺の狐小夜更《さよふ》けて、それかあらぬか箒木《ははきぎ》か、まがふ方なく子故の闇に母も憧《あこ》がれ灯す火と……

夜がふけるとともに道ははかどり、大鳥《おほとり》（堺市鳳）まで来たところの詞だが、やうやく灯のともつた百姓家にたどりついた谷崎の少年は、手拭を姐さん冠りにして竈の前にしやがみ火吹竹を吹いてゐる老いた女の後姿を認めて、呼びかける、

「お母さん、私ですよ」

振り向いた女は、

「お前は誰だつたかね」

と問ひ返すのだ。そして、言ふ、「私はもう長い間、十年も二十年もかうして忰《せがれ》の帰るのを待つてゐるんだが、しかしお前さんは私の忰ではないらしい」。「子故の闇」に生きてゐる母親が、ひたすら火を燃しつづけてゐたはずなのだが、近づいてみると、「箒木」のやうに消えて、別の老女がゐるのだ。そして、彼女は、少年が乞ふ釜から吹きこぼれる食物も、かたくなに拒んで与へない。

谷崎の母は、死んだとき、この百姓家の女に近い年恰好だつた。が、その老女をして、谷崎は、少年の私を拒否させた。審美家の谷崎の側に、老いた母を母として認めたくない気持があり、その裏返

しの表現であつたとも考へられるが、しかし、その気持を自ら認めることは子として自責の念をともなふことであらう。そこから、老女を十年も二十年も倅の帰るのを待つ完璧な母親に設定するとともに、自分を、母親から拒まれ、食物さへ与へられないといふ一種の懲罰を受けたかたちにしたのではなからうか。そして、そこには、化生の葛の葉とその子との関係が影を投げてゐよう。すなはち、実母といふべき狐の母にとつて人間の子晴明は、子であつて子ではなく、如何に烈しくいとほしまうと、拒まなければならない子なのである。かうした屈折した関係にある実母の姿が、この老女に見ることができさうである。

少年の私は、再び、闇の中に伸びるほの白い道をたどる。やがて月がのぼり、前世で見た風景ではないかと、まはりの美しい景色を眺めるのだ。三味線の音が聞こえてきて、やがて弾きながら歩いてゐる編笠の若い女の後姿を認める。ここでもまた、後姿である。そして、その異様に白い襟足と手頸の女を、「狐が化けてゐる」と考へるのだ。

さう云へば何だか、あの真白な肌の色が、どうも人間の皮膚ではなくて、狐のやうに思はれる。毛ではない物が、あんなに白くつやつやとねこ柳のやうに光る訳がない。

追ひついていくに従つて、その姿は徐々に明瞭になり、顔も襟足から耳朶、頬と見えてくる。一人の女の顔を、少しづつ少しづつ、谷崎は描いてゐて、覗き見の官能性を存分に利用してゐるのである。そして、「絵に画いたやうに完全な美しさをもつ」が、毒々しいまでに厚化粧をした若い女の顔を、青白い月の光の下に見ることになる。

この女こそ母だつたわけだが、月の光がこの世ならぬ世界を、厚化粧が生身とは異つた存在であることを、ともに示してゐるのは、明らかだらう。母は、二年前に実際に死に、若い母親は、それよりもずつとずつと昔に、死んでしまつてゐるのだ。しかし、それゆゑにこの若い母は、老いた母よりも遠いところに、半ば魔性の姿をとつて、より美しく立つてゐる。

信太の森にたどり着いた保名父子にしても、母親とめぐり会ふのは容易でない。「……乱咲《みだれざき》、菊のうね〳〵其処《そこ》よ爰《ここ》よと押分け掻分け、童子が母やい、童子の母御いなうと、呼べど叫べど答さへ、事とふ物は秋の風」といふ有様で、三人は、嘆きに嘆く。ことに、母にして母にあらざるホンモノの葛の葉の嘆きは烈しい。そこへやつと、「我が子の絆にからまれ」て実母が現はれる。

　顔も姿も葛の葉に、又葛の葉の二面《おもて》二面《めん》の鏡に一人の影、映し見たるが如くなり。

谷崎は、老と若、現実と夢想の二人の母親を出したが、ここでは、実在と化生の葛の葉が、向きあふのである。そして、化生の葛の葉は、童子に乳をふくませつつ、己が運命に身悶えして悲しみ、一方の葛の葉は、自分が本当の母でないことを嘆くのだ。

乳をのませをへた化生の葛の葉は、思ひ切りよく立ちあがると、すがりつく三人を振り払ひ、もぎ放して、かう言ふ。「此姿ゆゑとゞめ給ふ、いで〳〵愛着の絆を切らん、実《まこと》の形これ御覧ぜ」。そして、年ふる白狐と変じ、見返り見返りしながら、草の茂みに隠れてしまふのだ。

あるいは、この立ち去る年へた白狐の姿と、少年を拒んだ老女とを重ね見てよいかもしれない。この場面が、深い悲しみに満ちたものであるのは、いふまでもない。振り返る老いた狐とあどけない童子、そしてその童子の傍には、夫であつた保名と自分の人間世界においての姿であつた葛の葉がゐるのだ。その姿で、夫とむつみあひ、子を愛《いと》ほしんだのである。この別れは、子との別れ、夫との別れであるとともに、なによりも人間であつた自分との別れなのである。それゆゑに、母子の関係は、いまや根こそぎにされ、別れの悲嘆が、感情の深い地層から噴き出してくる。

　しかし、古浄瑠璃のこの場面は、なほ一層強い衝撃力を持つ。

　まづ、信太の森が、恐しい場所として出てくるのである。さきにも触れたとほり、保名と童子の二人だけで、捜しあぐねてゐると、童子が言ふ、「なう、父上様、かく恐ろしき所に、いつまでまします」と。そして、その恐怖に耐へながら、なほも童子は「母上様なう母上」と呼ばはるのだ。それでも葛の葉は姿を見せず、ついに力つきた保名は、子とともに自害して「うき世の絆を逃がれん」（出雲作ではこの同じ言葉が別の文脈で出てくる）と決意、腰の太刀を抜き、子を刺さうとする。そのとき狐が現はれ、その姿のまま涙を流す。童子は、それを見て、「なう恐ろしや」と言ふのだ。保名が、その姿ではこどもが怖がるから、昔の姿に戻つてくれとたのむと、葛の葉の姿になる。

　最初に狐の姿で現はれるか、別れの時にその姿をとるか、大きな違ひがある。出雲の作品では、信太の森が、人間世界ないしそれと地つづきの場所となつてゐるので、白狐もまた人間の姿をとつて現はれるが、古浄瑠璃では、別次元の、人間にとつてまさしく「恐ろしい」場所となつてゐるのだ。そして、その場所においてさへ、狐に会ふためには、死を決意しなければならない。すなはち、生の世界から死の世界へと跳躍する姿勢をとることによつて、初めて狐の世界への通路を押し開くことができるのだ。

　多分、出雲の作品では、白狐の立ち去つてゆく草の茂みの彼方に、その世界が在るのだらうが、古浄瑠璃では、父子と母親が出会ふこのところがさうなのである。

そして、この場所は、そのまま死の世界にも通じてゐると考へなくてはなるまい。この後の物語の進展からも、さう思はれる。

だから、少し戻つていへば、信太の森へと子を抱いて歩み、子の母を焦れ求める保名には、黄泉《よみ》下りの趣がある。愛する妻に会ふため冥府へと降りていつたイザナギノミコト同様、変り果てた妻の姿を見なければならないのだ。

このやうな受けとり方は、恣意的だと思はれるかもしれない。とくに現在の文楽や歌舞伎の舞台を見る限り、死の影は差さない。が、たとへば折口信夫は信太の森に「妣《はは》の国」を見てゐる（「信太妻の話」）。「妣の国」とは、いふまでもなく異郷からやつて来て子を生み、去つていつた母の住む国であり、イザナギノミコトの妻イザナミノミコトの住む根の国であり、常夜で常世の国である。

恋情のひと保名は、恋情に突き動かされて、そこまで下つて行つたのだ。

ここで、『母を恋ふる記』の少年が、月光の下、この世とは思はれぬ風景がひろがつてゐると見たことを、思ひ出しておくのは無駄でなからう。恋ひ慕ふものの歩む一筋の「ほの白い道」が、いかなるところへ導いていくかを、谷崎は、察知してゐたやうに思はれるのだ。

あたりを見回すと、楠の葉がやや光をおさめ、夕暮の近づく気配であつた。

山門を出て足早やに歩き出したが、その道が昔の住居へのものであつたのに気付いて、慌てて引き返す。

注　現在は「あべのハルカス」となつてゐる。

野守鏡《のもりのかがみ》――水底の鏡

ある土地を幾度も訪ねてゐるうちに、辿る道筋がほぼ決まつてくる。そして、その土地を訪ねるとは、その道筋を辿るにひとしいことにもなつて来るのだ。いつもの道筋を歩かないことには、その土地を訪ねた気持にならないのである。きまつた家並の軒下をとほり、きまつた角度から建物なり風景を眺め、よく馴染んだ足裏への感覚を踏みしめるやうにしなければならないのである。

大阪で育つた私にとつて、さういふ土地は、奈良の街である。高校生になつた頃からは、じつに頻繁に出掛けた。上本町駅（いまは難波になつたが）から近鉄電車に乗れば、三十分である。

近鉄電車の奈良駅（地上から地下に移つたのはずいぶん以前である）を出ると、足は自ずと東向通《ひがしむきとほり》を右へ採る。さうして商店街を抜けると、国鉄の駅から春日大社《かすがたいしや》へ通じる道へ出る。その緩やかな上り道を少しゆくと、もう右手には猿沢池《さるさはのいけ》、左手は南円堂《なんゑんだう》への石段で、つづいて興福寺《こうふくじ》の築地塀があり、五重塔が見えてくる。

坂を上り詰めたところに、春日大社の一の鳥居がある。ここからは小砂利の道になつて、両側に石灯籠が並び、頭上高く杉の巨木が枝を交はしてゐる。

このあと、二の鳥居をくぐり、春日大社に参つた後、若草山へあがり、奈良盆地を見渡し、正面に生駒山《いこまさん》を遠望してから、手向山八幡《たむけやまはちまん》から三月堂、二月堂をへて、大仏殿の横へ降りて来る。その時の都合で大仏殿に寄つたり寄らなかつたりして、南大門を抜けて、登大路《のぼりおほぢ》を下る。

勿論、興福寺あたりで時間をついやしたり、博物館へ寄つたり、新薬師寺まで足を伸ばしたり、戒壇院《かいだんゐん》へ回り、依水園《いすいゑん》の庭から大門を眺めたり、時には猿沢池の向ふの狭い路地を歩いたり、市場へ紛れ込んだりするが、そのときは気ままに道草をくつてゐるやうな気分で、基本ルートは、あくまでいまも言つた道筋である。

この道筋は、初めて奈良へ連れていかれた小学校四年生のときに、辿つたのではなからうか。

この道筋を採つたのは、父が北国の中学校（旧制）の歴史の教師であつたことと関係してゐるかもしれない。父は生徒を連れて幾度となく修学旅行に来てをり、京都を経由する場合、近鉄（当時の奈良電）ではなく国鉄によつた。そして、その駅前から猿沢池に至る道筋に、修学旅行生向けの宿が並んでゐたから、そのどれかで旅装を解いてから、まずは興福寺の南円堂と五重塔を見て、一の鳥居へ向ふのが、自然な道筋であつたらう。宝物館などはなかつた。

その父から受け継いだらしい道程が、足に任せて歩いてゐても、いまなほわたしの頭の中に浮かんで来るのである。そして、そこから外れてゐればゐるだけ、却つて意識される。あるいは、これゆゑ奈良の街が、わたしには奥行きのあるものに感じられるのかもしれない。

ある日の午後、近鉄奈良駅を出たわたしは、いつもとは逆に左へ折れ、登大路を一旦渡り、その北側の歩道を歩いた。地方裁判所、文化ホール、県庁と並んだコンクリートの建物の前を過ぎる。登大路を行く場合でも、興福寺側を行くのが常で、こちら側は初めてであつた。

国立博物館の手前の十字路から、登大路は半分の幅になり、こちら側の歩道はなくなる。それでもそのまま、北側を行く。

数年前に店を閉じ、いまは会員制で維持されてゐる日吉館（注）がもとのままひつそりとある。庭に面した二階の窓が開け放たれ、座布団が二枚、窓縁に干されてゐる。その少し先、博物館の裏口から登大路へ出る門の向ひに、赤い鳥居がある。

氷室神社《ひむろじんじゃ》である。この鳥居の前をわたしは幾十回と通つてゐるのだが、これまで潜つたことがない。そこで、けふはともかくその内へ入つてみようと思ひたつて、やつて来たのだ。

道に面して駐車場になつてゐるが、車の姿はない。その先の鳥居の左手には、高さ五メートルを越すかと思はれる、巨大な石灯籠が二基、窮屈さうに並んでゐる。ともに氷凍商組合氷室講と刻まれてゐる。

鳥居をくぐると、短い桜並木で、赤く塗られた木造の灯籠が両側に並び、それが切れたところに御手洗《みたらし》があつた。

かなり大きな自然石の一部を刳り抜いたもので、竹筒から水道の蛇口が覗き、水を滴らせ、横には井戸がある。大きく割り欠いた御影石を四つ、組み合はせてあり、こちら側に鷹乃井と刻まれてゐて、太い竹筒を紐で編んだ覆ひが載つてゐる。

そこから低い石段があり、背高な四脚門で、それを入ると、舞台型の拝殿があつた。柾目も正しい檜造の立派なもので、縁には欄干を巡らせてゐる。その先に、白木の丸柱の鳥居があり、奥には檜皮葺の、これまた白木の本殿があつた。扉が三つ並ぶ横長の建物だが、檜材の規矩正しさと柔らかさをあはせ持つてゐる。江戸末期の建造で、取り立てていふべき由縁はないやうだが、眺めてゐると快い。

神社の縁起は門の横に掲げられてゐたが、創建は平城遷都に始まるが、この地に社殿が営まれたのはずつと下つて、健保五年（一二一七）で、大仏殿や興福寺が重衡《しげひら》によつて焼かれたあと、復興された折のことである。その名のとほり氷室を司る神社で、毎年四月から九月まで、氷を朝廷に献上するとともに、氷の張り具合によつて占ひをしたといふ。四季の推移のありやうを見定める役割を、この社は担つてゐたのだ。そして、いまは氷業者の信仰を集めてゐる。

　しかし、わたしの関心は、氷室にはなく、この社のある土地の字が野守《のもり》であること、そして、鷹乃《たかの》井《ゐ》と称する井戸があることにある。

　　はし鷹の野守の鏡えてしがな思ひおもはずよそながら見む

「新古今集」に見える作者不詳のこの歌は、「野守の鏡」といふ一句によつて、以前から問題にされ、『俊頼髄脳《としよりずいなう》』『奥義抄《あうぎせう》』『袖中抄《しうちゆうせう》』などといふ歌学書で扱はれるばかりか、中世では一冊の歌学書の題名となり、謡曲でも採り上げられた。さうして今日でも、石川淳、三枝和子といつた作家が作品の題にしてゐれば、奈良の銘菓の名ともなつてゐるのである。

　その野守だが、野の番人のことである。「万葉集」巻一の額田王《ぬかたのおほきみ》と大海皇子《おほあまのわうじ》が詠み交した、よく知られた歌があるが、その歌では近江宮をさほど離れない、むらさき草を栽培する天皇の標野《しめの》の番人の謂ゐだが、こちらは鷹狩のための禁猟地の番人である。

　鷹狩について、二条良基《よしもと》が記した『嵯峨物語《さがものがたり》』（至徳三年・一三八六成立）にはこんな一節がある、「代々の御鷹場は、数十ケ所なり。（中略）禁野と申は、人をかよはせて鳥をおほくふせおきて、雑人を禁ぜられし程に、禁野と申也。野の行幸あるべき野べは、三年人を入られずなど伝承侍り」。

　鷹狩の始まりはずいぶん古く、仁徳天皇の時代と伝へられてゐるが、桓武天皇はことのほか好み、延暦二年（七八三）より二十年の間に、野の行幸は百二十三回を数へたといふ。以後も、嵯峨、仁明、光孝、宇多、醍醐、村上、一條、白河などの諸帝は、いづれも壮麗な規模で野の行幸をおこなつたとのことである。

この伝統は、やがて武士に受け継がれ、徳川家の将軍や大名たちも盛んに鷹を養つた。もつともその間、幾度となく禁じられたことがあつた。殺生禁忌によると言はれるが、多くの場合、当時の権力者が自らの獲物を確保するためと、権威を誇示するためであつたらしい。しかし、鷹を飼ふ者は絶えることなく、今日に及んでゐる。

それといふのも、独特の魅力、意味があるらしい。なにしろ鷹といふ鳥は、如何にもたけだけしく、空高く翔け、神の使ひとも考へられたのだ。そのところは、嵯峨天皇の命によつて撰ばれた『新修鷹経』の序などに伺ふことが出来る。それとほぼ同文の南北朝期の『白鷹記《はくようき》』から、一部を引用しておくと、かうである。「凡《おほよそ》鷹は瑤光《えうくわう》の精気をたくはへて、錘岱《すいたい》の層巣《そうさう》にむまれたり。春鳩となるは仁《じん》也。秋戮《りく》を行ふは義《ぎ》なり。食するにさきをわすれざるは敬也。誅《ちゆう》するに強をさらざるは勇也。遠をことごとく見るは智也。此五常《ごじやう》を備て、彼衆哢《しゆうろう》を兼ねたり」。五つの徳を備へ、時に応じて猛々しくも柔和にもなる、他に抜きんでた特別の鳥、霊鳥だといふのである。

かういふ鷹を飼ひ慣らし、使ふのだから、当然、その使ひ主は、君主なり、神にも準ずる存在といふことになる。そして、鷹が発揮する勇猛さや智を備へてゐるばかりか、飛翔する空そのものを支配することになる、と考へる。シナの皇帝の肖像画には、鷹を配してゐるものがあるのも、この考へに基づくのであらう。

それだけに放つた鷹が逸れて、どこへ行つたか分からなくなることは、深刻な事態であつた。

『俊頼髄脳』（成立は永久二年・一一一四）には、先の歌が引かれ、次のやうな話が記されてゐる。天智天皇が鷹狩をした折、鷹が風に流されて見えなくなつた。そこで野守を召して捜すよう仰せられると、その野守の翁は畏まつて頭を垂れたままの姿勢で、鷹はあの岡の松の枝先に、南向きにとまつてをります、と申し上げた。天皇は驚いて、お前は頭を垂れてほかを見ることもしなかつたのに、どうして梢の鷹を知ることができたのかと問ふと、「芝のうへに溜まれる水を鏡として、頭の雪もさとり、面の皺をも数ふるものなれば、その鏡をみまぼりて、御鷹の木居《こゐ》を知れり」。日頃、地上の草原の水溜を鏡としてゐますが、いまもその水溜の鏡を見て、御鷹がとまつてゐるのを知りましたと申し上げた。そのことがあつてから後、野の水溜を野守の鏡といふやうになつた、といふのである。

　また、一節には、古代シナの徐君といふ人物が持つてゐた鏡をいひ、それには人のこころの内をありありと映し出す不思議な力があつたため、人々はこぞつて欲しがり、自分独りが持ち続けることは出来ないと考へ、塚に埋めたと伝へられる。ただし、いづれがまことであらうかと、俊頼は書き添へてゐる。

　これらの記述から、野守の鏡が如何なるものか、おほよそは分からう。まづは、野守が鏡として用ひる、野にできた水溜であるが、やがて不明になつた貴重な鷹なり、人のこころの内を映し出す、霊妙な力を持つところのものとなつたのだ。

　先の「新古今集」の歌が、その不思議な力に着目したものであるのは明らかだらう。歌の意は、恋しいあの人が自分を本当に愛してくれてゐるかどうか、そのこころの内をこつそり知りたいものだ、こころの内を映し出して見せてくれるといふ野守の鏡があればなあ、といふのである。

　俊頼は、徐君の伝承については半信半疑だが、不詳歌人が拠つた伝承は、そのまま受け入れてゐるのだ。

この後にまとめられた『奥義抄』（天治元年〜天養元年・一一二四〜四四頃成立）になると、鷹狩の話はさらに遡つて雄略天皇のことになつてゐて、徐君の説は受け入れられないとしてゐる。しかし、歌学者の一部が否定しやうと、人のこころの内を映し出す不思議な鏡となると、以後、さまざまなふうに成長して行つたようである。

ところで今、わたしが現にゐる氷室神社だが、野守の地名はさう古くからのものではないのではないか。また、鷹乃井と刻まれた井戸にしても、古拙さを装つてゐるだけではないのか。

さう思ふのも、二十世紀になつてイエイツが能にならつて書き、わが国で能として上演された戯曲『鷹の井戸』が思ひ浮かぶからである。アイルランドの英雄時代を舞台に、永遠の生命を得ることのできるこの井戸の水を飲まうと、むなしく五十年、待ち続けて来た老人と、新たにやつて来た若い英雄が対峙する。この井戸は鷹——若い娘によつて演じられる——によつて守られてゐて、老人が幾度となく夢のなかで水音を聞いて目覚めても、その度に井戸はわづかに濡れてゐるばかりで、水を口にすることができない。その日々の苦しみと井戸を守る鷹の悪意を、老人は語つて聞かせるのだが、若者は、かつての老人のやうに頑なに永遠の生命への希望を抱きつづける。

この老人と若者を、この井戸の傍らに立たせてみるのも、悪くないかもしれない。永遠の若さを求めたばかりに、渇きに苦しみながら空しく人生を送つてしまつた男と、その男の経験にもとづく切実な言葉にまつたく耳をかたむけない若者と……。

いかなればかく求め得ぬに

いつまでかかくさまよふぞ
眠りこそせまほしきを
安寝《やすい》こそせまほしきを

イエイツの原作を踏まへた横道万里作の謡曲『鷹姫《たかひめ》』の、老人が登場するところで謡はれる詞である。どちらかといへばこの老人の言葉のほうにこころ惹かれるやうな年齢に、わたしが近づいてゐるのに気付かないわけにはいかない。そして、「安寝」を求める気持がこころのどこかにある……。

『大和名所図会』（寛政三年・一七六一刊）の複製本をめくると、氷室神社の絵図が掲げられてゐて、そこには鳥居や池、門、階段など事細かに描かれてゐるが、御手洗と井戸はない。もしかしたら、ここある井戸は、「はし鷹の……」の歌と係りがなく、イエイツの劇が作らせたのかもしれない。

大型の観光バスが神社の先の横道から次々と出てきた。奥には東大寺の観光バス専用の駐車場があるのだ。その列をやり過ごして、東大寺の門前までゆく。

そこから南大門の佇まゐを眺めると、逆の方向へ、舗装されたバス道を採る。この一帯は、春日野のなかでも飛火野《とびひの》と呼ばれるところである。

春日野の飛ぶ火の野守出でて見よいま幾日《いくか》ありて若菜摘みてむ　　詠み人しらず（『古今集』）

もともとは遠方との連絡のため、烽火《のろし》が設けられてゐたらしい。それが地名となり、歌枕となつたやうである。そして、この飛火野の野守が掘つた池があり、野守の鏡と呼ばれてゐたといふ伝承があるのだ。しかし、野守が掘つた池が野守の池だといふのは、理がつきすぎよう。

その所在地についてもあれこれ言はれてゐるのだが、とりあへず春日大社と交差するところを目指した。そのところから東南に開ける浅茅ケ原《あさぢがはら》が目当てであつた。高校生になつて早々に、お決まりのコースをほんの少し外れて、自分で発見したつもりになつた由縁もあつて、以来、気に入りの場所の一つである。

正面参道へ行き着き、斜めに横切つて、南側の路傍に並ぶ杉の巨木の間を抜けると、視野が大きく開けた。鹿によつて絶えず食まれ、短く整えられた草に覆はれた野が広がり、少し盛り上がつた南の果ての向ふは、空である。巨木によつて絶えず行手を遮られて来た視線は、解き放たれる思ひである。そして、西には奈良の市街地が見渡せ、かなたには生駒山脈が影絵となつて望まれる。

その野へ歩み入つて行くと、すぐ足元にやや大きな水溜まりとも見える、小さな池がある。古くから雪消沢《ゆきげのさは》と呼ばれてゐて、冬でも水温が摂氏十度前後を下らず、氷の張ることがない。中央に雪消沢と刻まれた石柱が立つ。

水辺に立つと、足音に驚いた小魚が走るらしく、あちこちに泥の煙が立つ。それが治まつたところで、足踏みをすると、また、立つ。しかし、いかに覗き込んでも、泥の煙をたてるものの正体はわからない。半透明な小さなエビが動いてゐるのだけが、分かる。

その水面には、陽を浴びて輝くイチイカシの葉叢と青空が映つてゐて、それが泥の底の上に被さつてゐる。そのイチイカシは、少し離れた位置で枝を大きく広げてゐる。

この一帯は、かつてイチイカシの巨木で覆はれてゐたらしい。いまは、わづかに点在するだけである。野はゆるやかに波打ちながら、南へとこころもち高くなつて行くが、東から西への水路が走つてゐるあたりから、急に下り、向ふの台地の下を抉るやうに流れてゐる率川畔《いざがは》へ至つてゐる。

その水路の手前の高みからの眺めがすばらしい。東正面の、鬱蒼たる杉木立に覆はれた三角型の春日山が、まことに型よく、背後の小振りな連山の中央に、すつきりと見える。その左には柔らかな山肌をみせた若草山があり、右手は、連山がなだらかに続くものの、切れて、そこからぐるりと南に視野が開け、さらに背後の、西側の道を隔てた鷺池までが一望のもととなり、先に触れた、生駒山山脈を背にした、市街地の遠望へと繋がる。三方がぐるりと見渡せるのだ。

冬、ここへ来ると、凧をあげる人たちが多いのも、当然だらう。梢の高い木々に覆はれた奈良公園のなかで、ここばかりは広く開け、空に近い。

そして、雨があがつたあとなど、あちこちに水溜が出来るのだ。

その水溜は、空が開けてゐるだけに、明るい光をやどす。そして、雲の動きを鋭敏に捉へる。もつとも今はどこにも水溜はない。緑の短い草に覆はれたなだらかな起伏がひろがつてゐるばかりである。

しかし、それゆゑになほさら野守の鏡は、このあたりに出現する水溜に違ひないといふ思ひになる。そして、鷹が舞ふのも、かういふ空間でなければならない、とも考へるのだ。

このわたしの思ひは、まんざら見当はずれではないらしく、『大和名所図会』に収められた春日大社の絵図を詳しくみていくと、雪消の沢のすぐ南側に、ごくごく小さくだが、丸が描かれ、「野守池」とあつた。

この絵図が描かれたよりも昔、まだイチイカシの巨木の林の面影が残り、松が随所に枝をのばすやうになつた頃、鷹匠の手を離れた鷹が遠く飛翔、その枝の一つに翼を休めたのだ。

シテ　さん候ふ　これなる水の底にこそおん鷹の候へ。

野守の翁の言葉に驚いた狩人たちが近寄り、覗き込むと、まさしく捜してゐた白斑の鷹が、水底にゐると見えて、木の枝にとまつてゐるのを見出したのである。謡曲『野守』の一場面である。

この世阿弥作と考へられる曲は、先に触れた『俊頼脳髄』の他、『奥義抄』『袖中抄』の記述を参考にしてゐるらしいが、それらで否定的に言及されてゐる「人のこころの内を照らす鏡」とか、「野を守りける鬼のもたりける鏡」とかを、積極的に取り込んでゐるのだ。

大峰葛城山を目指す能登の山伏が、春日野で野守の翁に出会ひ、野守の鏡の由来を尋ねると、翁は、野の水溜を指さして、「われらごときの野守、朝夕影を映し候ほどに野守の鏡とは申し候」と答へるが、つづけて、「まことの野守の鏡は、昔鬼神の持ちたる鏡とこそ承りて候」と言ふのである。さうして、

地謡　……まことの鏡を見んことは、かなふ真白の鷹を見し、水鏡を見給へ……

と言ひ捨てて、塚のうちに消える。

この「かなふ真白の鷹」といふ詞だが、見ることは「かなふまじ」と全面的に否定してゐるのだが、「真白の鷹」の掛詞となることによつて、それが消えて、「かなふ」とも言つてゐる。不可能が、そのまま可能にと裏返るのである。

だから山伏は、水鏡ではなく、塚の前に立ち、「われに奇特を見せ給へ」と数珠を揉んで祈るのだ。すると、やがて塚の中から声が響き、巨大な鏡を持つた鬼が現はれ出る。

能の舞台では、濃い朱色の顔面に巨大な目、巨大な鼻、真一文字にきつく結ばれた唇の、小癋見《こべしみ》と呼ばれる面をつけ、赤い髪を腰のあたりまで垂らし、黒地に金襴の大型模様の衣装をつけたシテが進み出て、直径四十センチほどある作り物の銀色の円い鏡を、高々と差し上げる。

鬼神は、その鏡を、まづ東西南北と天へと向けてその様子を映し出す。「八面玲瓏《れいろお》」と隈なく見渡すのである。それからおもむろに地に向ける。と、地獄のさまが鏡面に現ずる。生の世界において犯した罪に応じて、その「呵責《かしやく》、打つや鉄杖の数かず、悉《ことごと》く見え」るのである。そこからは地獄で苦しみ叫ぶ人々の声が噴き上がつてくるかのやうだ。

石川淳『野守鏡』では、敗戦とともに没落した貴族の男が、隣の成金の邸宅を望遠鏡で覗き見た末、その邸宅の娘にこころを奪はれ、結婚を申し込む。ところがそこへ、かつて貴族クラブの酒場でボーイを勤めてゐた男が、いまでは共産党員となり、時代の花形となつて登場、娘を奪ふ。元貴族の男は、その経緯を望遠鏡で見て、自分は半ば死んでゐるのに等しいと認めるとともに、望遠鏡の向ふに、地獄ともつかぬ世界があかあかと燃えてゐる、と眺める。

時代から、恋愛から、人生から隔てられ、取り残され、傍観するよりほかない状態に追い込まれた男のいはば地獄を、野守の鏡に替へ望遠鏡をとほして描いてみせたのである。

能のほうは、地下の地獄の有様を、野守の鏡をとほして克明に見せ、この世に現出させる。その上で、「すはや地獄に、帰るぞとて、大地をかつぱと、踏み鳴らし」「奈落の底にぞ、入りにける」となつて、退場する。

彼は、地獄に住む鬼神だつたのである。そして、この場の地の下には、地獄が在ることを、端的に示す……。

野のところどころに時折出現する水溜は、如何に明るい光を集めて、あたりの風景を美しく映し出してゐやうとも、この世に口を開けた地獄の入口であることになりさうである。

冥府の女王が支配する世界からこの世へ送り返された詩人が、ふと目覚めると、水溜の上に顔を差し出すやうに俯《うつぶ》せになつてゐて、水面に自分の顔が映つてゐるのを認める――。ジャン・コクトーの映画『オルフェ』の一場面だが、その水溜は、間違いなく野守の鏡だらう。

春日山の方角に向け、浅茅ヶ原を横切つて行くと、楠の大木の下で、鹿が三頭、鼻面を地面に押しつけるやうにして、草を食べてゐる。少し離れて仔鹿が、いまにも折れさうな細い脚を精一杯踏ん張るやうにして、こちらを見てゐる。

むかしの唐の王国のこととして、『色葉和難集《いろはわなんしふ》』に次のやうな話が記されてゐる。野で狩をしてゐると、鹿が一頭現はれた。追ふと逃げ、塚の中へ入つた。そこで塚を壊して捕らへようしたところ、塚のなかから白髪の翁が出てきて、この塚の主だと名乗り、塚を壊さないでくれるなら、この鏡を進ぜようと言ひ、直径一尺（三十センチ）に余る鏡を王に奉つた。その鏡には「万民百姓の心に思ふ事みなうつりて見えた」といふ。この話は唐書にも載つてゐると、大江匡衡《まさひら》が言つてゐると締め括られてゐるが、目の前の鹿のいづれを追つてゆけば、由縁ありげな塚に行き着くだらうか。

その『色葉和難集』の鹿が塚に逃げ込んだといふ一節は、石川淳が『六道遊行』の冒頭に用ひられてゐる。舞台は都であつた時代の奈良の外れ、

……一頭の白鹿、宙を飛んで森に入る。行手に十抱へもあらう大杉が堅く根を張つてゐた。白鹿はその太い幹をたのんで逃れようとするが、追ひすがつた小楯の手の下をあやふくすべり抜け

て、たつと大杉に飛びつくと、木もまた幹をひらき、あはや白鹿は木のふところに逃れ入るかと見えたまぎはに、小楯は太刀をぬいて妖気を払つた。杉の葉がはらはらと散つて、白鹿は消え、わづかに太刀のきつさきが幹の荒皮を裂いた。裂目は女隠のかたちに大きく割れた。

白鹿を追つて来た主人公の盗賊の頭、小楯は、この裂目に飛び込む。と、奈良時代から一気に現代へとタイムスリップするのである。それから彼は、千二百年の歳月の隔たりを絶えず往復、奈良時代では忍びの術をもつて権謀術数の世界に出没、現代では女に怪異なこどもを生ませ、その活躍を見守つていく。

地上と地下、この世と地獄、今日と千二百年前の奈良時代、それは鏡のこちら側と向ふ側のやうなものなのかもしれない。生身の人間には決して突き抜けられないのだ。コクトーは詩人をしてその鏡面を水の面のやうにくぐり抜けさせた。石川淳は盗賊をして大木の幹を女陰のやうに開かせた。しかし、ナルシスの神話が示すやうに、その境を越えるには、生身を棄てなくてはならないのである。

が、野の水溜の底に見出される鷹は、此の世において見失はれたがゆゑ、なほさら神聖性をおび、われわれの手に届かない高みに安らひ、そして、その水底の高みから、軽やかに舞ひ戻つて来る。

浅茅ケ原の東端に到り、馬酔木と杉の巨木の林へ入る。が、やがてその繁みを避けて斜めに進み、参道に出た。

二の鳥居であつた。

一の鳥居に較べると、少々こぢんまりしてゐるが、やや褪せた朱塗の姿が、緩やかな石段の上に、どこか華やぎを見せて立つてゐる。

この鳥居の前に、一対の狛犬と石灯籠が据ゑられてゐる。狛犬は彫りが深く、そのくつきりした曲線の渦巻きを纏ひながら、強い表情の顔を、高い台座の上からこちらへ差し向けてゐる。石灯籠は全体に丸味のある、江戸時代風の好みの感じられる、大きなものである。

この鳥居の前で、昭和十九年（一九四四）の晩秋であつたらうか、写真を撮つたのを思ひ出した。勿論、当時のことだから三脚を立て、黒い布を被つた写真屋が、黒色の紐のついた球体を高く掲げてシャッターを切つた。集団疎開を控へてゐた小学校五年生のわたしは、学帽を目深に被り、ぶかぶかのオーバーを着、毛糸の手袋をして立つてをり、背後の右に祖母、左に父、それから一番下の弟がゐたと思ふが、はつきりしない。

キャビネ判の赤茶けた写真が、いまでも老いた両親の家のどこかに在るはずである。

四十五年も前のわれわれの家族が、この鳥居の前で、どんなふうに寄り添つてゐたのだらう。さう思ひやるとともに、祖母と父、そして、その場にゐなかつた母の、当時の胸のうちが、幾らかわかつてくるやうに思はれた。戦局はすでに配色を濃くしつつあり、行く手に不安の黒雲が大きく湧き上がつてゐたのだ。どのやうな明日を覚悟してゐたのだらう。わたしと幼い弟の未来を、どのやうに思ひ描いてゐたのだらう。野守の鏡があればと、痛切に願つてゐたかもしれないのだ。

そのまま鳥居をくぐりかけて、狛犬の台座を見ると、建立の年月日が、昭和四十三年（一九六八）十月吉日となつてゐた。あの写真を撮つた時は、まだなかつたのだ。念のため灯籠のほうをみると、こちらは明治十年（一八七七）九月、奈良製墨業者による再興とあつた。

もう一度、もとのところへ戻つて、狛犬を消した背景を前に、小学五年生のわたしを中心とした家族の姿を思ひ描かうとした。しかし、先程のやうにはうまくいかない。

なほも立ちつくしてゐると、セーラー服の女学生に声を掛けられた。そして、差し出された写真機のファインダーを覗くと、女学生二人に頭ひとつ高い学生帽の男の子が、真面目な顔で並んでゐる。焦点を合はせながら、どこから来たのと尋ねると、女の子二人が声を合はせて、

「山形の中学校でーす。修学旅行でーす」

語尾を跳ね上げるやうにして答へた。その彼らの後ろから、若い父親が顔を出しさうに思はれた。

注　日吉館は平成十二年に取りこはされた。

二上山《にじやうさん》――幻視往生

天王寺から出てゐる私鉄に乗つて六、七分の、駅前商店街の裏通に、鉄棒製の門扉が云ひわけのやうに付いいた、二階建の家があつた。とつくに取り壊され、いまはスーパーマーケットの一角になつてゐるらしいが、かつては電車の発着が聞えるだけの、静かな一角で、ここで私は、小学二年生の秋から、大学を卒業、三年後にやつと就職、地方勤務になつて去るまで、足かけ十八年を過した。

高校生になつた頃からだと思ふが、よくひとりで散歩に出た。踏切を渡つて少し行くと、家並が切れて、田んぼになる。ちやうどそのあたりに川が流れてゐて、田んぼの間の道から川の土手へあがると、その向ふ一面に、田畠がひろがつてゐるのが眺められた。そして、正面に生駒山《いこまやま》が横たはつてゐる。その稜線は、北から南へゆつたりと盛りあがり、やや長い鞍部をへて、少し持ちあがつたところが山頂で、そこから暗峠《くらがりたうげ》へ落ち込むが、あとは高安山《たかやすやま》、信貴山《しぎさん》へと流れていく。光線の具合ひによつて、豊かな量感を示すかと思ふと、東の空に貼りついた影絵のやうになつたり、そして、その色彩は時刻と季節によつてさまざまに変化するのである。

この生駒山に向つて右手、南側には、やや遠く、金剛《こんがう》、葛城《かつらぎ》の連山が見える。その距離と方角のため、生駒山のやうな微妙な変化をみせることはないが、稜線は直線的で鋭く、生駒山脈と対照的だ。海抜千メートル前後で、冬、雪を見ることが少くない。

この二つの山脈の切れ目、葛城に半ば寄り添ふかたちで、二上山《にじやうさん》がある。まるくそびえる二つの峰をもつ、こぢんまりとした休火山で、左側の高い方が雄岳《をだけ》、右側が雌岳《めだけ》で、標高差は五十六メートルである。生駒山脈の曲線が一旦消えて、ここで集約するやうに二度波立ち、そこから葛城、金剛の直線的な世界に転調するのである。しかし、東から眺め始めやうと、南から眺め出さうと、視線はこの二上山に自づととどまることになる。眺望の要の位置にあるのだ。そして、その姿と言ひ、左右の連山との関係と言ひ、じつに微妙なバランスを保つてゐる。

この二上山の在るあたり、二つの山脈の切れ目をとほして、その向ふの山々が見える日がある。空気がよほど澄んでゐるときで、ことに冬、その向ふの山々に雪が降つたときは、はつきりする。宇陀《うだ》か吉野あたりの山々である。

このやうに東から南にかけて大阪平野を限る山並を、若い私は、土手や田畠のなかの道を歩きながら、少し足をのばして灌漑用池の傍から、眺めたものだ。また、学校へ行くのに電車に乗ると、間もなく高架にかかり、展望がひらけ、一時、山々をぐるりと見わたすことができる。そのときも、視線は、自づと二上山に向けられた。

その高架の下を走つてゐた南海平野線は撤去され、散歩した田畠も、とつくの昔に家並の下に消えてしまつた。しかし、大阪の都心からその山並はいまなほ見ることが出来る。もつともビルに遮られて、その全体を見渡すことは容易でないが。

ところで先日、若い私が眺めてゐたのと反対の側から、二上山の麓へ行つた。名古屋から近鉄に乗り、八木《やぎ》と橿原神宮《かしはらじんぐう》前で乗り換へ、当麻《たいま》で下車したのである。

もう名物のボタンも終つた、五月十四日の午後だつたが、当麻寺の山門へ向ふ道には、露店がならび、人波が続いてゐた。家族連れや意外に十代の男女のグループが目立つ。午後四時から、お練りがあるのだ。正式には、聖衆来迎練供養式《しやうじゆうらいがうねりくやうしき》である。

彼方の山門の背後に、当麻寺の甍が見えるが、そのすぐ後、高台のやうに平らな山が、又子山《まろこ》（麻呂子山）で、その右手に二上山がある。陽をやや背後から浴び、散乱する光の中、輪郭を曖昧にしてゐる。当然、大阪側から見るのとは逆で、左が雄岳、右が雌岳である。山門に近づくと、雄岳山頂にある大津皇子の墓も見えさうな距離になるが、その肩あたりがへんに出張つて、あまり姿はよくない。それに雌岳が後に退いた位置になるため、いちじるしくバランスを欠く。大阪側の美しい姿を印象に刻んでゐるだけに、この山容には、いささか落胆せざるを得ない。

山門をくぐり、露店の集つてゐる一角を抜け、金堂の前に出ると、足場が組まれ、ちやうど花道のやうに、長々と橋が渡されてゐた。境内は、全体に山へ向つてゆるやかな坂になつてゐて、突当りの高いところに曼荼羅堂《まんだらだう》（本堂、この行事の間は極楽堂と呼ぶ）が、翼をゆつたりひろげたやうに建つてゐるが、その入口から橋は降りて来て、金堂と講堂の間を抜け、いま入つて来た山門の右手の娑婆堂《しやばだう》まで、真直ぐ、およそ百余メートルにわたつて伸びてゐる。

金堂と講堂の基壇の上には、すでに人々が坐り込んでゐた。そこだけには、老女の姿が目につく。陽が暑さうだ。

本堂にあがり、曼荼羅を見た。四メートル四方もあるやうな大きな綴織が正面に掛けられてゐるが、本堂の中は薄暗い。そのうへ全面にわたつて金網が張られてゐて、ぼんやりとしか見えない。中央の阿弥陀《あみだ》三尊と、下端の辺にコマ絵ふうに描かれた、上品上生《じやうぼんじやうしやう》から下品下生《げぼんげしやう》に到る九品《くぼん》の来迎図《らいがうづ》が、やつとそれと確認できるにとどまる。

現在、掛つてゐるのは江戸期のものだが、原図は中将姫が天平宝字七年（七六三）に蓮糸で織つたと伝へられるものである。

曼荼羅の前の狭い空間には、細長く畳が敷かれてをり、そこに坐り込んで見上げてゐる人が何人もゐる。

「我もし生身《しやうじん》の弥陀《みだ》をみたてまつらずば、ながく伽藍《がらん》の門閫《もんこん》を出《いで》じ」

鎌倉時代の説話集『古今著聞集』によると、天平宝字七年六月十五日、横佩《よこはぎ》大臣（藤原豊成）の娘、中将姫が、かういふ誓願を立てた。そして、祈念をつづけること五日、二十日の夕に一人の比丘尼《びくに》が忽然《こつぜん》と姿を現はして、百頭の馬が運ぶ量の蓮茎を集めよと告げた。そこで天皇に奏上、一両日の間にほとんどを集めたところ、比丘尼は手づから蓮茎から糸を紡ぎ出し、新たに掘つた井戸の水で染め、五色の糸とした。すると、今度は一人の女人が現はれ、その糸でもつて一夜にして曼荼羅を織りあげ、暁に消えた。比丘尼は、「われはこれ極楽世界の教主也、織姫《おりひめ》は我左の脇の弟子観世音《かんぜおん》也」と告げ、西の雲の間に入つていつた、といふ。「極楽世界の教主」とは、言ふまでもなく、阿弥陀如来《あみだにょらい》の謂である。

このあたりが、現在知られる中将姫伝説の、いちばん古いところであるらしい。勿論、これは文字に記録されたものだから、整理され、かなり合理化されてゐるのは疑ひない。が、このやうに一旦文章化された後、再び、伝説化の沃野へ、この話は放たれたのだ。当麻寺の宣伝教化が当面の目的であつたやうだが、その意図を越えて、謡曲や説経から、浄瑠璃、歌舞伎、また絵巻や草子となつてひろがつた。

ここで驚かされるのは、その主人公が自らの肉眼で「生身の弥陀」を見ようとしたことである。およそ見ることかなはぬはずのものを、なにをおいても見ようといふ、條理を外れた欲求に、自分を傾けつくしたことである。

さうして彼女は、見たのだ。当麻曼荼羅がそれを証してゐる――。

その絵図だが、浜田隆『極楽への憧憬』（美術出版社）などの説明と写真にもとづいて書いておくと、かうである。画面の中央に極楽浄土の景観が厳密な左右対称の構図で描かれてゐる。最上部に多数の飛天と楽器、蓮花などが飛びかひ、その下に広壮な宝楼閣《ほうろうかく》が拡がつてゐる。その宝楼閣に囲まれた極楽宮の前庭の中央には、転法輪印《てんぽふりんいん》を結んだ阿弥陀仏が大きく坐し、左右に観音、勢至《せいし》の両脇侍菩薩《けふじぼさつ》がゐて、その外側にそれぞれ十七体の諸菩薩がゐる。この前庭の前、絵では下方に八功徳水《はつくどくすい》をたたへた宝池があり、水面からのびた蓮花の上には童子姿の新生の菩薩がゐて、その池の真中にある宝池では舞楽菩薩が楽を奏し、左右の島には新生の菩薩を迎へる仏の姿と、仏の説法を聴聞する菩薩群が二段に描かれてゐる。

この浄土図は、『観無量寿経《かんむりやうじゆきやう》』に善導《ぜんだう》が解釈を加へた『観無量図経疏《そ》』に拠るといふ。そして、絵の枠の外左右端と下辺に、さきにコマ絵ふうといつたとほりに経の説くところが図示されてゐる。まづ、向つて左側には、『観無量寿経』序にある、阿闍世《あじやせ》が父王を幽閉、ついで母の韋提希《いだいけ》夫人も閉じ込めたが、夫人が釈迦に道を問ふと奇瑞《きずい》が起るといふ物語が、下から上への順で描かれてゐる。右側は釈迦が夫人に説いた教への第一部ともいふべき観法が、第一の日想観から第十三の雑想観まで、上から下へと示されてゐる。下辺には、第二部に当る、さきに触れた往生の九つの姿が描かれてゐる。

こんなふうに『観無量寿経』に全面的に依拠、それを図示してゐるわけだが、この経の中心をなすのは、言ふまでもなく観法である。煩悩を滅する「清浄業を説かん」と言つて、釈迦が韋提希夫人と阿難《あなん》に述べた「西方極楽世界を観」ずる法である。西方極楽世界を観ずることが、どうして「清浄業」になるのか、私などにはよくわからないが、釈迦はかうも言つた、「かの国土の、極妙の楽しき事を見れば、心、歓喜するがゆゑに、時に応じて、すなはち無生法忍《むせうぼふにん》（智慧をもつて不生不滅の真如の道理をさとること）を得ん」と。

そして、浄土を観想する十三の方法がつぎつぎ語られるのだが、日想観、水想観、地想観、樹想観、八功徳水観《はつくどくすいかん》と進むに従つて、極楽の様子がこと細かに浮びあがつて来る。樹想観とは、極楽にそびえる「七宝の華・葉を具足」する樹を想ひ描くことであり、八功徳水観とは、極楽にある八つの池水のさまを観ることなのである。その桁外れの壮麗さに、私などは頭が痛くなるほどだ。

たとへば、こんな具合ひである。「……一々の華・葉は、異なれる宝の色をなす。瑠璃《るり》色の中より、金色の光を出し、玻璃《はり》色の中より、紅色《ぐしき》の光を出し、碼碯《めのう》色の中より、硨磲《しやこ》の光を出し、硨磲色の中より、緑真珠の光を出し、珊瑚《さんご》・琥珀《こはく》など一切のもろもろの宝、もつて映飾《やうじき》となす。妙なる真珠の網は、樹上に弥覆《みふ》し、一々の樹上に、七重の網あり。一々の網の間に、五百億の妙華の宮殿ありて、梵《ぼん》王宮《のうぐ》のごとし。もろもろの天童子、自然《じねん》にその中に在り。一々の童子は、五百億の釈迦毘楞伽摩尼宝《びりようがまにほう》をもつて瓔珞《やうらく》となす。その摩尼の光は、百由旬《ゆじゆん》を照らす。なお百億の日・月を和合せるがごとく、つぶさに名づくべからず」。

素晴しい宝樹には、真珠でできた網が七重にかけられてゐて、その網の目の一つ一つに、五百億もの宮殿があり、それぞれには天童子が住んでゐるが、彼の首飾りは、五百億の宝珠でできてゐて、その宝珠は、百億の太陽と月を合はせた輝きを放つ……。こんなふうに細部へと入り込んでいくのだが、そのたびに、想像力はほとんど破壊的に膨張する。核反応的想像力だといつてみたくもなる。この恐るべきインド人の想像力に、古代の日本人はどれだけ付いていくことができただらうか。少くとも今日のわれわれより、はるかによく付いていつたに違ひない。

それはともかく、いま問題なのは、見ることへの過度とも思はれる集中である。見ることに憑かれてゐる、と言つてもいい。そして、その『観無量寿経』の態度は、ほとんどそのまま、源信《げんしん》『往生《わうじやう》要集《えうしふ》』に受け入れられ、平安時代の浄土信仰の中核をなすに到つたのである。

しかし、仏を幻視することが、救ひとなるとは、われわれが持ちあはせてゐる信仰の観念とは大きく違ふ。仏の存在を信じ、仏の教へに従ひ、それを実践するよりも、目の前に仏の姿をありありと思ひ描き、「歓喜」を味ふことが大事だといふのである。ここに在るのは、だから、唯美的幻視の世界であつて、善悪、正邪の念さへ係りないといつてよいのではあるまいか。現代は、視覚の時代だといはれてゐるが、遠くおよぶところでない。

そして、その恐るべき幻視の証として「当麻曼荼羅」が在り、その曼荼羅に絶えず生命が吹き込まれることによつて、中将姫が現はれつづける……。

さきに、『古今著聞集』の一節を引いたが、世阿弥作と伝へられる謡曲『当麻』では、三熊野詣帰りの念仏行者が、当麻寺で老いた尼に会ひ、曼荼羅の由縁を聞くといふ設定になつてゐる。

尼はかう語る――。むかし中将姫が、「願はくは生身《しやうしん》の弥陀来迎にあつて。我に拝まれおはしませ」と願ひ、夜もすがら心耳を澄まして、稱名をとなへてゐると、一人の老尼が忽然と現はれて、たたずんだ。そこで姫が人をやつて尋ねさせると、

地謡　……誰《たれ》とはなどやおろかなり、呼べばこそ来《きた》りたりと　仰せられけるほどに　中将姫はあきれつつ
シテ　我は誰《たれ》をか呼子鳥《よぶこどり》
地謡　たつきも知らぬ山中《やまなか》に　声立つる事とは　南無阿弥陀仏の称《となへ》ならでまた他事《たじ》もなきものを　と　答へさせ給ひしに
　それこそ我が名なれ声をしるべに来れりと、

念仏に応へて出現した尼と中将姫の対話は、畳み込むやうに進められる。やはり演劇としての工夫がこらされてゐるのだ。それとともに、鎌倉時代を通過した後だけに、幻視一辺倒ではなく、念仏が大きな役割を果してゐる。

かう語り終つた尼は、念仏行者とその従者二人の目の前で、紫雲に乗つて二上山へ帰つてゆく。それに感じた念仏行者が、重ねて奇瑞を拝まんとすると、「妙音聞え光さし、歌舞の菩薩の目のあたり現れ給ふ」て、さきに現はれて語つた尼は、「中将姫の精魂」であつたことを告げる。すなはち、幻視する「精魂」の見た情景が、舞台上に展開されたのだ。

「あれは一体何んだつたのだらうか。何んと名付けたらよいのだらう、笛の音と一緒にツッツッと動き出したあの二つの真白な足袋は」と、万三郎の『当麻』を見た小林秀雄が書いてゐる（「当麻」）が、幻視が凝るところに現はれたものだといへばよからうか。

古浄瑠璃『中将姫之御本地』になると、謡曲のやうな枠組を設定せず。直截に曼荼羅図の出現が語られる。やはり生身の弥陀を見たいと中将姫が願ふと、尼僧が現はれ、かう告げる。

弥陀を念ずる心ざし、まことなるゆへ、今爰《ここ》に来たりたり、西方《さいほう》、極楽浄土《ごくらくじようど》のありさま、織《お》りあらはして、拝《おが》ません、蓮《はす》の糸《いと》を、用意《ようい》せよ、はやとく〳〵と。（注）

そして、用意が整つたところで美女が現はれ、織り始めると、虚空に花降り、音楽聞え、菩薩、天人らが現はれる。この後、五段目の前半は、尼のおこなふ絵の説明になる。

こんな具合だ。

……宝樹《ほうじゆ》の枝には、宮殿楼閣《くうでんろうかく》、まん〳〵として、かゞやけり、天《てん》には、四種の華《はな》ふり、天人《てんにん》は、遊行《ゆうかう》し、くじやく、ほうわう、舞ひあそび、往生素懐《わうじやうそくわい》の輩を、廿五の菩薩たち、役々《やくやく》の、楽器《がくき》をそろへ、管弦《くはんげん》を奏し、いさめ給ふ。

核反応的想像力とまではいかないが、十分壮麗である。かうして、絵を説明するといふかたちで、極楽浄土が示されるのである。

曼荼羅堂を出て、裏のボタン園を歩いた。広い園内をひと回りしたが、わづかに二つの花が残つてゐるのを見つけることが出来ただけであつた。

数週間前にここを埋めてゐたボタンの花さへ、私は幻視することができないのだ。傾き始めた陽ばかりが、明るい。

曼荼羅堂の南側横の護念院《ごねんゐん》の庭へ回つた。裏山の急な斜面につづら折りに道がついてゐて、その上に西塔が建つてゐる。

その庭に面した客殿に、人々がひしめいてゐた。お練りに出る男たちと、その世話をする家族や縁者たちである。すでに綴錦《つづれにしき》の衣裳をつけ、背中の光背《くわうはい》の具合ひをみたり、菩薩の仮面を付けたりはづしたりしてゐる。なかには、縁側へ出てきて、脇に仮面を抱へ、介添の羽織袴の男と並んで、記念写真におさまつてゐる。その間を、こどもが走る。若い女の姿も見える。まことに今日ふうのなごやかな光景である。

西塔の傍まで登つてゆき、そこから東塔を眺めて降りてくると、菩薩たちは介添に腕をとられて列を組み、動き出すところであつた。仮面の目には穴があいてゐるが、足許が見えないらしい。ほとんどの菩薩たちは、及び腰にすり足である。そして、廊下のちよつとした段差で、大袈裟によろめく。なかには老齢のひともゐるらしく、それがたよりなげな腰つきにあらはれてゐる。

護念院の本堂に、二十五菩薩が勢ぞろひすると、堂内に据ゑられてゐた尼僧姿の中将姫像を乗せた輿《こし》が出発する。紫衣の僧が先導、ハッピ姿の若者四人が担いでゐる。

この中将姫像は、二十九歳の折の姿を写したものとのことで、この年、宝亀六年（七七五）の四月四日に、彼女は遷化《せんげ》した。その日を太陽暦に換算すると、五月十四日になるらしい。もつともその日付については、三月十四日とも四月十四日とも、いくつかの説がある。

二十五菩薩のほうは、曼荼羅堂との間に仮架された橋を渡り、そちらへ移つてゆく。

私は、急いで金堂前に移つた。境内は、人でびつしり埋つてをり、そこまで割り込んでいくのがひと苦労だつた。

まづ、中将姫像が娑婆堂へ長い橋を渡る。そして、扉を大きく開いたその堂内に、曼荼羅堂へ向け据ゑられた。私の位置からは遠く、午後四時の太陽の光が奥にまで入り込んで像を照し出してゐるのが、わづかに確認できた。

次は、娑婆堂側から曼荼羅堂へ、緋《ひ》の衣に金襴の袈裟《けさ》の僧を真中にして、僧たちが渡る。彼らは、堂の回廊の上に設けられた座に上つた。そこには、進行の合図に使ふ大太鼓が据ゑられてゐる。

やがて稚児《ちご》の行列が曼荼羅堂から出てきた。幼稚園児らしいが、男女いづれも着物で、化粧をし、髪飾りをつけ、蓮の花の造花を手にして、紋付の母親に手を引かれてゐる。二十代の母親が多く、彼女らは、人の頭ほどの高さの橋を進むのに、さほど照れる気配もなく、観衆のなかの知人に合図したりして楽しさうである。つづいて、墨染に茶の袈裟をかけた僧たちの列が続く。その後に、近隣の寺の住職たちだらう、思ひ思ひの袈裟の僧がゆく。

しばらく間があり、太鼓が打ち鳴らされた。お練りの始まりである。

曼荼羅堂から、仮面をつけた菩薩たちが現はれた。

先頭は、白い面の天人ふたり。狩衣ふうの衣裳で、光背をつけてゐない。白手袋の手で合掌し、介添に導かれて、ゆるゆるとやつて来る。ついで僧形の、龍樹《りゆうじゆ》菩薩に地蔵菩薩。龍樹は目立たない焦茶色の衣だが、地蔵は赤い衣をまとつてゐて、それが白い顔面を一層大きく見せてゐる。その後から、髪を高く結ひあげ、髪飾をつけ、綴錦の衣の菩薩たちになる。彼らも白手袋の両手をしつかり合はせてゐる。

護念院で見たほど心もとなげではないが、明るい陽の下、わづかに金箔の残る黒ずんだ仮面を、うつ向けたり、うは向けにしたり、横にしたり、思ひ思ひの姿勢をとつて進んでくる。その姿勢の微妙な違ひが、ひどく際立つて見え、同じ綴錦につつまれた身体つきが、これまた、それぞれに異つた表情をみせる。その背後で、棒の先にとり付けられた円光が揺れる。

「年輩の方もゐらつしやるやうね」

「次は、若さうよ」

後で、中年の婦人が小声で話してゐる。頭から足先まですつかり覆はれてゐるが、そのため却つて、身体つきがなまなましく露《あらは》れ、各人がこれまで過して来た生活ぶりまでうかがへるやうな気がする。介添のなかには、扇子で菩薩をあほいでゐるひとがある。仮面の下は、汗みづくなのだらう。しかし、金箔が剝げて赤黒い仮面の色は、五月の太陽の下でも静かに沈んでゐて、時折、金箔をきらめかせるだけだ。

琵琶、横笛、鼓、簫《せう》など、楽器を持つた菩薩がつづく。


あら有難《ありがた》や本願《ほんがん》みめうの験《しるし》あらわれ、華《はな》ふり、いきやう薫《くん》し、もろ〳〵の仏菩薩《ぶつぼさつ》、管弦《くはんげん》のそうし、姫君《ひめぎみ》を迎ひ給はん、そのために、来迎《らいがう》あるこそ、有難《ありがた》けれ、妙《たへ》るかなや、いきよう薫する、そのなかに、聖《しやう》蓮華あまた、虚空《こくう》に満《み》つる、姫君《ひめぎみ》、かんたん砕《くだ》き、礼拝《らいはひ》ある。


『中将姫之御本地』のかういふ場面を、具現してゐるのである。

二十二の菩薩が過ぎたあと、少し間をおいて、観音菩薩が現はれた。介添はなく、蓮台を両手で捧げ持ち、腰を低く落してすくひあげるやうにしてから高く差し上げる。右へ向つてさうすれば、次は左へといふふうに、その動作を交互に繰返しつつ、踊るやうに進む。身にまとはりつかせた幅の広い帯状の布が、その大きな身ぶりのたびに、ひらひらする。

勢至《せいし》菩薩がつづく。こちらは、合掌した白手袋の手を、同じやうに腰をかがめてすくふやうにしては、右へ、左へと交互に差し上げる。観音が蓮台を右へ上げれば、勢至は左へ、さういふふうに合はせてゐるやうである。そして、殿《しんが》りは、幡をさげた長い杖をつく、普賢《ふげん》菩薩であつた。

聖衆来迎図を見ると、どの絵でも中心に大きく阿弥陀如来が描かれてゐる。しかし、ここでは阿弥陀如来は登場しない。「生身」の二十五菩薩をとほして思ひ描くべき存在なのだらう。いや、曼荼羅堂のなかにある曼荼羅、その背後にある二上山が、阿弥陀如来の出現を示してゐるのだ。

この練供養は、平安時代の中期、源信によつて創始されたと伝へられるが、記録の上では、長禄三年（一四五九）四月十四日が最も古い。しかし、鎌倉時代の仮面が四面、伝へられてゐるので、少くとも六百年以上前からおこなはれてゐると考へてよいやうである。

これだけの長い間、繰返しおこなはれてきたこの行事を成り立たせてゐるのは、つまるところ、中将姫の幻視する目であらう。彼女が見た来迎を、いまなほ再現しつづけてゐるのだ。

そして、このお練りをわれわれが見ることは、その古代の女の幻視者の視線に与ることなのである。彼女が見たやうに、われわれも見るのだ。そして、この見ることが極楽往生に通ずるのであり、われわれもまた見ることで、来迎の約束に与り、極楽へと導かれる。

しかし、私を含めて今日の人間は、ほとんど好奇心から、もの珍しい行事として眺めてゐて、かつて彼女が見たやうには、見ようとしない。そして、ビデオカメラを回し、シャッターを押すことに精を出すのだ。テレビカメラも、あちこちでレンズを光らせてゐる。

勢至が橋の中ほどを過ぎた頃、「お帰りは足許に気をつけて下さい」と、警官のアナウンスが響いた。人々は、それとともに急に動き出した。

しかし、練供養の一番大事な行事は、これから始まるのだ。私の場所からは見ることが出来なかつたが、娑婆堂の前には、先行した二十二菩薩と二天人が両側に分れて並び、その間を観音、勢至、普賢が進み、娑婆堂の中にはいる。さうすると、中将姫像の前で待ち受けてゐた僧が、観音の差し出す蓮台に小さな阿弥陀坐像を据ゑる。

数《かず》の菩薩《ぼさつ》のうちより、化人《けにん》一人あらはれ給ひ、姫君に向つて、の給く（中略）汝《なんぢ》その身を変へず、極楽浄土《ごくらくじやうど》へ、招《しやう》する也。歓喜《くはんき》の思ひ浅《あさ》からず、これ也、一つの蓮華《れんげ》に歩みをなして座せよと、示し給へば、姫君あまりの有難さに感涙《かんるい》をとめがたく、其身そのまゝ蓮台《れんだい》に移らせ給ふぞ有がたけれ。不思議や姫君、蓮台に移らせ給へば、開きし蓮華、花をつぼめ、しばしありしが、不思議や又、たちまち花ひらけば、あら有がたや、姫君の御姿、黄金《わうごん》の御かたちと、現《げん》じ給ひて、光を放《はな》つて、拝《をが》まれ給ふは、有がたりける次第也。

さきに阿弥陀が現はれないと書いたが、ここに現はれるのだ。それも西方浄土から迎へに来た阿弥陀ではなく、中将姫といふ生身の女がなつた阿弥陀である。これは、まことに過激な即身仏の表現である。

仏教にあつては、女がそのまま成仏できず、変成男子となつたうへでといふことになつてゐるのだが、その順を踏まずに、いきなりかういふ運びになるのだ。「姫君あまりの有難さに」と語られる理由である。

いま一度、『中将姫之御本地』の末尾から引用すれば、かくて中将ひめ、即身即仏《そくしんそくぶつ》の、素懐《そくはい》を、とげさせ給ひ、観音《くはんをん》の蓮台《れんだい》に、移《うつ》らせ給へば、勢至菩薩《せいしぼさつ》は、合掌《がつしや》う有、善人哉と、悦び給へば、もろ〳〵の仏ぼさつ、管弦のさうし給ひつゝ、せつなか間に、西方ごくらく浄土へ、引摂《いんじやう》有。

このやうに運ぶのだが、中将姫の化身として阿弥陀像が蓮台に据ゑられると、勢至が合掌して拝し、なでるやうな所作をおこなふ、といふ。そして、隊列を整へると、娑婆堂を出発して曼荼羅堂へ向ふのである。今度は阿弥陀の小像を据ゑた蓮台を持つ観音が先頭で、他の菩薩たちがつづく。陽は、まだ二上山にかくれず、あかあかとした光を境内いつぱいにふりまいてゐる。それを正面から受けて観音と勢至が、来るときと同じ動作を繰返して、進む。まはりの松の輝かしい緑のなかに、菩薩たちは、ひときはあざやかに浮きたつ。

……山裾のひらけた処を占めた寺庭は、白砂が、昼の明りに輝いてゐた。こゝからよく見える二上の頂は、広く、赤々と夕映えてゐる。男嶽《ヲノカミ》と女嶽《メカミ》との間になだれをなした大きな曲線《タワ》が、又次第に西方へ聳《ソソ》つて行つてゐる、此二つの峰の間の広い空際。薄れかゝつた茜の雲が、急に輝き出して、白銀の炎をあげて来る。山の間に充満して居た夕闇は、光りに照されて、紫だつて動きはじめた。

さうして暫らくは、外に動くものゝない明るさ。山の空は、唯白々として、照り出されて居た。肌、肩、脇、胸、豊かな姿が、山の尾上の松原の上に現れた。併し、俤に見つづけた其顔ばかりは、ほの暗かつた。

今すこし著く、み姿顕したまへ——。

郎女の口よりも、皮膚をつんざいて、あげた叫びである。山腹の紫は、雲となつて靉《タナビ》き、次第々々に降《サガ》る様に見えた。（中略）

あて人を讃へるものと、思ひこんだあの詞が、又心から迸り出た。

なも、阿弥陀ほとけ。あなたふと、阿弥陀ほとけ。

折口信夫『死者の書』からである。藤原南家横佩家の姫が、春分の日の夕、二上山の二つの峰の間に現はれた「荘厳な人の俤」を求めて、麓の当麻までやつて来て、万法蔵院（当麻寺の前身）の近くに籠つたが、半年後の秋分の夕、仕へる者たちが悪霊を払ふ弦打ちをしてゐるさなかに抜け出して、万法蔵院へやつて来て尊者の出現を真近に見るのである。

この後、姫は、自ら蓮糸で布を織る。尊者の肌を覆ふためである。そして、仕立てあげたのち、絵具でもつて衣に尊者の居ます宮殿楼閣を描く……。

必ずしも中将姫伝説に忠実ではないが、折口は彼方のうるはしい存在の不思議な出現を、こんなふうに描き出す。彼にとつて、二上山が特別の意味をもつた山であることは、ここからも窺へるし、論考『山越しの阿弥陀像の画因』によつて知ることが出来る。

折口が大阪市浪速区に生れ、大阪府立第五中学校（現在の天王寺高校）にかよつたことが、どうも決定的な意味を持つたやうに思はれる。当時の校舎は、現在と違ひ、天王寺区上本町《うへほんまち》八丁目にあつた。上町《うへまち》台地の上、四天王寺の北である。だから少年の折口は、現在、夕陽ヶ丘と呼ばれる藤原家隆塚《ふじはらいへたか》のあるあたりを、毎朝、西側からのぼつていつたのであり、台地の上に到るとき、間違ひなく、生駒山脈から二上山をへて、葛城、金剛へ連なる山脈を見わたしたのである。その風景は、私が見て育つた風景にほぼ等しい。

そして、彼が幼時、里子に出されてゐた大和小泉《やまとこいづみ》は、生駒山脈が南で切れたところを、少し裏へ回り込んだところで、彼が、父に代へて親愛の情を持つた祖父は、飛鳥の岡寺の門前の家の出で、その近くの、飛鳥坐神社《あすかゐますじんじや》の神主の養子になつた経歴を持つてゐるが、その地もまた、二上山周辺に開けた視界近くに位置する。すでに万葉などに心ひかれてゐた中学生として、なほさらそこに視線を誘はれたのは自然であらう。

四天王寺の北東に、ほぼ隣接して寿法寺があるが、この寺の東側は崖で展望がきく。少年の折口は、放課後よくここに立ち寄つて時間を過したといふ。生駒から金剛にかけての風景を、よりはつきり眺めるためであつたらう。そして、中学四年の春休みには、級友の武田祐吉らと二上山を越えて大和に旅行したのを皮切りに、以後、幾度も二上山を訪れてゐる。

二上山は、折口にとつて、人生と学問の入口にそびえてゐた山だつたのである。そして実際に、彼の学問の大事な導きの役を果した。

それとともに、この中学校の帰り、夕陽に向つて台地を降りていつたことも忘れてはなるまい。四天王寺の西門《さいもん》がすぐそこだから、その夕陽は古来から人々が眺め拝し、日想観を凝して来た夕陽と容易に重なる。そして、じつは、横佩大臣の姫が二上山の峰の間に沈むのを眺めた夕陽は、なによりもこの台地の上から眺めた夕陽だつたのではないかと思はれるのだ。

横佩家の姫が住んでゐた平城京の邸から、二上山は遠く南西にあつて、そこに夕陽が沈むことはないし、また、二つの峰は重なつて一つの小山としか見えない。その点、姫に係る発端の部分はウソである。それを折口は、重々承知してゐながら、二上山はあくまで姿のよい二つの峰を持つてゐなければならず、夕陽はその間に沈まなければならなかつたのだ。そしてそれは、折口がかつて中学時代に上町台地の東と西に眺め暮した情景なのである。それを一つに重ねたところに『死者の書』が成立したのだといつてよいかもしれない。

また、この二つの情景が、東はわが国の古代へ、西は浄土と異国へと、憧憬を掻きたてるものであつたことも注意してよい。さうして折口の視線は、ますます無限の彼方へと虚空をさまよひ、「荘厳な人の俤」を幻視するに到つたのだらう。

古浄瑠璃『中将姫之御本地』から『死者の書』へ飛んでしまつたが、中将姫を扱つた作品は、江戸時代、じつに多く、浄瑠璃、歌舞伎をはじめ絵草子、絵巻などにも見ることができる。

かうした幅ひろい人気を得たのは、中将姫が「女人成仏の証拠」であつたことが、大きく働いた。『中将姫之御本地』も、さきに引いた部分の後、次の文句で締めくくられてゐる。「偏《ひとへ》に女人じやう仏の、せうこに立せ給ふ也、中将姫の御有様、有がたし共中〳〵申斗はなかりけれ」。

だから、練供養も、阿弥陀仏を中心とした来迎であるとともに、女人成仏の「せうこ」として、老若の女人に見られつづけて来たのだ。平安末から練供養は各地でさかんにおこなはれて来たが、そのなかで、当麻寺のそれが今日まで続き、その代表的なものとなつたのは、このためであらう。

しかし、浄瑠璃、歌舞伎にみられる中将姫伝説は、さうさうに世俗化した。すでに『中将姫之御本地』の前半は、謡曲『雲雀山《ひばりやま》』あたりによると思はれる継母の継子苛めの話に力点が置かれてゐて、「生身の阿弥陀」を見よう、極楽往生しやうといふ願ひはお座なりな扱ひをうけてゐる。

元禄の頃に上演されたらしい『当麻中将姫まんだらの由来』になると、その状態はさらに進み、肝心の曼荼羅縁起は最後の数行で片付けられてゐる。それから、近松の『当麻中将姫』や並木宗輔『鶊山姫捨松《ひばりやまひめすてまつ》』、歌舞伎の『薄雪今中将姫《うすゆきいまちゆうじやうひめ》』とか『新薄雪物語』などにしても、同様である。継母薄雪が、これでもかこれでもかといつた調子で、中将姫をいたぶるところが見所になつてゐる。観客のサディスティックな欲求に応へた、江戸期の代表的な狂言といつてよいが、そこでは、薄雪は女の邪悪さの権化的存在となり、中将姫は、娘の美質をとり集めた存在となる。いかに苛まれても継母を恨むことなく、自分の到らなさを責める。そこで姫は、いよいよ可憐であはれな娘になるのである。

このやうな世俗化へ、一気に押しやつたものとして、近松の作品があるやうに思はれる。

その阿弥陀来迎のところを紹介すると、こんな具合ひである。中将姫が出家して二上山の麓に籠つてゐると、薄雪がひそかにやつて来て、寝てゐる姫の耳許へ、戸外から竹の筧《かけひ》をさし入れ、「よべば答ふる法の名の、西のあるじは我なり」と名乗り、明方に二上山の片淵へ来るやう、ささやく。「西のあるじ」とは、言ふまでもなく阿弥陀である。それを信じた中将姫は、感涙に袖をぬらして、こつそり片淵へ出向くと、水中から青蓮華が生え出て、朝日に輝く。それを見た姫は、よろこんで、跳び乗らうとするが、後を追つてきた随身の春時が、インチキ細工だと見破つて引き止める。その時、虚空に花ふり音楽聞え、二上山から阿弥陀、観音、勢至の三尊が出現するが、春時はそれに向けて矢を射ようとする。驚いた姫は叱るが、その三尊は薄雪と、彼女が雇つた者二人が扮したものであつた。供の大男が正体を発《あば》き、薄雪を峯から投げ落して殺す。

まことに念のいつた偶像破壊で、練供養を徹底的にコケにしてゐる。もつとも操芝居《あやつりしばゐ》のカラクリを生かすのには、うつてつけの材料であつたらう。中将姫が、薄雪の呪ひを受けて、口裂けの鬼女になる場面なども設けられてゐて、近松は、練供養なり来迎信仰に対して、底意地の悪い態度に終始してゐる。

かうして以後は、浄瑠璃、歌舞伎において、中将姫が来迎信仰との関係でまともに扱はれることがほとんどなくなるが、しかし、それが当麻寺での練供養の衰退を意味したわけではなかつた。


午後五時、お練りは終つた。陽は傾いたが、まだ強い光が境内に満ちてゐる。

講堂の前の石の階段に坐つた。

テレビカメラが、解体され、ケースにしまはれる。記者が、ノートにメモをしてゐる。ゴザが巻かれ、座布団が重ねられて、運ばれてゆく。橋板がつぎつぎと外される。さつき、女の子がくるつとお尻を出すと、そこにつくつた水溜りも、もう乾いてゐる。

橋がすつかり取り払はれた境内の真中に立つて、いま一度、曼荼羅堂と娑婆堂を眺めた。それから、北門を出た。

数分歩くと、中将姫墓がある。極楽浄土へ去つたひとの墓が、どうしてここに在るのだらうと、一瞬、不審に思ふ。

三層の塔をかたどつた、肩ほどの高さの、堂々たる墓である。鎌倉時代のものとのことだから、当時すでに墓がなくてはおさまりのつかなくなつた人たちがゐたのである。彼らは、もはや虚空を幻視することが出来なくなつてゐたのだらう。横には、これまた立派な十三層の石塔が、見あげる高さに建つてゐる。夕陽を浴びて、ともに赤く染り始めた。

墓の右手は人家だが、左手は、一面の墓地である。背後から、『般若心経』を誦和する女の声が聞えて来た。

……無《む》受《じゆ》想《さう》行《ぎやう》識《しき》
無《む》限《げん》耳《じ》鼻《び》舌《ぜつ》身《しん》意《い》
無《む》色《しき》声《しやう》香《かう》味《み》触《そく》法《ほふ》

その声のほうへ近づいて、墓石の間からのぞくと、夕陽にむかつて初老の女三人が並んで立ち、懸命に合掌してゐた。白毛が赤く染つてゐる。
夕陽は、雌岳の外側の肩にかかつてゐる。

注　引用は横山重編『古浄瑠璃正本集』角川書店からで、そのままでは読みにくいため、私意をもって漢字を当て、元の表記をルビとして示した。歴史的かなづかひと異るところがある。以下も同じ。

江《え》口《ぐち》――白象に乗る遊女

大阪の阪急電車は梅田駅を出ると、すぐに長い鉄橋にかかる。淀川である。天王山と男山の間で、桂川に鴨川、近江からの宇治川、それに奈良の木津川などを集めて大阪の北平野を流れ下り、大阪湾へと注ぐ。ゆつたりとした大きな流れである。

渡りきると、十三《じふそう》駅だが、ここから神戸線と京都線に分かれ、わたしの乗つた京都行普通は、淀川の西岸を沿つたり離れたりして、北上するが、四つ目の上新庄《かみしんじやう》駅で降りた。このあたりまでが大阪市内である。

大学生時代、友人がこの駅の近くにゐたので、よく来たが、あれから数へると三十年近くにもなる。高架に変はつたホームから階段を降り、改札口を出て、あたりを見回してみても、見知らぬ街以外のなにものでもない。木造のくすんだ家並に替はつて、真新しい中層の商店が並び、気の利いた植込まである。

少し歩いてみようか、と考へたが、方角の見当もつかない。駅前に一台、タクシーが停まつてゐるのを見つけて、急かされたやうに乗つた。

「江口堂へ」

ここから車で五分ほどの距離にある、寺の名を言つたつもりだつたが、中年の運転手は

「そんなとこ、知りまへんで」

といふ返事であつた。驚いて問ひ返すと、

「君堂《きみだう》といふのは知つてま。江口といふとこに在りま」

『新古今集』や『山家集』、また謡曲で「江口」とだけ承知してゐて、『摂津名所図会《せつつめいしよづゑ》』などには「君堂」とあるのに注意してゐなかつたため、その「君堂」といふ名が、こちらの耳に素直に入つて来ない。「君」とはもともと敬称として添へる語だらう。ただし、遊女の異称でもあるが、「君」と直接結びつける用法があつたかどうかと、一瞬、考へたが、ともかくそこへやつてくれるようにと言ふ。

駅前の商店街を抜けると、広い道の両側にゆつたりした敷地の住宅が続く。三十年前は、田が広がり、小川が蛇行してゐたはずだ。平安、鎌倉の頃は、いふまでもなく湿地帯であつたらう。

その頃、淀川の河口は、潮の流れも加はつて、複雑を極め、航行にとつては恐ろしく危険なところであつたらしい。澪標《みをつくし》が盛んに立てられたのもそのためだが、桓武天皇の時代、淀川の西側を並行して流れる三国川を、この近くで結び、京から西国への航路とした。さうして出来たのが神崎川《かんざきがは》で、以後、平安、鎌倉時代を通じて、兵庫寄りに大阪湾へ出るこのコースがもつぱら採られるやうになつた。その結果、淀川と神崎川の分流点の江口が、交通の要衝となつて、小舟を操る女たちが集まり、わが国で最初の遊里として栄えたのである。

また、この地は都から遠出するのに恰好な歓楽地として、貴族たちを惹きつけた。その盛んな様子を、十二世紀初め、大江匡房《おほえまさふさ》が『遊女記』でかう書いてゐる。「倡女成レ群《しやうぢよぐんをなし》　棹二扁舟一《へんしゆうにさをさして》　着二旅舶一《りよはくにつけ》　以薦二枕席一《もつてちんせきをすすむ》　声遏二渓レ雲一《せいけいうんをとどめ》　韻飄二水風一《ゐんすいふうにただよふ》　経廻之人《けいくわいのひと》　莫レ不レ忘家《いへをわすれざるなかれ》　州蘆浪花《しうろらうくわ》　釣翁商客《きんをうしやうきやく》　舳艪相連《ぢくろあひつらね》　殆如レ無レ水《ほとんどみづなきがごとし》　蓋天下第一之楽地也《けだしてんかだいいちのらくちなり》」。

「舳艪相連ね　ほとんど水無きが如し」とは、ずいぶん誇張した表現だが、多くの遊女たちが舟を操り、客を呼び、舟上に客を迎へて歓を尽くす、殷賑《いんしん》を極めた様子が思ひやられる。

かうした華やかで淫靡な水上の夜が、南北朝頃まで、五百年もの間、続いたのである。

タクシーは交通量の多い道に出て、交差点で停まつた。低学年の児童たちが装つた母親につれられて横断して行く。道の両側には商店が並び、その屋根越しに中層の市営住宅らしい建物が幾棟も並んでゐるのが見えた。横にバス停があり、標識に「江口君堂前」とあつた。

信号が変つて、車は右折、こどもたちと母親たちが群をなしてやつて来る道をゆつくり進み、彼らが出てくる門の前を過ぎると、停まつた。なんの変哲もない民家の前で、あたりに人影はない。

傍らに石柱が立ち、君堂と刻まれてゐた。横に狭い入口が口を開けてゐる。民家と見えたのは庫裡で、その向ふに御堂がある。

庫裡の前を通り、石の大きな手水鉢と井戸を回り込んで、御堂の正面に出た。

復層方形造で、繰り返される瓦屋根の穏やかな曲線が、いかにも尼寺らしい趣である。宝林山と扁額がかかり、左右の柱に寂光寺普賢院《ふげんゐん》とある。

傍らに縁起を記した額が掲げられてゐた。「そもそも江口の君とは平資盛《すけもり》の娘にして名を妙の前といひ、平家没落の後、乳母なる者の郷里すなはち江口の里に寓せしが、星移り日は経るもわが身に幸めぐり来たらずを嘆き、遂に往来の舟に棹の一ふしを込め密かに心かはさん浅間しき遊女となりぬ……」。

平重盛の次男で建礼門院右京大夫《けんれいもんゐんうきやうたいふ》の想ひびと、資盛の娘が遊女となつて江口の君と呼ばれたが、西行を知つて出家、光相比丘尼となつて元久年間（一二〇四〜六）に創建したのが、この寺だと、つづけて書かれてゐる。西行は、平家が壇ノ浦で滅亡した文治元年（一一八五）には六十六歳、同六年（一一九〇）二月に七十三歳で没してゐるから、この話が成り立つかどうか。もし出会つたとしても、七十歳前後になつてゐる。

　その縁起を読んでゐる間も、庫裡の前に繋がれてゐた犬がやかましく吠えたてたが、それを牽制しながら、庫裡のガラス戸を叩く。すると、黒い簡易服を着た小太りの、四十過ぎの尼僧が出て来た。縁起について詳しく聞かうとしたが、はかばかしく返事はしてくれない。犬も吠えつづける。尼僧も犬も、わたしを胡散臭い人間と見てゐる気配だ。

　江口の君、名を妙《たへ》の前といふお方の画像や彫像が伝来されてゐますが、命日の四月十四日の開帳以外はお見せ出来ませんとのことなので、パンフレットだけを買ひ求め、引き下がる。

　御堂の前、左側の植込のなかに、君塚と西行塚が並んでゐた。右が君塚で、礎石を二段重ねた上に、小振りな五輪卒塔婆が据ゑられてゐる。西行塚は、君塚よりも低く、一応、三重塔の形であるが、危うく立つてゐる格好で、君塚に供へられてゐる花もない。

　首筋や腕に蚊が来るので、植込の中から出た。そして、御堂に背を向け、石畳を戻りかけると、赤と白の斑に塗り分けられた巨大な煙突が、左手間近かに聳えてゐるのに驚かされた。仰ぎ見ると、蒸気だらう、薄く白い煙が勢いよく青空に吐き出されてゐるが、すぐに消える。そして、その左側、少し後にさがつた位置に、もう一本、同じく赤と白に塗られた煙突が立つてゐる。こちらのほうはなにも出てゐない。

　わたしはしばらく突立たまま、見上げた。

　さうして歩き出すとともに、さほど広くはない境内のあちこちに、いろんな石碑が立つてゐるのに気付いた。そのなかでも一際、目に付いたのは南無妙法蓮華経と刻まれた、三メートルほどもある御影石の太い柱状の碑である。現在は日蓮宗の寺になつてゐるから、在つて不思議はないが、その両側面にそれぞれ歌が刻まれてゐた。

向つて右側には、

世の中をいとふまでこそかたからめ仮の宿りをおしむ君かな　　西　行

そして、左側、

世をいとふ人としきけば仮の宿に心とむなと思ふばかりぞ　　遊女妙

創建年月日の刻入はないが、この碑のことは『摂津名所図会』（寛政八〜十年・一七九六〜九八刊）などに出てゐるから、その頃にはすでに在つたのである。ただし、その絵図では歌塚として淀川の堤に描かれてゐるから、後に寺へ移されたのである。

この二首の歌が、江口の里を舞台に、さまざまな物語を織り出して来てゐる。君堂とも寂光寺ともいふこの寺自体が、その産物の一つにほかならないのだ。

西行の歌集『山家集』を見ると、次の詞書がある。

天王寺へまいりけるに、あめふりければ、江口と申所にやどをかりけるに、かさざりければそして、西行の歌になり、返しとして妙の歌になるが、いま引用した「陽明文庫本」には作者名はなく、遊女とも記されてゐない。

久保田淳編『西行全集』日本古典文学会刊は便利な本で、『山家集』を初め『西行法師家集』などに、『西行物語』や西行を扱つた謡曲、狂言まで、江戸時代以前のものは数種の異本も含めて収められてゐる。だから、簡単に調べることができるのだが、遊女妙の名は「西行集・伝甘露寺伊長筆本」にも出てこない。「山家集・松屋本書入六家集本」にはその記入があり、「西行上人集・李花亭文庫本」は「遊女たへ」とある。これら諸本の成立について多くの研究があるが、筆者には立ち入る能力も余裕も持ち合せてゐないまま、記して置く。

『新古今集』になると、巻第十羇旅歌に、「遊女妙」として出てゐる。その詞書は『山家集』とほとんど変はらないが、かうである。

天王寺へ詣で侍りけるに、にはかに雨の降りければ、江口の宿を借りけるに、貸し侍らざりければ、よみ侍る

単に「あめふりければ」とあつたところに、「にはかに」の言葉が加へられてゐる。なんでもないことのやうだが、ここにひとつの物語の要素がひそかに持ち込まれたと見てよいかもしれない。

念のため二首の歌の歌意のおほよそを記しておくと、

西行の歌「この俗世間を厭離するまで心を澄ますのは、あなたには難しいやうですね。あなたは此の世に執着して、宿さへわたしに貸さうとしない。無常の理をわきまへないひとです」

遊女の歌「あなたは現世を厭離した出家の身だと承知してをればこそ、仮の宿に執着なさいますな、色欲の巷に近寄りなさいますな、と念じてしたまでのことで、他意はございません。執着心の強いのはあなたの方かもしれませんね」。

この歌の問答は、さらに『西行物語』『西行物語絵巻』『撰集抄《せんじふせう》』『沙石集《しやせきしふ》』などで採り上げられ、謡曲『江口』で大きな展開をみせることになる。なぜ、このやうにつぎつぎと採り上げられ、物語として成長して行つたのだらう。

そのところを考へるのには、まづこの二首をよく検討しなくてはなるまいが、わたしには、西行の歌があまり上等な歌だとは思はれないのだ。品下る歌だとも感じられる。窪田空穂《うつほ》は『新古今和歌集評釈』（東京堂）でかう書いてゐる、「雨宿りを断られたのに対する恨みで、嘆息の形をもつて、俗世間的の心を罵つた歌である。出家は世間から重んじられてゐ、又、布施の心をもつて接待されてもゐたと見えるから、この断られたといふことは、西行をしても、亦不快にも感じさせた事と思はれる」。久保田淳になるともう少し分析的である。「歌の内容としては、かなり痛烈な皮肉である。上句は相手を見下し、下句は遊女の生業に浮世への執着を認めて、やはりそれを慨嘆し、軽蔑しているのであると思われる。しかし、即詠として、まことに言葉巧みな、骨を刺すような皮肉ではある」（『新古今和歌集全評釈』講談社）。

空穂が「恨み」「罵り」を認めたのに替つて、久保田は見下し、軽蔑する態度を見出してゐるのである。このやうな歌を西行本来の歌と考へてよいかどうか。西行はひどく多面的な人物で、われわれがつくりあげてゐるイメージを、いろんな点で破るひとだが、相手が遊女だといつて見下し、宿を貸してくれなかつたからといつて、恨むやうな人間でなかつたのは確かだらう。また、雨が降り出したからといつて、遊女に宿を求めるやうな軽はずみなひとでもなかつたらう。

これに対して遊女の歌は、その皮肉、軽蔑、恨みを鋭く投げ返すとともに、僧たるものの本質を掴んだところで、相手を大きく包み込んでゐる。先に引いた評釈のいづれにおいても触れられてゐないか、前の歌と格がまるで違ふ。タケの高さ、懐の深さを感じさせる。

これはわたしひとりの勝手な感想かもしれないが、この二首の歌を核として物語を紡ぎ出して来た人々は、このことを強く感じ、さう捉へて来てゐるのではないか。その証拠に、遊女はだんだんと成長、大きくなり、挙句には普賢菩薩《ふげんぼさつ》にまでなる。

ここにひどく誘惑的な説がある。瀧川政次郎が『江口・神崎』（至文堂）で述べた説で、この歌問答は西行の創作だといふのである。かう考へれば、いろいろ納得できるところがある。この問答の中心は後の歌であつて、前の西行作とされてゐる歌は、それを引き出すためのものであり、敢えて品下るものとした、と思はれるのである。

西行は、晩年まで後宮の女房たちと親しく、しばしば歌のやりとりをしてゐるが、その女房たちは、西方浄土へ導いてくれる先達として、西行を頼りにした。さういふ女房たちと歌を詠み交はす場で、西行は、この歌問答を創作してみせたのではないか。いはば自分を道化にして、仏の教を説いたのである。

じつは『古今集』以来、勅撰集には遊女なりそれに準ずる者の歌が一首、収められてゐて、『新古今集』では、遊女妙の一首がそれに当たる。『古今集』では巻第八離別歌に「しろめ」の名で出てをり、筑紫へ湯治に出掛ける貴族の男を、当時は京の川湊であつた山崎に見送つた際の歌である。山崎はこの江口の川上である。これに対応する歌として、『新古今集』に収められてゐるのは明らかで、西行自身、さういふ歌を作つてみせようといふ思ひがあつたのではないか。なにしろ西行は、若年から連歌に親しみ、友人たちと盛んに巻いてをり、晩年には自歌合を大々的に行つてゐるのである。

この創作説に、目崎徳衛（『西行の思想的研究』吉川弘文館）は反対してゐる。西行の母方の祖父清経《きよつね》は、後白河院が今様《いまやう》を学んだ乙前《おとまへ》の母親目井《めゐ》と、生涯にわたつて夫婦関係にあり、彼自身、今様の名手で、蹴鞠にも巧みで、江口、神崎にしばしば遊び、案内役も務める、遊里に精通した数寄者《すきもの》であつた。その関係から西行も在俗のころから江口の遊女たちと親しく、妙と旧知の間で、彼女たちの往生の「しるべ」となつたと考へられ、この歌問答は実際に行はれたと主張する。

この西行が江口の遊女たちと旧知の間であつたといふのは、大変、興味深い。だからといつて、この歌の実作者が「遊女妙」だとする証拠にはなるまい。それにここで肝心なのは、西行がその心卑しい品下る歌を本気で詠んだかどうか、であらう。この歌問答が実際に交はされたとするなら、西行の心根は、こんなにも卑しいものであつた、といふことになる。さういふ西行が、わたしにはどうしても考へられない。あくまでもフイクシヨンとして、西行はこの歌を作り、読み手を興がらせながら、無常を説いた、と考へたい。

いや、実際にさうであつたから、この後、物語として大きく膨らんで行つたのではないか。『西行物語』『西行物語絵巻』などはあまり変化がないが、『撰集抄』になると、記述がひどく詳しくなる。

「過ぬる長月の廿日のあまりのころ」の日付まではつきりしてゐる。つづけて「江口と云所を過侍しに、家は南北の川岸にさしはさみ、心は旅人のゆきの船を思ふ遊女の有様、いと哀にはかなきもの哉と見たてりし程に」と、情趣を漂はせ、「冬をまちえぬ村時雨のさてくらしましかば、けしかるしづがふせやに立より、はれ間まつまのやどをかり侍りしに、あるじの遊女ゆるす気色の見て侍らざりければ、なんとなく、「世の中を……」の歌になる。ただし、遊女に向つてではなく、「なんとなく」呟くやうに詠むのである。かうなると、先に見た、相手を恨み、見下すやうな態度は希薄になる。やはり『撰集抄』の作者は、この点に気付いてゐて、変へたのではないか。

これを受けて、「あるじの遊女うちわらひて」「世をいとふ……」の歌を返すのだが、それとともに、「いそぎ内に入れ」、時雨が止むまでと考へてゐたが、「此哥の面白さに、一夜のふしどとし侍りき」となる。ただし、遊女は、、自分はもはや四十を越え、この生業のつらさを覚えるとともに、出家への思ひ強めてゐると語るのである。さうして一夜を語り明かし、再会を約束して別れるのだが、西行は「狂言《きやうげん》綺語《きご》の戯《たはぶ》れ、讃仏乗因《さんぶつじようい》とは是かとよ」と感慨に耽る。しかし、再会の約束は果たせず、歌を交はすうちに遊女は姿を変へ、江口から消えたとばかり、伝へ聞くのだ。

謡曲『江口』となると、先程から指摘してゐる西行作とされてゐる歌の不快さを、遊女がはつきり訴へるかたちになつてゐる。

例のとほり、諸国行脚の僧が江口の君の旧跡を訪ね、「世の中を厭ふまでこそかたからめ……と口ずさむと、里の女が現はれ、「なうなうあれなる御僧、今の歌をば何と思ひ寄りて口ずさび給ひ候ふぞ」と、咎めるのだ。そして、「忘れて年を経しものを、また思ひそむる言の葉の」と、思ひ出された悔しさをいひ、宿を一旦断はつた真意を説明するのである。その一節（シテは里の女、じつは江口の君の亡霊、ワキは僧）、

シテ　こなたも名に負ふ色好みの、家にはさしも埋木の、人知れぬ事のみ多き宿に、

ワキ　心留むなと詠じ給ふは、
シテ　捨人を思ふ心なるを、
ワキ　ただ惜しむとの、
シテ　言の葉は

色里に泊めて修行の障りになるのを慮《おもんぱか》つてしたことであるのに、その言葉の上面の意味しか受け取つてもらへなかつたのを、いまに至るまで恨んでゐるのであり、遊女は、それほどまでに西行の歌に深く傷つけられてゐたのだ。作者の世阿弥はさういふふうにこの歌を受け取り、さういふ西行を糾弾してゐる、といつてもよからう。かうして里の女は、自分は「江口の君の幽霊ぞ」と名乗つて、消える。

ここでは遊女妙の名が出ず、ただ「江口の君」とあるばかりである。当時、遊里江口がすでに消滅してゐたためかもしれない。

曲は後半になり、まことに夢幻的な、それでゐて華麗な世界となる。僧が幽霊を弔はうとすると、遊女二人を従へた江口の君が舟に乗つて現はれる。

ワキ、ワキツレ　……月澄みわたる川水《かはみづ》に、遊女の歌ふ舟遊び、月に見えたるふしぎさよ、月に見えたるふしぎさよ。

月と水と管弦の織りなす、透明な官能の世界が出現する、といつてもよからう。

僧が問ひかける。

ワキ　ふしぎやな月澄みわたる水の面《おも》に、遊女のあまた歌ふ謡《うたひ》、色めきあへる人影は、そも誰人《たれびと》の舟やらん。

シテ　何《なに》この舟を誰《た》が舟とは、恥かしながら古《いにしへ》の、江口の君の川逍遙《かはぜうえう》の、月の夜舟《よぶね》を御覧ぜよ。

その言葉を僧は怪しんで言ふ。

ワキ　そもや江口の遊女とは、それは去《さ》りし古《いにしへ》の、

江口の君が生きてゐたのは、いまから二百年近くも昔のことではないか、と尋ねるのだが、それに対しての答は、夢幻能の要諦を端的に示すものだつたと言つてよからう。

シテ　いや古《いにしへ》とは御覧ぜよ、月は昔に変らめや。

業平の有名な歌「月やあらぬ春やむかしの春ならぬ我身ひとつはもとの身にして」を踏まへてだが、それが月も春も変つたよと嘆いてゐるのに対して、月は変りはしないと、逆転させてゐる。すなはち、このやうな意味にならう。「本当に遠い昔のことでせうか。よく御覧なさい。月は昔も今も変らず、わたしもまた、変りはしない。永劫、変ることなく舟遊びをしつづけてゐるのです」と。昔と今との

区別、現実と幻の差も消える。そして、そのところで彼女たちは、「世を渡る一節を、歌ひでいざや遊ばん」と、舞ひ始めるのである。

この場面は、まことに不思議な美しさに満ち満ちてゐる。

さうして舞ひおさめた後、

地謡　思へば仮の宿に、心留《と》むなと人をだに、諫《いさ》めしわれなり、

と、身の上を明かすが、ここで驚くべき変化が起る。舞台の上のシテは、膝をつき、「これまでなりや帰るとて」で、面を伏せたまま、ゆるやかに立ちあがつたと思ふと、

地謡　すなはち普賢、菩薩とあらはれ

彼女は普賢菩薩に変身するのである。シテは、つづけて右手を持つた扇を開いたまま胸に当て、それから右上に撥ね上げるやうにする。ユウケン扇といはれる所作をする。

この後を最後まで引用すると、

地謡　舟は白象《びやくざう》となりつつ、光とともに白妙《しろたへ》の、白雲《はくうん》にうち乗りて、西の空へと行き給ふ、ありがたくぞ覚ゆる、ありがたくこそは覚ゆれ。

この変身を可能にしてゐるのは、間違ひなく「仮の宿に心とむな……」の遊女の歌であらう。そのタケの高さ、相手を包み込む大きさを世阿弥が認め、思ひ切つて突き詰めてみせたのが、この場面に違ひない。遊女が普賢菩薩になるといふ話は、じつは西行と係りなく、性空上人《しやうくうしやうにん》のこととして、『撰集抄』や『古事談』に出てゐる。それが謡曲に至つて、西行のこととされたと考へられるのだ。

その性空上人の話を、『撰集抄』に従つて紹介すると、播磨《はりま》の書写山《しよしやざん》を開いた上人が、生身の普賢菩薩を拝みたいと祈念すると、「室《むろ》の遊女の長者を拝め、それぞまことの普賢なり」とのお告げがあり、さつそく室の遊里（江口に次ぐ西国航路の要衝で、歓楽地として栄えた）へ出かけ、宿で遊女の長者を呼び、歌ひ舞ふ姿を見る。そして、これぞ「生身《しやうじん》の普賢にこそと思ひて、目をふたぎ心をしづめて観念し給ふ時、端厳《たんげん》柔和の生身の普賢、白象にこし給ひて」となつた。目をあけると、普賢は遊女の長者に戻り、また目をふさぐと普賢となる。願ひがかなつたと上人が帰途につき一町ばかり行くと、遊女の長者が息を引き取つた、との知らせが届く。『古事談』『十訓抄』では、舞台が室ではなく、江口に近い神崎でのことになつてゐる。

遊女に普賢菩薩を見るといふ話は、大変人気を集めた。後に川柳でも盛んに採り上げられた。先の瀧川政次郎の著書から引用すると、こんな具合である。

遊女とはあんまり派手な化身《けしん》なり
菩薩さま凡夫へ向きのよい済度《さいど》
緋縮緬《ひぢりめん》けだし菩薩の済度なり

けだしとは、蓋しと蹴出し（女性が腰巻きの上に重ねて着るもの）を掛けてゐる。絵にも描かれてをり、君堂で買ひ求めたパンフレットにも、白象に遊女が乗つた絵が二枚、掲載されてゐた。うち一枚は勝川春章《かつかはしゆんしやう》筆絹本着色で、ボストン美術館蔵である。たなびく白雲の上の白象に、遊女が片膝を立て横座りしてゐて、黒つぽい打掛の下の草花模様の着物の赤が、なんとも艶めかしい。前で結んだしごき帯がだらりと垂れ、片膝に乗せた右腕からは、男への恋文であらう、巻紙が長々と垂れて、赤色を浮き立たせてゐる。

悟達《ごたつ》と性愛が一体になつてゐるのだから、これ以上確かな「凡夫への向きのよい済度」はない。

二首の歌を刻んだ碑を改めて眺め、赤と白に塗り分けられた巨大な煙突を再び見上げ、横のアスファルト道へ出た。前は七階建てのアパートで、窓といふ窓には、洗濯物が賑やかにはためいてゐる。その横の先に、淀川の堤防が見えた。

草に覆はれた堤防の斜面を、強引に登る。

視界が一気に開けた。が、照りつける陽のため、一面に白く霞んでゐる。

淀川はこのあたりでゆるやかに左へ曲つてゐて、多分、そのためだらう、上流にも下流にも橋が見えない。そして、水流は遠くで輝いてゐるだけで、人影はない。

上流へ向けて、歩く。

スレート葺の工場が、堤防沿に長々と横たはつてゐて、排気口がこちら向きに幾つも幾つも開いてゐて、カタカタと振動し続けてゐる。すつぱい臭ひがしてくる。そして、赤白の巨大煙突が二本、ここから見ても青空に突き刺さるやうに聳えてゐる。

開け放れた窓から工場の内部を伺ふと、半裸の男が長い棒をプールのやうな大きな水槽に入れ、掻き回してゐる。また、別の窓からは、新聞紙用の巨大な紙巻が見えた。再生紙専用の製紙工場だと見当がついた。

神崎川との分流点を見たいと思ひ、なほも堤防の上を歩く。男がひとり自転車でゆつくりやつて来て、すれ違つた。

堤防は右へと僅かながら曲がり、遠くにぼんやり橋が見えて来た。鳥飼大橋だらう。もうそろそろ神崎川との分流点が見えて来なくてはならないのだが、それが見えない。

工場の建物が尽きると、それから先はコンクリート製の大きなプールのやうなものが、からつぽで幾つも並んでゐる。

堤防上の道は依然として果てしなく先へ先へと続いてゐる。

堤防のすぐ下に小さな門があつたので、降りて見ると、一津屋取水場とあつた。からつぽのプールは遊水池だつたのである。そして、その脇の道の先に、堤防の高さで前を横切る壁がある。それが神崎川のものだつた。

淀川の堤防の切れ目を目指して歩いて来たが、その切れ目はいまやなく、分流点は取水口となつて、堤防の道の下に収まつてゐるたのだ。

壁の上に出ると、コンクリートで固められた約二十メートルの幅一杯に、濁つた水が勢いよく流れてゐた。これが神崎川だつた。川といふよりも効率的に機能する水路となつてゐたのである。

ここには、幻であれ、遊女を乗せた舟が現はれることはなからう。京からの遊客たちも、あの堅固な取水口を潜つて入り込んでくることはない。

この水路に沿つて、左側には、先の製紙工場の塀が続いてゐる。

少し行くと門があり、中が見えた。広い敷地いつぱいに古新聞を堅く縛つた大きな塊がびつしりと、二階ほどの高さに積まれてゐる。やはり再生紙専門の工場だつたのである。それにしてもなんといふ膨大な古紙の量だらう。ここには印刷された文字の、ありとあらゆるものが在りさうだ。当然、江口や西行についての印刷物も混じつてゐると考へなくてはなるまい。

そして、それらが日夜、苛性ソーダ溶液に満たされた水槽のなかで溶けてゆく。先に見た棒を持つた半裸の男は、それを見守つてゐたのだ。たとへば「遊女」だとか「仮りの宿」といつた文字が、水槽のなかで浮き沈みしながら消えてゆくのを眺めてゐるのは、どんな気持であらう。

この工場の隣が、大阪市環境事業局東淀川工場であつた。分かりやすくいへば塵芥処理場で、赤白まだらの巨大煙突はそこに突立つてゐた。

このやうなところに身を置くと、却つて超越的な美しい幻を描いてみたい気持になるのは自然かもしれない。性空上人は、男たちの欲望を夜毎、身に受ける港の遊女たちに、普賢菩薩を見た。目を開ければ遊女、目を閉じれば普賢……。

この「目を開ければ……」「目を閉じれば……」の設定は、謡曲『江口』に採り入れられなかつたが、ずつと下つて江戸末期、河竹黙阿弥《かはたけもくあみ》が其水《きすい》の名で作詞した長唄『時雨西行《しぐれさいぎやう》』に出てくる。

西行が登場、「江口の里の黄昏《たそがれ》に、迷の色は捨てしかど、濡るる時雨に忍びかね、賤《しづ》の軒端に佇みて、一夜の宿請ひければ……」とあつて、歌問答になるが、遊女の身を嘆く女を前にして、

　　実《げ》に実にこれは凡人ならじと　眼《まなこ》を閉ぢて　見れば　不思議や　今までありし遊女の姿　普賢
菩薩と　現じ給ひ（中略）　眼を開けば遊女にて（中略）　西行法師が正身《しやうしん》の　普賢菩薩を拝みたる

江口の里の雨宿り

いつの間にか西行自身が、遊女に普賢菩薩を見たことになつたのである。行きつくところまで行つた、と言ふべきだらうか。遊女を相手に西行が凝らした創意が、七百年後には、かういふところまで達したのである。

ただし、目の前の神崎川は、汚れ、もはや流れるのではなく、素早く移動しつづけてゐるだけだ。橋に行き着くと、江口橋とあつた。車が犇めき、その重量に絶えず振動してゐる。すぐ先に新幹線の高架があり、車体の上半分だけを見せて、滑つて行く。

もしもいま、江口の君が現はれるとすれば、再生紙工場の水槽のなかであるかもしれないなと、わたしはふと思つた。そこでなほも彼女は言ふだらう。

シテ　いや古《いにしへ》とは御覧ぜよ、月は昔に変らめや。

求塚《もとめづか》――均衡の悲劇

六甲山脈は、大阪湾に迫り出すやうに聳え、谷々から幾條もの水を海に流し込んでゐる。その短い流れが、花崗岩の砂礫を運び、山麓に沿つて小規模な扇状地を幾つも幾つも連ねて、帯状の地を形成してゐる。

その主な流れを数へれば、東から西へ、夙川《しゆくがは》、宮川、芦屋川《あしやがは》、住吉川、石屋川、都賀川《とがが は》、西郷川《さいがうがは》、そして生田川《いくたがは》である。

そのなかの芦屋川と生田川――約十二キロ隔たつてゐる――の間を、長い時代をとほして舞台を移動させながら語り伝へられて来た、悲劇的な恋の伝承がある。『万葉集』では葦屋（芦屋）周辺、『大和物語』では生田川、謡曲『求塚《もとめづか》』になるとその中間あたりとなつてゐる。

その物語の女主人公、菟原処女《うなひをとめ》（謡曲では菟名日処女）を葬つたのが、いつの頃か石屋川と都賀川の、石屋川寄りの海岸に近い位置（神戸市東灘区御影塚町二―一〇）にある古墳であるとされてゐる。今日、処女塚《をとめづか》古墳と呼ばれてゐるのがさうである。

そこを中心にして、東へ二キロ、西へは二・五キロのところに、それぞれ四世紀後半から三世紀後半にかけての、ほぼ同規模の前方後円墳がある。それがかの処女を争つて死んだ男の墓だと、いつの時代からかされてゐるのである。中央の処女塚古墳は南面してゐるのに対して、東の古墳（東求女塚古墳）は西面し、西の古墳（西求女塚古墳）は東面し、処女塚古墳を挟んで向ひあふかたちになつてゐるのだ。

このやうに三つの古墳が、幾つもの川を間にして、まことにシンメトリカルに位置してゐるのである。そして、このシンメトリー性は、地理上だけにとどまらず、これから問題にしようとしてゐる悲劇的な恋愛物語の、基本的な構造をなしてゐる。

＊

大阪・梅田から阪神電鉄に乗ると、芦屋駅から三つ目の魚崎駅で下車した。住吉川の傍らである。改札を出ると、巨大な鉄柱が二本、海側に突き立つてゐるのに驚かされた。電車の線路の向ふ、高架の阪神高速道路越しに、すぐそこに見えるのだ。鉄柱の上から太いロープが、細いロープを幾本も垂らして先へと伸びてゐる。六甲アイランドとの間に架かる、吊り橋構造の六甲大橋である。海が近いことを知らせる。

その橋柱に背を向け、住吉川畔を遡り、最初の橋を渡つて、家並の間を西へ歩いた。五分ほども行くと小公園に突き当つた。

手入れが行き届いてゐて、砂場やブランコ、滑り台、ベンチなどがほどよく配置され、若い母親たちが、あちらこちらでこどもを遊ばせながら、話し込んでゐる。なかには如何にものんびりした様子の若い父親の姿もある。けふは休日であつた。

その公園のやや北寄りの中央に、腰の高さの石組みを巡らした、直径七、八メールほどの土盛りがあり、躑躅《つつじ》などが植ゑられてゐるが、その真ん中に据ゑられた緑色の自然石に、「東求女塚之碑」と筆太に刻まれてゐた。

明治三十年代に、阪神電鉄の工事のため土が運び去られ破壊された古墳の跡で、このあたりの海上交通を支配してゐた豪族の、四世紀後半の墓と思はれると、傍らの説明板にある。つづけて、小さな文字で、生田川伝説の血沼壮士《ちぬをとこ》（小竹田男とも書き、〈ささだをとこ〉あるいは〈しのだをとこ〉と読む）の墓と伝へられる、とあつた。大阪湾の対岸、和泉の信太《しのだ》あたりからやつて来て、菟原処女に求婚した末、死んだのだ。『大和物語』にも出てゐて、異国の者との理由で、土地の者が埋葬するのを拒んだため、親が和泉から土を舟で運び、塚を築いたといふ。ところが明治になつて鉄道敷設のためその土が運び去られたのを惜しんだ人々が、跡地にこの碑を建立した、とあつた。千五百年も経過すると、人々の考へも変るのだ。

わたしは土盛の周囲を一回り、二回りしてから、入つて来たのと反対側から公園を出て、西へと歩いた。

阪神電鉄の次の住吉駅で、ガード下を潜り、今度は線路の南側、ほぼ線路沿ひの道を採る。歩道があるが、車の量はさほど多くはない。

繁華な御影駅前を過ぎると、六甲の峰が一段と高くなる。

石屋川を渡つた。さうして左側、土を削つて高く石垣を築いたところに行きかかつたが、そこが処女塚古墳であつた。小山といつてよく、斜面には松がまばらに生えてゐる。東求女古墳からおほよそ二十分であつた。

交番のある古墳の西側角を折れると、そこから入れるやうになつてゐた。

こちらの方がやや早い築造になるらしい。小山の窪みについたなだらかな小道を採ると、二十歩ほどで前方部と後円部の境の上に出た。そこから古墳の背をたどつて後円部の頂へ上る。背高な松が点々と影を落としてゐるが、頂には空地といつてもよい空間があつた。そして、「史蹟処女塚古墳」と刻まれた、大正十一年（一九二二）の石柱があつた。

ここの高さは四・二メートルとのことだが、わたしが歩いて来た道によつて北側は大きく削られ、北西の角は交番が食い込んでゐるため、高く感じられる。しかし、南側は、住宅の一ブロックを隔てて、高速道路が視界を遮つてゐる。車の走行音が間断なく届いて来る。かつては、そこが海岸だつたのだ。波音とともに、こちらの松は潮風にもまれてゐたのである。

六甲アイランドの橋柱が見えないかと見回すが、見えない。

傍らに歌碑があつた。石の肌が荒れて読みにくいが、『万葉集』の田辺福麻呂《たなべのさきまろ》の長歌に添へた反歌ばかりが刻まれゐた。

古の小竹田男《しのだをとこ》の都万《つま》といひし宇那ひ処女のおくつきぞ是

埋葬の土を剥ぎ取られることになつた男が恋ひ慕つた処女が眠つてゐるのだ。

もう一基、石碑があつた。南北朝の時代、延元元年（一三三六）湊川の戦で敗れ、敗走する南朝側にあつて、この場に踏みとどまり奮戦、戦死した小山田高家の顕彰碑であつた。

今はの際、この武者は海を目の前にしたはずだが、それより約千年前、波がただ打ち寄せるだけのこの岸辺にひとり立つた女がゐたのだ。

慈しんでくれた父母に密かに別れを告げ、家を抜け出すと、かねて思ひ定めてゐたこのところに至つて、波ばかりをしばし眺めた。さうして、命の短かつた自らをいとほしく思ひながら、彼女は海に

身を沈めた、さう大伴家持も詠つた。その長歌の一節、

……父母に　申し別れて　家離《さか》り　海辺に出《い》で立ち　朝夕《あさよひ》に　満ち来る潮の　八重波に　靡《なび》く
珠藻《たまも》の　節の間も　惜しき命を、露霜の……

血沼壮士と菟原壮士の二人の男に烈しく求婚されて、いづれともこころを決めかね、進退窮まつた末に、かういふ行動に出たのだつた。

もつとも家持は、この長歌を奈良の都で興にまかせて作つたから、今のわたしと同様、海を目の前にしてゐるわけではなかつた。想像のなかで、彼女を海岸に立たせた。

同じ伝説を歌つた高橋虫麻呂と田辺福麻呂となると、この地、現にわたしがゐるあたりを訪れ、海と処女の墓を目の前にしたのである。そして、二人とも激しい悲しみに襲はれ、そのただ中からそれぞれ長歌を詠んだのだ。

その調べは、眼前の「宇那ひ処女のおくつきぞ是」と強く言ひ切つた反歌からも察せられよう。福麻呂の長歌はあまり長くないので、全文を引くと、

古の　ますら壮士《をとこ》の　相競《きほ》ひ　妻問《とひ》しけむ　葦屋の　菟原処女の　奥津城《おくつき》を　わが立ち見れば
永き世の　語りにしつつ　後人《のちひと》の　偲《しの》ひにせむと　玉鉾《たまほこ》の　道の辺近く　磐構《いはかま》へ　作れる塚を
天雲の　遠隔《そくへ》の限《かぎり》　この道を　行く人ごとに　行き寄りて　い立ち嘆かひ　ある人は　哭《ね》にも泣
きつつ　語り継ぎ　偲ひ継ぎ来《こ》し　処女らが　奥津城どころ　われさへに　見れば悲しも　古思

へば

それにしても、ここに表現されてゐる悲嘆の烈しさは、いささか常軌を逸してゐると思はれるのではないか。事件があつたのはずつと遠い昔、四、五百年も前のことなのである。しかし、作者は、いまここでわがことのやうに嘆き悲しんでゐる。そして、その悲嘆は、作者ひとりにとどまらず、かつて彼女の死に立ち会ひ墓を営んだ人々、後にこの墓の傍らを通り過ぎた人々、さらにはこれから通り過ぎるであらう人々のものでもある、と言つてゐるかのやうである。「この道を、行く人ごとに」と彼は歌つてゐる。だから福麻呂は、過去のさまざまな人々の悲しみを、ここで新たにし、後の世の人々に手渡すために、心を傾けてゐる、とも思はれる。

じつは虫麻呂にしても、その長歌を、「新喪《にひも》の如も　哭《ね》泣きつるかも」と締めくくつてゐるのだ。すなはち、悲しみがいまなほ衰へることなく噴きこぼれてくるところに身を置いて、歌つてゐる。この点が、家持とは決定的に違ふ。

＊

ここで、この伝説を詳しく詠んだ虫麻呂の長歌を掲げたいところだが、長いのでその大意を記すと、――葦屋の菟原処女は、八歳の時から近所の人たちに姿を見せず、深く籠つてゐたが、娘となる頃には、彼女に思ひを募らせる男たちが多くなつた。なかでも和泉の信太からやつて来た血沼壮士と、地元の菟原壮士がさうで、互ひに烈しく競ひ合ひ、太刀を執り、弓を負つて、水の中、火の中も辞さない態度を示した。そこで彼女は母に向ひ、「賤しきわがゆゑ、大夫《ますらを》の争ふ見れば、生けれとも逢ふべくあれや（中略）黄泉《よみ》に待たむ」と嘆き語つて、死んだ。そのことを夢で知つた血沼壮士は、すぐさま女の後を追つた。残された菟原壮士も、天を仰いで叫び、足ずりをし、歯噛みをして悔しがり、負けてはをれないと、小剣をもつて跡を追つた。そこで三人の親族が集まり、この事件を後々まで語り継ぐ標にと、処女の墓を中央に、左右にふたりの男の墓を営んだ。この由縁を知つて、縁のないわたしも、親しい人の新喪に出会つたやうに、烈しく泣いたことだ。

今問題にしてゐる一群の歌は、伝説歌と呼ばれるもので、伊藤博（『万葉集の歌人と作品』塙書房）によれば、旅の途中、旅の安全を祈つて物ぼめをするなり、死者の霊魂を慰める風習を受け継いで、生まれたものだといふ。さうだとすれば、福麻呂、虫麻呂の歌ふ悲嘆の生々しい理由も説明できさうである。彼ら自身の旅の安全を賭けて、障りになる恐れのある死者の霊魂を鎮めるため、「新喪《にいも》の如く「哭泣《ね》」いたのだ。菟原処女の霊魂は、彼女の辿つた運命が辛いものであつただけに、恐れられるのに十分だつたのである。

この伊藤氏の見解は、そのまま、謡曲の世界へわれわれを連れてゆく。旅をする歌人に代はつて諸国行脚の僧がゐて、彼が通りかかつた土地に由縁のある霊を祈り鎮めるのである。

しかし、そこへ話を移す前に、触れておかなくてはならないことがあるし、以上の説明で悲嘆の烈しさが納得できるわけでもなからう。彼らの悲しみは、やはりこの恋の物語のうちに深く根ざしてゐるのだ。その要因を拾へば、次のやうにならうか。

第一には、菟原処女が八歳から人目に触れることさへなかつた、汚れない全き処女であつて、かつ、そのまま死んだこと。

第二に、その全き処女である彼女が、二人の若者に、生と死の境さへ突き抜ける純一な恋情の噴出を呼び覚ましてしまつたこと。

第三に、若者の恋情は、烈しさと純一さゆゑに、全く等質であつたこと。先にシンメトリーが基本的な構造をなすといつた理由がここにあり、この完璧な若者二人によつて、処女はその完璧な恋情に挟み撃ちにされ、その恋情を十二分に受けとめながら、処女のまま死んだのである。そして、その若者二人も、恋情をそれぞれあるかぎり燃えたたせながら、いささかも報はれることなく、死んだのである。

ここに、人間の在り方を大きく越えた理不尽な運命を、見ないわけにはいくまい。そして、そこに運命のいひやうのない悪意さへ感じるのではないか。ここまで完璧に、巧まれたやうな悲運を課せられなくてもよかつたのではないか、と。この世に滅多にない麗しいカードが三枚、きつちりと揃つたばかりに、一瞬にして血塗られたのだ。

この理不尽な事件を、虫麻呂はそのまま受け取ることが、出来なかつたやうである。反歌でかう詠んだ。

墓《つか》の上《へ》の木《こ》の枝《え》靡《なび》けり聞きし如《ごと》血沼壮士にし寄りにけらしも

菟原処女は、じつは血沼壮士にこころを寄せたが、異境の男であつたため許されず、絶望して死を選んだと多くの注釈は解する。確かにさうであつたなら、われわれにしても納得しやすい。虫麻呂にしても、多分同じ気持で、このやうに詠み添へたのであらう。しかし、これでは自分たちに理解しやすいやうに捉へたのに過ぎず、この物語を正確に受け止めたことにならないのではないか。

複数の男に求愛され、女が死を選ぶ伝説に基づく歌は、『万葉集』に幾首もある。桜児、蘰児《かづらこ》、それに真間《まま》の手児奈《てこな》がさうである。

　桜児は、二人の男に求婚され、「古より今に至るまで、聞かず、見ず、一の女の身にして、門《かど》に往適《ゆ》くといふことを。（中略）妾死《あれみまか》りて、相害《あらそ》ふことを永く息《や》まむには如かじ」と言つて、林に入り、樹に懸つて死んだ。

　縵児は、三人の男に求められ、「三《みたり》の雄《をのこ》の志は平《にき》び難きこと石《いはほ》の如し」と言つて、池に沈んだ。

　真間の手児奈は、下総国葛飾（千葉県市川市）の水辺が舞台になり、美しいがゆゑに多くの男たちから求婚され、この身を消すのがよいと、入江に投身した。

　いずれも二人以上の男に求婚され、進退窮まって自死を選んでゐるのだ。ただし、その後を男が追ふ展開にはなつてゐない。そこに菟原乙女の伝説のポイントがある。全く等質の至純な恋情に挟み撃ちされ、死んでもなほ、男たちの等質な死によつて挟み撃ちにされるのだ。シンメトリーの悲劇とでも呼ぶほかない、そこにこの事件の理不尽さが、鋭く現はれてゐる。虫麻呂は、じつはその点を崩しにかかつたのだ。

『大和物語』の作者は、虫麻呂とは逆に、そのシンメトリー性を一段と明瞭にする工夫を凝らしてゐて、二人の男の求婚に困じ果てた女の親が、川に浮かぶ水鳥を射当てた男に娘を与へようと言ふのだ。ところが二人同時に矢を放つと、水鳥の頭と尾を射とほす。女は堪らず生田川に身を投ずるのだが、男二人も後を追ひ、水中で女の手と足を掴み、そのまま死ぬ。さうして男二人は、死後の世界においても女を奪ひあひ続ける事態になる。

　一般に三角関係は、虫麻呂が反歌で詠んだやうに、どちらかに女の気持が傾くものだし、男の恋情にしても全く同じといふことは在り得ない。しかし、その在り得ないことが起こつたがゆゑに、この悲劇は類例のない苛烈性を帯びるのだ。

それはともかくとして、これら一連の恋された女の死について桜井満（『万葉集の風土』講談社）が興味深い見方をしてゐる。

菟原処女を初め、桜児、蘰児らは、神を祀る処女であつたが、男からの求婚を受けたばかりに宗教的な罪を犯したことになり、その掟に従ひ、贖罪としての死を選んだ、といふのである。かう言はれてみると、八歳から世に隠れた暮らしぶり、従容たる死に方は、俗人のものではないやうに思はれる。神の女だつたからなのかもしれない。また、神祀りの最も古い層が顔を出してゐるとも考へられる。それも後の世との食違ひを露はにして。かうした女たちは『万葉集』にあつても、伝説歌のなかにしか生きてゐないのかもしれない。

しかし、かの処女たちは、特別な悲運を課せられたことによつて、選ばれた女であつたことは確かであらう。恋の至情を過剰なうへにも過剰に浴びながら、その一滴たりと肌に受けることなく、この世をにはかに立ち去つてしまつたのだ。それも愛と死、エロスとタナトスを一つに捩り合はせて。遠い彼方の、伝説のうちに窺ひ見ることが出来る時代に起つた、美しくも無惨な事件である。文字どほり彼女の身にあまる恋される喜びは、そのまま無限の恨みと化さざるを得ないのだ。万葉の時代の人々が深く恐れ、かつ、同情の熱い涙を注いだのも当然ではないか。

それとともにもう一点、言つておきたいことは、彼女たち、殊に菟原処女に窺はれる孤独の影の濃さである。二人の男の恋が狂熱の度を高めるに従ひ、ひつそりとひとり考へ込み、ひとりで下した結論に従ひ、密かに親に別れを告げて、死へと赴く。

これだけ濃い孤独の影が恋に差す例が、同時期の伝説歌にあるだらうか。同じ虫麻呂の筑波嶺の嬥歌《かがひ》を扱つた長歌と見比べると、このあたりのところは一段と明瞭になるだらう。嬥歌では恋が個人のものでなく、集団に属し、かつ、季節といふ自然の運行とも結びついてゐるのだ。孤独の影がさす余地はない。それに対して菟原処女は、独りで恋の前に立つてゐる。二人の若者の烈しい恋情を、独りで受け止めてゐる。そして、独りで、自分の裡の声に従ひ、選択しなくてはならないところへ追ひ込まれたのだ。

この意味で、彼女こそ、恋を自分独りで生きていかなくてはならなくなつた最初の女だと言へるのではないか。この頃まで人々は、集団のなかに身を置き、自然の運行とも無縁でないところで、恋をし、交はつて来たが、それらと切れたところに彼女は立つてゐる。その孤独ゆゑ、彼女は、二人の男の愛を受け止めきれず、死なねばならなかつたのかもしれない。恋の前に独りで立ち始めた人間が、最初に払はなければならなかつた犠牲だらう。

福麻呂、虫麻呂が激しい悲嘆を、菟原処女に捧げずにをられなかつた、いま一つの理由だと思はれる。

＊

謡曲『求塚』となると、諸国行脚の僧が、生田の野で若菜を摘む女たちに、菟名日処女《うなひをとめ》の墓の所在を訊ねるところから始まる。なぜ最初に若菜摘みが出てくるのか。それが春の神事であることをとほして、女と神の係りを暗示することになるかと思はれるが、いまは拘るまい。やがて一人を残して去り、その女が僧を塚へと導き、由縁を語つて聞かせる。

処女は「ひとりに靡《なび》かばひとりの恨み深かるべし」と考へ、いづれの男にも靡かずにゐたが、決着をつけずにをれなくなり、男ふたりに鴛鴦《おしどり》を射させた。その結果、その番《つがひ》の片方を殺す結果になつた。女はそのことに苦しむのである。男二人に愛されたことについてほとんど語ることがない。中世になると放生会《ほうじやうゑ》などが流行、鳥獣を殺す罪を言ひたてるやうになつた時代の反映でもあらうか。そして女が川に入つて死ぬと、二人の男は、女の墓前で差し違へて死ぬ。ここになつて、やつとシンメトリーの悲劇が顔を出す。

語り終はつた女が塚のうちに消え、僧は、かの女こそ菟名日処女だつたと知り、経文を読誦して供養する。すると、塚から再び女が現はれ出て、地獄の苦患を訴へるのだ。

シテ　おそろしやおことは誰《た》ぞ。何《なに》小竹田男の亡心とや。またこなたなるは血沼《ちン》の丈夫《ますらを》。左右の手を取つて、来れ来れと責むれども、三界、火宅の住みかをば、何と力に出づべきぞ。

謡曲では、悲劇の中心が地獄に移されてゐて、二人の男が呪はしくも等しい力を出しあつて、地獄で処女を争ふが、それがそのまま、処女にとつて文字通りの地獄の責苦となるのだ。そこへ鴛鴦が鉄鳥となつて飛びかかつて来て、剣のやうな嘴と脚で、頭を突つき、随を食らふ。息をつく間もなく鬼が現はれ、鞭を振るつて追ひ立て、火と水で責め立てる。それを逃れようと目の前の柱に取り付けば、火の柱だ。「あら熱や堪へがたや、五体は熾火《おきび》の、黒煙と」なる。かうして彼女は、等活《とうくわつ》、黒縄《こくぢよう》、衆合《しふがふ》、叫喚《けうくわん》、大叫喚、炎熱《えんねつ》、極熱《ごくねつ》、そして無間《むげん》と、八大地獄を経巡り、苦しみを尽くすのである。

「なう御僧この苦しみをば、何とか助け給ふべき」と、処女は訴へる。僧は、『法華経』の観世音菩薩普門品《くわんぜおんぼさつふもんぼん》の偈《げ》を唱へる。

種々《しゆじゆ》諸悪趣《しよあくしゆ》地獄《ぢごく》鬼《き》畜生《ちくしやう》

生《しやう》老《らう》病《びやう》死《し》苦《く》以《い》漸《ぜん》悉《しツ》令《りやう》滅《めつ》

観世音菩薩の神通力によつて、「種々のもろもろの悪しきところ、地獄・餓鬼・畜生の世界、生老病死の苦しみは、ことごとく次第に消滅するであらう」（紀野一義訳）と念ずるのだ。地獄・餓鬼・畜生は、いふまでもなくこの世で悪業をなした者の赴くところである。すなはち、処女は悪業をなした者と見なされてゐるのである。しかし、二人の若者に恋され、鴛鴦の番の一方を殺させる行為の原因になつたことが、どうして彼女の悪業となるのか。彼女は被害者ではないのか。

しかし、彼女は自ら望んだわけでないにしても、二人の若者を無惨な恋の果てまで伴つたのだ。そして、永遠に満たされることなく、追ひ求めつづけずにはゐられない、煩悩の窮まりとしての恋を出現させてしまつたのである。さうであるなら、彼女の罪は大きい。果てしない苦患を受けるのは、当然だといふことにならう。

この作者（観阿弥か）は、万葉の歌人たちと同様、あるいはそれ以上に、処女に恐れを抱いてゐたのではないか。僧をして必死に成仏を祈らせた背後には、その思ひが貼り付いてゐるやうに思はれる。これと同じといつてよいかどうか分からないが、強い恐れを抱いて、観阿弥らよりも一段と用心深く振る舞つた、後世の人物がゐる。

処女塚古墳の北側、少し離れて阪神電鉄が通つてゐるが、さらにその北、五、六百メートルには山陽線の路線がある。そこを明治時代に幾度か行き来した森鷗外がその人である。日清、日露の戦争の折を初め、小倉への左遷の時、そして、明治四十二年の年末には、山陽から九州にかけての視察のため、ここを通過して西下、翌年一月には、同じ道筋を帰京してゐるが、その車窓から処女塚を捜し、見てゐると思はれる。なにしろその頃の鷗外は、菟原処女伝説にもとづく戯曲『生田川』（「中央公論」明治四十三年四月号）を構想、すでに筆を執つてゐたかもしれないのである。

ただし、この戯曲は一幕の小品で、鷗外自身がいふとほり、まことに「呆気ない」ものである。まづ二人の男の、ウリ二つといつてよい求婚ぶりが示される。同じ時刻に、同じく鴨を土産にして、処女の家を訪ねる。鴎外もまた、シンメトリー性を強調してゐるのだ。そして、そこで身動きもできなくなつてゐる処女の姿を押し出すのだが、彼女にかう言はせてゐる。

「……あのお二人に彼此《かれこれ》云はれるので、只《ただ》途方に暮れて、ぼんやり致してゐるのでもございません。わたしが極められないと申しますのは、（中略）人間の力に及ばない事ではございますまいかと、思ふからでございます」

均衡した身動きならない状況のうちに、人間の力に及ばぬものを見出してゐるのだ。それは、これまで理不尽と言つてきたわれわれの見方に通じよう。見かねた母親が、川に浮かぶ鵠《くぐひ》（白鳥の古名）を射させるが、二本の矢がともに射抜いてしまふ。そして、処女は、そこに自分の運命を読みとるのだ。

「おつ母さん。あの鵠が死にましたので、今日わたくしの身の上が、どうにか極まらなくてはならないやうに思はれますの。人間の小さい智慧で、どうしようの、かうしようのと、色んに思ひましたのも、夜が明けて見れば、燈火の小さい明りがあるかないか知れないやうなものですわ」

彼女はかう言つて、家を出て行き、幕が下りる。

このあたりの台詞に主題が込められてゐると思はれるが、それがよくリアリティをもつて観客に伝はるかどうか。が、いまはこの最後の場面で、門前に立つ僧の唱へる経文が、長々と流れるのに注意したい。それは一般に馴染みのない、学僧あたりしか用のない、唯識思想を説いた『唯識三十頌《ゆいしきさんじふじゆ》』である。これでは演劇的効果も期待できないと思ふが、ペダンティクな衒ひから持ち出したわけではなからう。

「おつ母さん。あの鵠が……」の台詞に先立つて、次の句が聞こえて来る。

依止《えじ》根本識《こんぽんしき》
五識《ごしき》随縁現《ずいえんげん》
或《わく》倶《く》或《わく》不倶《ふく》
如《によ》涛《たう》波《は》依《え》水《すい》

（十五節）

大意を記せば、根本識にもとづいて五種の識（眼、耳、鼻、舌、身）が生成するが、それは諸条件（縁）に依つてであり、あたかも波浪が水面に生ずるやうに、根本識を基として、五種の識がさまざまな事象を出現させる、といふのである。そして、いまの台詞の後に出てくる句（二十七節）も、実在するものはなく、すべて識に現象してゐるものだとの、唯識論の基本思想を述べてゐる。これらの句と処女の台詞とが、どのやうに噛み合ふのであらう。

念のため、幕切れに出てくる句も引用すると、

爾《に》時《じ》住《ぢゆう》唯《ゆい》識《しき》
離《り》二《に》取《しゆ》相《さう》故《こ》
無《む》得《とく》不《ふ》思《し》議《ぎ》
是《ぜ》出《しゆ》世《せ》間《けん》知《ち》

（二十八節後半と二十九節前半）

大意は、固執しないなら、認識する主体もその対象でなく、無心となり、いかなる表象も消え、この現実世界を越えることができる、といふのである。唯識思想は難解をもつて聞こえ、以上の要約は簡便に過ぎるが、お許し頂きたい。

鷗外が唯識思想に触れたのは、明治三十二年（一八九九）に小倉に左遷され、その地の安国寺住職を知ることによつてであつた。赴任した翌年十一月から講義を受けてゐる。それから十年後に、この戯曲を発表したのだが、文学作品で唯識を持ち出したのは、三島由紀夫『暁の寺』を除けば、唯一であらう。やがて鷗外は、「かのやうにの哲学」を語り、史伝ものの筆を執るやうになるが、その背後にこの思想の影響があるのではないか。

それはともかく、この時の鷗外は、『唯識三十頌』をそのままナマなかたちで舞台に出さずにをれない思ひになつてゐたのだ。なにがさうしたか。考へられることは、この処女が陥つた状況であらう。選ぼうにも選びやうがなく、立ちつくすよりほかない状況である。

この時期、実際に鷗外は、公私にわたつてさまざまな矛盾、対立した関係のただ中にあつて、身動きならない状態にあつたのではないか。そのことにやりきれない思ひをし、出来ることなら解放されたいと切望もしたのであらう。しかし、解決はない。もしもあつたとしても、それを求めることが如何なる結果をもたらすか。明敏な鷗外は、そのところを察知してゐた。すなはち、この身動きならない緊張関係のうちには、じつに多くのものが封じ込められてゐて、もしもこの緊張関係を解くなら、なにが飛び出してくるか、わからない。それこそ「人間の力にはおよばない」理不尽なものが、ぬつと現はれかねない。

だとすれば、その緊張関係をそのまま保持しつつ、対応していくよりほかあるまい。まさしく波濤のごとく、さまざまな「因縁」によつて現象しつづけてゐるのがこの世界なのである。少々烈しく波立たうとも、水面上のことは水面上のこととしておくにしくはないのだ。

鷗外にとつて人生は、大きな水盤に水をたたへ、それが波立つまま、こぼすことなく持ち運ぶやうなものだつたのかもしれない。肝心なことは「人間の力におよばない」ことを出現させないことなのである。一旦、出現させたなら、六甲山脈から時折流れ下る土石流のやうに、押しとどめることはできない。恋愛は、純粋で美しければ美しいほど、人間のなかからいかなるものを引き出してしまふか、わからない。封じ込めておくにこしたことはないのだ。鷗外が、処女の死と若者二人の死といふ悲劇のクライマックスを投げ出したまま、悲劇そのものの根本を霧散霧消させる『唯識三十頌』をひたすら唱へさせつつ、早々と幕を下ろしたのは、このやうな理由からだつたのではないか。

墳墓、それも古代の巨大な墳墓の傍らに身を置いてゐると、万葉人ならずとも、ある想念に囚はれるのかもしれない。

わたしは、斜面を滑り降りるやうに、下つた。

＊

さらに西へと、歩いた。右手には六甲山脈が険しさを見せて続く。

道は第二阪神国道と合流、植込みで車道と隔てられた歩道になつたが、高速道路が頭上である。不思議に人影がない。六甲アイランドの橋の手前の柱しか見てゐないことを思ひ出す。

やがて国道と分かれ、都賀川を渡る。

そして、住宅地に入り込んで行くと、また、小公園に突き当たつた。求女塚西公園であつた。三つの古墳の中で最も古く、三世紀後半で、規模も大きく、三角縁神獣鏡などが多く出土してゐる。石室の石材が阿波や紀伊などのものが認められるといふから、東求女塚と同様、水上交通において力を持つた首長の墓であらう。

入つたところが前方後円墳の前方部の陰で、仏号を刻んだ碑と小さな石地蔵が並び、花が供へられてゐた。

その前を通り過ぎ、横の短い坂を上がると、ここも前方部と後円部の境であつた。前方部の上には、砂場とジャングルジムが設置されてゐて、一組の母子の姿があつた。

後円部のほうには、頂きに向け石畳が二列、敷かれてゐて、上がつて行くと、頂では石畳が円環をなし、その回りにベンチが置かれ、その外側を植込がぐるりと囲んでゐる。幾何学的な構造の欧風な庭園になつてゐて、その植込の外の斜面には、松や楓など、日本風の庭木が植ゑられ、対照をなしてゐる。

その西側の斜面裾から先が庭園となつてゐて、そこで遊ぶこどもたちの声が木々の枝越しに昇つて来る。

この塚ばかりは、住宅街の一画に、代々住んできた来た人々の手入れを受けつつ、存続して来てゐるやうだ。

ベンチに座つて、長い旅をして来たやうな思ひを反芻した。しかし、あの処女の驚くべき孤独はなんであらう。さうして男たちの、恋情の烈しさ。彼らは、処女を介して、己が恋情を鏡に見るように見てしまひ、それと競ひあふ羽目になつてしまつたのだ。

近くの阪神電鉄西灘駅から、神戸元町行に乗つた。

電車はしばらく高架を走つてから地下へ入る。そして、春日野道駅を出ると、間もなく新生田川の下を潜る。明治五年（一八七二）、生田川の流路が東へ移され、両岸はコンクリートでしつかり固められた。それまでしばしば流路を変へて来たが、もはや変ることのないやうにされたのだ。

次が三宮駅で、下車すると、地上に出た。フラワーロードと呼ばれる広い道が山手から港へと通じてゐる交差点である。こちらの角が百貨店で、向ひがセンター街であり、神戸で最も繁華なところである。

女たちが若菜を摘んでゐた生田野は、この向ふである。車が次々と走り過ぎ、信号が変はるのを待つて横断歩道を渡つたが、ここがかつては生田川の川床だつたのである。

蟻《あり》通《どほし》――謎解きの旅

なんといふこともなく気になる言葉なり文字といふものが、誰にでもあるのではなからうか。私の場合、いま採り上げようとしてゐる「蟻通《ありどほし》」が、その一つである。蟻といふ文字、通といふ文字一つづつでは、別になんとも思はないのだが、それが合はさつて一語となると、どうしても気になる。それといふのも、意味がありそうで、それが判然としない、イメージを結びさうで結ばないゆゑだらう。蟻の通り道とも蟻の行列とも思はれるのだが、どうもさうでないらしい。また、乾いた土の上にしやがんで蟻を眺めた幼い自分の視点や、小学校の教科書に出てきた蟻の巣の図、地面を這ひ進みながら眺めるであらう蟻の視点からの路傍の風景などが、半ば浮びかけるのだが、すつと横に流れてしまふ気配である。

この文字を初めて目にしたのは、いつ、どこでのことであつたらう。白い紙の上にくつきり印刷されてあつたやうに、記憶してゐるのだが、なんといふ本であつたか。『枕草子』や『古事談』、あるいは『奥義抄《あふぎせう》』といつたものではなかつたと思はれるから、やはり澁澤龍彦の本であつただらうか。さう見当をつけて、わが家にある澁澤の本を持ち出して捜してみたが、蟻はあつても、蟻通は出てこない。

そんなふうに捜しあぐねてゐると、もう十年も以前のことになるが、ある仕事のため毎週のやうに澁澤家を訪ねた折のことが思ひ出されてくる。澁澤家は決して解りにくいところにあるわけではない。

北鎌倉の駅を降り、円覚寺の前で踏切をわたり、線路に沿つて鎌倉の方へ五分ほども歩くと、最初の遮断機のある踏切に行きつく。そこを、踏切を渡らず左手へとり、山の間へ入つてゆく道を二百メートルほども進んで、茶店のある角を折れると、もうすぐである。小ぢんまりとした瀟洒な洋館だが、その玄関前を直進すると突き当たる山腹には、穴が口を開いてゐて、そのなかに墓がある。「やぐら」と呼ばれるもので、墓は円覚寺の僧のものだとは、澁澤さんの説明であつた。

帰りは、茶店の方には出ず、家と家の間の狭い空間を、うねうねと曲りながら続いてゐる細い道、といふよりも路地をとる。切石が点々と据ゑられてゐて、板塀の下からは庭の草花がのぞき、両側が狭く限られてゐるだけ、空が深く見えるので、この道を通るのが、澁澤家を訪ねる私の一つの楽しみであつた。そして、次回はこの道を逆に歩いてみようと、いつも思ふのだが、いざその時になると、入口がわからないのである。それは不思議なほどであつた。

あるいは、電車でやつて来たばかりの人間には、踏み込めず、澁澤さんと閑談——簡単な用件を話すだけでものびやかな閑談の趣を呈したことをなつかしく思ひ出す——をかはしてから、初めて入つてゆけるやうな路地なのだらうか。

かうして、道に迷つた感覚が胸のうちにしこつたが、いままた、その本のなかに目当ての文字が見出せないまま、その感覚が甦へつてくる。

やはり蟻通明神の縁起を見ていくより他ないだらうなと、半ばあきらめ、さうした書物を見て行くと、およそ関係のなささうな二つの系列に分かれ、いづれを中心に考へたらよいか、これまた迷はされるし、加へて、その双方それぞれに平安朝の、すぐれて知的な文学者がかかはつてゐて、解きほぐし難く感じてしまふのだ。

さうした早春のある日、急に思ひたつて、和泉《いづみ》にある蟻通神社へ出かけた。もつとも現在の神社は、昭和十六年（一九四一）に飛行場建設のため、小栗《をぐり》街道沿ひの地から南へ一キロ移されてをり、そつくりそのままとのことだが、昔の面影をとどめてゐるかどうか。

天王寺から阪和線の区間快速電車に乗つて、約四十五分、岸和田や貝塚のさらに南であつた。ここまでくると、和泉山脈が近づいて来て、いかつい稜線をみせてゐた金剛《こんがう》、葛城《かつらぎ》山は、なだらかに波をうつ丘陵が高まりをみせた上に、穏和な表情をのぞかせるやうになる。はやばやと西に傾いた陽が、丘陵地のくぼみまで柔らかく照し出し、その印象を強めてゐた。

田畠のなかに、長く横たはつた長滝《ながたき》駅のプラットホームに降りたのは、数へるほどの人で、ほとんど高校生だつた。向ひに理髪店など数軒の建物が建つてゐるだけの改札口を出たとき、彼らはそれぞれ自転車に乗つて遠ざかつてゐた。

少し高い位置にあるので、見通しがきく。近くの集落へは、徒歩で十分もあれば行けさうである。和歌山側へ五十メートルほど行つたところから、その集落の南端へ向け舗装道路が通つてゐる。バスがかよつてゐるのは、その道だらう。駅前から乗つて二つ目が蟻通神社前だから、集落を遠く出はづれることはあるまい。さう目当をつけて、コンクリートで固められた田の中の道を歩く。人影はなく、通る車もない。途中、一軒だけモルタル塗りに青瓦を乗せた店があつたが、呉服店だつた。品物は多くないが、それでも華やかな衣装が数点、ショーウィンドーのなかにひろげられてゐた。

集落の手前になると、一つ目のバス停の標識があつた。そして、集落にかかつてすぐ、林を回り込むやうにゆるやかにカーブする道を辿つてゆくと、「蟻通神社前」の白い標識が立つてゐた。いとも簡単に辿りついたので、いささか拍子抜けがした。

その道の右手が、松の疎林で、小公園のやうになつてゐる。そのなかに、まだ新しい御影石の碑が立つてゐた。

近づいてみると、「紀貫之冠之淵《きのつらゆきかうぶりのふち》の由来」とあつて、文章が刻まれてゐた。「紀貫之は平安朝随一の歌人……」と書き出され、「紀伊国から京都へ途中急ぎ乗馬のまゝ蟻通神社の社頭を通り過ぎ去らうとした。その時一天俄《にはか》にかき曇り風雨が強く吹きつのり貫之の冠が吹き飛ばされ馬が倒れて急死の状となつた」云々とある。

『貫之集』の詞書で知られてゐる話である。道の少し先、松の疎林が尽きやうとするあたりに、白い石の鳥居が見えた。

もつとも詞書には、「紀の国に下りて、帰り上る道にて、にはかに馬の死ぬべくわずらふ」としかない。天がかき曇るとは、歌に出てくるが、風雨も吹かず、冠も飛ばない。そして、じつは社もなかつたのである。詞書に従つてこの先を紹介しておくと、「松もなく、印《しるし》もなけれど、いとうたていましかる神」がここにをられて、しばしば祟りをなし、人馬の患つた例があるから、祈りなさい、と通りがかりの人に教へられ、御幣も持たないまま、「神いますかげもなき山に向かひ」、神の名を「蟻通」と聞いたので、その名を詠み込んだ歌を奉つた。すると馬はたちまち回復した——。その歌、

かき曇りあやめも知らぬ大空に蟻通をば思ふべしやは

蟻通が掛詞、それもひと工夫されてゐて、神の名アリトホシを在リト星、「在《ト》レ星」と読み変へてゐるのである。歌は、おほよそこのやうな意味になる。「かき曇つてなにも見えない大空に、星が在る

とは誰が思ふだらうか。標がないため神がおはすと気付かなかつたことをお咎め下さいますな」。即興の機智を発揮してみせたのである。今日のわれわれから見れば、なんともフザケた、機智も底の浅い歌としか思はれないが、当時にあつては、神も嘉納するていのものだつたのだ。

そして、後に謡曲『蟻通』で明らかになるやうに、この話は歌の功徳を顕彰するものとなる。さきの碑文も、その線に添つてゐて、いまの貫之の歌を挙げ、霊験あらたかなむねを述べ、かう締めくくつてゐる、「よつて落冠した淵に紀貫之冠之淵と名付け今に語り伝ふ」と。

碑の後に回ると、直径六、七メートルの小さな池があつた。のぞき込むと、まはりは自然石で固められてゐるが、水面の下はコンクリートになつてをり、コンクリート製の水槽といつた趣である。底に沈んだ松葉がはつきり見える。その池の中央へ岬のやうに右手から突き出した先端に、高さ二メートル半ほどもある板碑がたち、「紀貫之大人冠之淵《きのつらゆきうしかうぶりのふち》」と深く刻まれてゐた。背には昭和五十九年二月吉日建立とある。

この「冠之淵」は、蟻通神社に四十三年も遅れ、ここに移されたのである。それ以前の様子は昭和六年刊行の大阪府学務部編『大阪府史蹟名勝天然記念物』第四冊によつてうかがへる。「蟻通神社に近く、山中《やまなか》街道の西側にあり。周囲僅に二十間、其の中嶋に高さ六尺九寸、巾一尺三寸五分、厚さ一尺三寸五分の碑を建て、題して紀貫之大人冠之淵といひ、碑裏に長瀧村安松村立合場所と刻す。老松二株、水面に蟠屈《はんくつ》して、翠蓋《すいがい》を為す」。

それにしても、冠が落ちたところが淵になり、八百年後も千年後も顕彰されるとは、どういふことだらう。平安の宮廷人たちにとつて、冠がその身分を示す大事なものであつたことは、『伊勢物語』の冒頭の初冠の章や、『今昔物語』『古事談』などの冠を落として笑ひものになつた男たちの話から、よくわかる。だから、貫之にとつても冠を吹きとばされたのは恥辱であつたらう。ところが、ここでは逆になつてゐるのだ。

疎林を抜け、鳥居をくぐり、参道を進むと、右手に仏足石、弁財天の祠が並び、形ばかりの堀に架かつた真新しい小型の石橋があつた。それを渡つたところに、長屋門ふうの門があり、その先に、ようやく境内がひろがつた。中央には茅葺の大きめの屋根を四本の柱で支へた、古びのついた能舞台がある。岸和田藩岡部宣勝《おかべのぶかつ》が万治三年（一六六〇）寄進したものであつた。その先に横長の拝殿があり、本殿が透し見られる。

かういふ構造は、和泉地方独得なものがあるやうに思はれるが、不案内な私にはよく解らない。しかし、落着きのあるたたずまひで、昭和も戦時中に移転したといふ気配はあまり感じられない。多分、ほぼ忠実に移転されたのだらう。が、左手に、瓦の屋根を乗せたコンクリートの、壁もまだ真白の社務所が威圧するやうに建つてゐるのには驚かされた。

この神社の、もう一つの縁起は、清少納言が『枕草子』に書いてゐる。

彼女は、まづ、「社《やしろ》は布留《ふる》の社、生田の社、旅の御社、花ふちの社」と、霊験あらたかな社の名を並べ、「蟻通の明神、貫之が馬のわづらひけるに、この明神の病ませたまふとして、歌詠みてたてまつりけむ、いとをかし」と書きつぐ。それから、蟻通明神の由来となつた話に入るのだが、『枕草子』のなかでも長篇の、やや調子の変つた文章である。

いま、それを手短かに記すと——、昔、ある帝が、若い人ばかりを重んじて、四十歳以上のものを無用とした。しかし、帝のおぼえもめでたい中将は、孝心が篤く、七十近い両親を屋敷の地下に隠して仕へてゐた。ある時、唐土の帝が、日本を攻めとる計画をたて、知恵だめしをしかけて来た。まづ、滑らかに削つた二尺ほどの木を示して、その本末を問ひ、ついでに同じ長さの蛇の雌雄を問ふた。三度目には、七曲りに曲つた細い穴のとほつてゐる玉に、糸をとほせと要求した。これらの難問に誰も答へることができなかつたが、中将は両親に教へを受けて、いづれも見事に答へた。

その答を記すと、かうである。流れの早い川に投げ入れると頭を挙げたほうが木の末で、蛇を二匹並べ若枝で尻尾をかき寄せると尻尾を動かさないほうが雌だといふ。いづれも怪しげな答である。七曲の玉に糸を通す法は、大きな蟻の腰に糸をつけ、向ふ側の口に蜜を塗つて穴に入れる、といふものであつた。

かうして、日本人がすぐれた知恵の持ち主であることを知つた唐土の帝は、日本への野心を棄てた。喜んだ帝は、中将に褒賞を与へようとして望むところを尋ねると、中将は両親に教示されたことを明かし、ともに住むことを願つた。この願ひは許され、中将は官位も進み大臣になつたが、やがて神となつた。それが蟻通神社だといふのである。

いかにも清少納言好みの話のやうな気がする。そしてこのあと、『俊頼髄脳《としよりずいなう》』や藤原清輔《きよすけ》の『奥義抄』などにも記され、やがて『お伽草子』にも登場する。こんなふうに人気のある話なのだが、どこか胸にしつくり収らないところがある。話の仕立てが派手々々しい割に、納得させるだけのものが希薄である。

かうした印象と、多分無関係ではないと思はれるが、この話はわが国の古くからの伝承でないらしい。萩谷朴『枕草子解環』(同朋舎)によれば、『雑宝蔵経』『法苑珠林』『賢愚経』などに見える仏教説話を土台として、『祖庭事苑』など漢籍が伝へる孔子の逸話——彼が蟻で玉に糸を通す——を部分的に嵌め込んで合成したものだといふ。すなはち、書籍に基づいた知識を寄せ集め、わが国で作られた話だつたのである。さう言はれてみると、日本人の体質にはないある種の観念臭があるやうに思はれる。

そこで誰が作つたかといふことになるが、清少納言本人あたりを考へたくならう。なにしろ現存する文献では『枕草子』が最も古いのである。しかし萩谷は、清少納言の作者説を否定、貫之時代以前にすでに成立してゐたとする。多分、さうなのであらうが、清少納言作者説には未練が残る。また、すでに成立してゐたとしても、それをそのまま清少納言が書いたとは考へられない。やはり彼女なりになんらかの工夫を加へてゐるのではないか。

こんなふうに考へをめぐらしてゐると、貫之のことも気になつてくる。貫之があの歌で示した機知と、清少納言の話の機知性とが、やはりどこか通じあつてゐるやうに思はれるからである。貫之は、「印もない」古朴な路傍で、舶来の文字遊びを歌でやつて見せたのだが、清少納言がおこなつたのも、ほぼその延長上にあると考へられる。すなはち、同じ舶来の仏典漢籍の話を、わが国の話として、かな文字で書いてみせたのである。それも「蟻通」と「在リト星」を歌の修辞法をもつて重ねたのに替へて、散文作家として工夫したのが、わが朝と唐土の知恵くらべといふ構想であつた。両者ともに、異国の文物を喜ぶ気持と、自国の言葉に執する姿勢とを、ナイーブなかたちで持つてゐたのだ。そして、機知を働かせることへの誇りやかな、今日のわれわれの持ち難い、健康な心根も備へてゐた。

ただし、この貫之と清少納言の話の間に、どのやうな繫りがあるかとなると、これはむづかしい。

能舞台の横を回り込んで、拝殿へと進む。反りの浅い屋根の、横に長い、一見簡素だが、丁寧な造りの建物である。もう夕方のためか、扉が閉つてゐて、細かな格子越しに内を窺ふよりほかない。本殿は高い位置にあつて、階段と扉の下の一部がわづかに見えるばかりだ。

ここにもう一つ、およそ趣の異つた話がある。『神道集』に収められた「蟻通明神縁起事」である。

大変スケールが大きく、まづ、玄奘《げんさう》が出てくる。彼が大般若経を求めてインドへ向つた旅の途中、流沙《りうしや》（タクラマカン砂漠＝当時はその文字から大河とも考へられてゐた）で美女に会ひ、「八坂《やさか》の玉」に糸をとほすことを求められる。その玉は、蚕《かいこ》の繭《まゆ》の形をしてゐて、七曲りした穴が貫いてゐた。玄奘は蟻に糸を結びつけて見事に通してみせた。すると美女は、大般若経の守護神の一人、秦耆《じんじや》大王（深沙大将）の恐しい姿を顕して、大般若経を手に入れようとするお前の命を、これまで七度にわたり奪つたが、今回は望みを遂げさせてやる、と言ひ、玄奘を担いでインドに連れてゆき、経を与へた上、送つて来た。そして別れぎはに、やがてこの経も、八坂の玉とともに日本へ渡るだらう。そのとき、日本での守護神に自分がなると誓つた。そして、約束どほり紀州田辺の地に蟻通明神として鎮座した。その社前を、紀貫之が、馬に乗つたまま通り過ぎようとしたので、さきに述べたやうなことが起つた……。

和泉でなく紀州田辺に変つてゐるが、これぐらゐの違ひは、タクラマカン砂漠からインドまで世界がひろがつてゐれば、なにほどのこともあるまい。それにここでの主人公は、恐るべき忿怒の異相を示す神通無碍の神である。全身は赤く、首に髑髏の瓔珞《やうらく》をかけ、腹に少年の顔を描き、腰には獣皮をまとひ、左手に青蛇をむづと摑んでゐるのだ。が、それでゐて美女に化け、宗教的思惟の結晶たる大般若経を賭けて、玄奘に智恵競べを挑んだ。さうして、最後には、東海の島に飛び来たつた。かうして、玉に糸を通す話と貫之の話が、いとも簡単に結びつけられるのである。

この話も、書籍の知識に基づいて作られたものであるのは明らかだが、ここまでくれば、それらしいところは突き抜けられてゐる。『神道集』の作者は、複数の唱道者だと考へられてゐるが、その彼らが、書籍上の話を勝手に混ぜあはせ、語りの翼に乗せて思ひ切り大胆に飛翔させたのだらう。

なほ、紀伊田辺には、蟻通神社があるが、祭神は秦耆大王ではなく、天児屋根命《あまのこやねのみこと》で、かつては御霊《ごりやう》牛頭天王《ごづてんわう》とも称してゐたのだが、文化九年（一八一二）に改称したものである。

ついでにいつておけば、和歌山県内にはもう一つ、紀ノ川中流左岸の伊都郡かつらぎ町に、蟻通神社があるし、そこから少し上流で、高野山口に近い、有名な丹生川上《にうかはかみ》神社中社が、かつて蟻通神社と呼ばれた。どうも紀州に係りの深い神社であるらしいが、和泉の蟻通神社にしても、以前は小栗《をぐり》街道、すなはち熊野街道に面してゐた。さうなると、蟻の熊野詣といふ言葉が思ひ出されてくる。熊野詣のさかんな様子をいつたこの言葉と、「蟻通」とが、どこかで結びついてゐるのだらうか。熊野といふ神代からの伝承の積み重なつた闇の濃い国へも通じてゐる気配である。まことに蟻の道は思ひがけないところまで通じてゐる気配だ。

近世になつて『仮名草子』の「蟻通明神えんぎ」になると、また様子が違ふ。『枕草子』と同様、もろこしの王から難問を仕かけられるのだが、大きなほら貝の、奥が幾重にも曲つてゐるものに五色の糸を通せ、と求められる。公卿、大臣らが評議、知恵を群臣に求めたところ、頭の中将が進み出て、「むかしのためし、なきにあらず」といつて、孔子にまつはる故事を語る。すなはち、孔子が陳の国――いふまでもなくこのやうな名の国は当時なかつた――に到つたとき、九曲の珠に糸をとほせとの難題を持ち出されて困惑、ある女の許へ弟子の子貢を遣して訊かせると、蟻に糸を結んで穴に入れ、松の煙でいぶせといふことであつた。さうして孔子は難題に応へ、陳の大夫の尊敬を得ることが出来た……。

それにしても、七曲の玉から八坂の玉、ほら貝、そして九曲の珠と、ずいぶん変るものである。後には、巻貝も出てくる。それに蟻を通すのに、蜜で釣るのと、いぶして追ひたてるのと、正反対の性格の方法が出てくるのも面白い。

ところが中将の話を聞いた帝は、さつそく人を山々へ遣はし蟻を求めさせたところ、大和の春日山から二寸ばかりもある山蟻——こんなに大きければ穴を通らないと思ふが——出て来たので、それに直接五色の糸を結びつけ、無事とほすことができた。頭の中将は、その功で大臣に進むとともに、和泉の国に広大な土地を賜はつた。そして百歳のとき、和泉へ帰つたが、ある日、「虚空のうちに飛びあがり、我はまことに人間にあらず、日本を守らむため、仮りにかたちを顕せしなり。いまより後も、猶く、守りの神たるべしとて、様々奇特をあらはしつつ、神あがりし給」ふたといふ。

かうなると、貫之や『枕草子』の話、孔子をめぐる知識が中心になつて、謎解きよりも学識（といふのも大袈裟だが）の功徳を賞揚する話になつてゐる。江戸時代初期の文治主義の空気を反映してゐるのだらう。しかし、虚空に跳びあがつて本性を顕すところには、かすかに秦耷大王の面影が認められるやうにも思はれる。

拝殿の横に由来が掲げられてゐた。祭神は大己貴命《おほなむちのみこと》。開化天皇の時代に創祀され、五穀豊饒長寿の神として祭られた。平安時代は藤原道真の領地に、戦国時代は根来寺《ねごろじ》の領地となり、秀吉の根来寺攻めで焼失したが、万治三年（一六六〇）、岸和田藩主岡部宣勝が、社殿、能舞台、宗福院を造営した。昭和十六年、境内が飛行場となり、現在地に移転した、とある。

ただし、『大阪府神社史資料』（大阪府編、昭和八年三月刊）を繰つてみると、祭神詳ならず、沿革詳にせずとの文字が目につく。ただし、江戸時代には岸和田藩主の庇護を受けて、神宮寺宗福寺もあつて、「結構壮麗」であつたといふ。そのやうに手厚い庇護を得たのは、やはりさきの貫之の歌によるところが大きかつただらう。歌の徳をたたへ、文治の証としたのである。能舞台を寄進したことが語るのも、このことに外なるまい。
能舞台の軒下には、近年ここで演じられた主な能の演目が、木の札に書かれて掲げられてゐたが、ほとんど『蟻通』である。

ワキ　これは紀の貫之にて候。

登場してきたワキが、まづ、かう名乗りをあげるのだ。和歌の神衣通姫《そとほりひめ》を祭つた和歌の浦の玉津島神社へ参詣しようと旅をしてゐるが、夕暮、里近く、入相の鐘が聞えて来たが、「俄《にはか》に日暮れ大雨降りて、しかも乗りたる駒さへ伏して、前後を弁《わきま》へず」といふ状態になつた。どうしたものかと思つてゐると、そこへ翁面をつけたシテの宮守が、長柄《ながえ》の傘をさし、右手に松明《たいまつ》をかかげて出てくる。そして、貫之の問ふにまかせて、ここには蟻通明神の社があると語り、松明の光でその宮居を見せるのだ。

シテ　燈の光の影より見れば
ワキ　げにも宮居は、
シテ　蟻通の
地謡　神の鳥居の二柱、立つ雲透《す》きに、見ればかたじけなや、

周知のとほり、能において翁は聖なる存在だが、その翁のかざす松明の光をうけ、雨の闇の中から濡れた社殿がきらきらと輝きながら浮びあがつてくるさまを、われわれは思はず思ひ描くのである。

それは、たとへば、闇にうがたれた長い長い穴をとほして、美しい社殿が彼方から近づいてくる――、玉にうがたれた長く曲りくねつた穴の向ふに、美しい外景をうかがひ見る――、さうした情況に似てゐるやうな気がする。

そして、貫之もまた、このやうにして美しい社殿を見たのではないかと思はれてくる。

舞台の貫之は、宮守の望みに従つて、さきの歌を手向ける。と、耳を傾けて聞いてゐた宮守は、「面白し面白し……などか納受《なふじゅ》なかるべき」と喜ぶとともに、地謡が「和歌の言業《ことわざ》は、神代より始まり、いま人倫にあまねし、誰かこれを褒めざらん。なかに貫之は、御書所を承りて、古《いにしへ》今までの、歌の品を撰びて、喜びを延べし君が代の、直《すぐ》なる道をあらはせり」と謡ふ。

すると、倒れた馬が立ちあがり、歩み出す。それとともに宮守が、白木綿を細かく刻んだ切幣を捧げて舞ひ始め、やがて姿を変へるとともに、「鳥居の笠木に立ち隠れ、あれはそれかと見しままにて、かき消すやうに失せ」るのだ。まさしく、「虚空のうちに飛びあがり……神あがりし給」ふたのである。

ここで貫之は、蟻通の神から幾重もの恩恵を受けたのである。欠礼を許され、旅の安全を保証され、歌の徳を教へられ、神の姿を肉眼で見ることを許されたのである。

あたりには夕闇が迫り、能舞台の板が白く浮きあがつて見えて来た。この上に幾度、貫之が現はれ、幾度、蟻通明神が出現したことであらう。

暗くなるまでに周囲を見ておかうと思ひたつて、住吉、愛宕などの小祠を見てから、本殿の右側に入り込むと、低い石壇が細長く続いてゐて、石を素朴に組みたてた小さな龕のやうなものが、いくつも並び、中には丸い石が据ゑられてゐた。赤ん坊の頭ほどのものもあれば、拳大のものもある。石壇の先のほうでは、石だけが裸で置かれてゐる。丸石神であらう。

どうしてここに丸石神があるのだらう。神社が移された折に、あちこちにあつたものが集められたのかもしれないが、まつたく無縁なものが本殿間近に置かれるわけがなからう。

丸石神は、道祖神なり、それに近い性格を持つとのことだから、旅に係はるのであらう。そこで思ひ当たるのが『万葉集』にある「蟻通」の表記である。表記を持つ歌は少なく、わずか三首だが、うち二首が旅と係りを持つ。それを掲げれば、

大王之　遠乃朝庭跡　蟻通　嶋門乎見者　神代之所念　　柿本人麻呂（巻三）
大君の遠《とほ》の朝廷《みかど》とあり通《かよ》ふ島門《しまと》を見れば神代し思《おも》ほゆ

自神代　芳野宮介　蟻通　高所知者　山河乎吉三　　山部　赤人（巻六）
神代より吉野の宮に在《あ》り通《かよ》ひ高知《たかし》らせるは山川をよみ

また「蟻往来」の表記を持つ一首があるが、「あり通ふ」「あり通ひ」と読み、「常に往来する」の意と解される。すなはち移動状態に在り続けることを表現する文字だつたのである。

この文字表記を貫之は漢語でも和語でも読んで歌とすることによつて、旅の安全を司る蟻通なる神を出現させた……。

すつかり暗くなり、社務所の灯だけが明るい。

裏の門を出ると、村の中心を貫く道らしく、暗い道にところどころ、光をあふれ出させてゐる店があつた。パン屋、美容院、そして来るときもあつたが呉服店。それらの光が目にしみる。

帰宅して間もなく、書店の店頭で件の澁澤の本を見つけた。表題は『記憶の遠近法』。そのなかの「玩物抄」の一節に「蟻通」があつた。その原稿は、私が澁澤さんから直接受けとつて、あの路地を通つて持ち帰つたものであつた。文字どほり、私の記憶の遠近が、曲玉の穴のやうにねぢれてゐたのだ。

その短い文章では『枕草子』に簡単に触れると、ギリシア神話に出てくる工匠の祖ダイタロスの話を書いてゐる。彼は、クレタ島のミノス王の許から姿をくらますが、蟻を使つて巻貝に糸をとほしてみせたことからその素性を知られ、捕へられた、と。褒賞を得るどころか、逆の結果になつたのである。

雲林院《うんりんゐん》――別れし夢

公光橋《きんみつ》の上にたたずんで、わたしは芦屋川の川上を眺めた。

水量は乏しいが、川床の両側に芝が青々としてゐて、石垣の積まれた両岸の堤の上には松並木が整然とつづいてゐる。そして、右側の松並木越しに、キリスト教会の尖塔が見える。

日本風と西欧風とが穏やかに溶けあひ、瀟洒な風景をかたちづくつてゐる。

松並木は、三百メートルほど上の向ふを横切る国道二号線で断ち切られ、桜並木に変る。だから、ついこの間まで緑の松並木の向ふは、薄紅色に染つた雲の塊が地上に降りてゐるとも見えたのだが、いまは葉桜に変つて、静かに治まつた気配である。

その松並木と桜並木の境になつてゐる国道二号線の橋が、業平《なりひら》橋である。

業平橋といふ名の橋は、京都から東の各地に、幾つもある。東京、墨田区の大横川に、いまなほ業平橋が架かつてゐるが、これは言ふまでもなく、業平の東下りに因んでゐる。しかし、ここ芦屋川に架かる橋は、業平の父阿保親王《あぼしんのう》以来、在原家の所領がこのあたりに在つたことによる。阿保親王の墓と伝へられる、今日も宮内庁の管理下にある親王塚が、山陽線芦屋駅の東北、三百メートルほどのところにある。

もつとも平城天皇の第一皇子として生まれながら、ついに皇太子となることなく、橘逸勢《たちばなのはやなり》らの謀反の密告者となつて生を終へた親王の遺体が、その塚のなかに眠つてゐるとは考へにくい。なにしろ五世紀初めの古墳といふのが、今日知られてゐる事実だからである。しかし、親王およびその息子たちが、領地があつたこの地にしばしば足を運んだのは確かだらう。

ところで、いまわたしが佇んでゐる公光橋だが、その命名のもとになつたのは、やはりこの橋の袂に公光なる男が住んでゐたからであるらしい。彼は、『伊勢物語』の熱狂的な愛読者で、日夜、読み耽つて倦むことがなく、若くして師から『伊勢物語』の秘伝を受けると、一層打ち込んだ。

さういふ彼だから、自分の名のついた橋が、業平橋と並んで架かつてゐると知つたら、狂喜するに違ひない。

この公光が、ある夜、夢を見た。花の影の下、束帯姿の男と紅の袴をつけた女が『伊勢物語』の冊子を眺めてゐる。と、自分の傍らに翁がゐたので、あのお二方はどなたですかと訊ねると、

あれこそ伊勢物語の根本、在中将業平、女性は二條の后《きさき》、所は都北山蔭《きたやまのかげ》、紫《むらさき》野《の》雲《くも》の林《はやし》

さう聞いたと思ふと、目が覚めた。が、その記憶がひどくあざやかで、夢のなかのこととは思はれない。その不思議さに公光は、その地を訊ねようと不意に思ひたつたのだ。そして、身支度もそこそこに出立した。

謡曲『雲林院《うんりんゐん》』の発端である。

諸国巡歴の僧ではなくて、『伊勢物語』の熱狂的な愛読者がワキであるのが珍しい。やはり艶な世界を展開するのには、僧であるよりもこのほうがよいのであらう。この公光なる男は、狂言『右《う》

流左止《るさし》』にも顔を出すが、実在したかどうかわからない。が、彼のやうな男が存在してゐたのは疑ふべくもあるまい。

川下方面からバスがやつて来るのが見えた。不意にわたしも思ひ立つて、橋の袂の停留所へ走つた。芦屋駅で、京都行き快速電車に乗り、座席に腰を下ろしてから、訪ねようとする雲林院が何処にあるのか、知らないことに気付いた。しかし、運良くポケットに京都市街地図を突込んでゐた。さつそく引き出して、捜した。紫野といへば、いふまでもなく京都市の北部、大徳寺周辺である。

大徳寺は、すぐ見付かつた。しかし、紫野大徳寺町、紫野門前町、紫野石龍町、紫野東野町、紫野東舟岡町……と、紫野を冠した町名がやたらに多い。小さな活字を一つ一つ追つて行くと、電車の動揺もあつて、目がぼやけて来る。

雲林院の名は、平安文学に親しんだひとなら、よく知つてゐるはずである。たとへば『古今和歌集』の詞書《ことばがき》にこんなふうに出てゐる。「雲林院にて桜をよめる」「雲林院にて桜の花のちりけるを見てよめる」などと。当時、桜の名所だつたのだ。また、『枕草子』には、賀茂祭の斎王《さいわう》の還御《かんぎょ》を見物するため、女たちが車を立てる場所として記されてゐるし、『源氏物語』の賢木《さかき》の巻では、光源氏が参籠してゐる。そして、『大鏡』はこの院で催される菩提講《ぼだいかう》の大変な賑ひぶりから始まるが、講の講師の出を待つつれづれに、二百歳にもならうといふ翁ふたりと媼《おうな》が、人々が求めるままに、過去を語り出す、それがこの歴史物語の発端である。

かうした雲林院は、初め、淳和《じゅんな》天皇が離宮として営み、紫野院とよんだが、天長九年（八三二）四月、行幸して宴を張り、詩をつくつて楽しんだ折、雲林亭と改めたといふ。

その改称の理由だが、「雲林」なる語は、その頃もてはやされた白楽天《はくらくてん》の詩によると考へられてゐる。

その詩、

香山下卜居　香山《かうさん》下に居を卜《ぼく》す

老須為老計　老いてはすべからく老計をなすべし
老計在抽簪　老計は簪《しん》を抽《ぬ》くにあり
山下初投足　山下初めて足を投じ
人間久息心　人間久しく心を息《やす》む
乱藤遮石壁　乱藤、石壁を遮り
絶澗護雲林　絶澗《ぜつかん》、雲林を護《まも》る
若要深蔵処　もし深くかくるる処を要せば
無如此処深　この処の深きに如《し》くはなし

大意は説明するまでもあるまい。晩年、洛陽《らくやう》からさほど遠くない香山に身を隠した折の一篇だが、淳和天皇もすでに四十七歳――当時では老いを口にしてよい年齢であつた――を数へ、退位を翌年に控へてゐたのである。だから、この詩の述べてゐるところは、天皇の心境であつたと考へて間違ひなからう。すなはち、公の地位を示す簪を抜き、世から隠れて、心安んずる場所にしようといふ気持から、雲林亭と改称したのである。

この後、雲林亭は、次代の仁明《にんみよう》天皇の第七皇子常康《つねやす》親王に伝へられ、雲林院と再び呼ばれるやうになつた。彼は、殊のほかこの地を愛したので、世人は、雲林院のみこ、とも呼んだといふ。そして、父の天皇が薨去すると、出家して院を寺とし、その経営を父に親しく仕へた遍昭《へんぜう》に委ねた。百人一首の「天津乙女」の歌で名高い人物である。

これ以降、雲林院は寺院として隆盛の道を辿り、平安貴族たちの馴染み深いところとなるばかりか、十世紀末頃から菩提講が開かれるやうになると、大変な賑ひを呈するやうになつた。しかし、鎌倉時代にはいると急速に衰へ、元弘四年（一三三四）に大徳寺が創建されると、その子院とされ、応仁の乱で灰燼に帰した。そして、十八世紀初めになつて、雲林院の名を襲つた大徳寺の塔頭が営まれ、今日に到つてゐる、とのことである。

地図の上に、やつと紫野雲林院町の地名を見つけた。東西に走る北大路の南側、船岡山の東あたりの、ごく狭い地域である。かつては大徳寺も含む広大な領域を誇つたのだが、御所を少し北に離れたこのあたりは、平安時代の前半までは寂しく、隠棲に手頃な地であつたのであらう。そして、低い岡のやうな船岡山であるが、香山になぞらへるやうな気持が、淳和天皇にあつたのかもしれない。

が、その狭い町内に、雲林院といふ寺の名が見えないのである。卍印さへない。私の持つてゐるのはポケット版の地図だが、その上のどこにもない。

電車の窓から、竹林の緑が波打つやうに見えた。もう山崎から長岡周辺にかかつてゐると知れた。とにかくその名のついた町内だけでも歩いてみよう、と思つた。

それにしても謡曲『雲林院』は、どうして「藤咲く松も緑の……」と始まるのだらう、と考へた。舞台正面中央には、桜の立木の作り物が据ゑられる。これでは季節が後先する。地名が紫野で、一時は楝《あふち》の花の名所として知られたためであらうか。先に触れた菩提講に詣でた折のものとして、有名な歌がある。

むらさきの雲の林をみわたせばのりにあふちの花さきにけり　　肥後

咲き乱れる楝の花を紫雲に見立ててゐるのである。雲林院をめぐつて多くの歌が詠まれてゐるが、出てくるのは桜や楝や紅葉であつて、藤は出てこない。それにもかかわらず謡曲が藤から始まるのは、雲林院の命名の元になつた白楽天の詩ゆゑかもしれないが、藤は藤でも花でなく、藤蔓なのである。それがいつの間にか、盛んに咲き乱れてゐる。

淳和天皇の命名以後、この謡曲がつくられるまで、およそ六百年ほど経過してゐるが、「乱藤」が花の咲き乱れるさまになるまでには、十分な年月かもしれない。

京都駅に着くと、地下に降り、地下鉄に乗る。すでに午後も遅く、駅前からバスやタクシーを使ふよりも、地下鉄で北大路まで一気に行つたほうが早いだらうと判断したのである。

そして、車窓の外の走り去る闇をガラス越しに眺めながら、「雲林」とは何だらうと考へた。謡曲では「うんりんゐん」と読むが、そのほかに「うりんゐん」「うりゐん」、そして「うじゐ」とする読みもある。それから「雲の林」とも言ひ換へられた。先に引いた謡曲の冒頭「藤咲く松も紫の」のつづきがさうである。公光がかう言ふ

……雲の林を尋ねん

数年前の夏、ローマを訪ねた折のことを思ひ出した。飛行機が空港に近づいて高度を下げてゆくと、積乱雲が白く輝きつつ、つぎつぎと伸びあがつて来た。そして、いつの間にか周囲には積乱雲が文字

通り林立、飛行機はその間に迷ひ込んでゆくふうであつた。

勿論、当時の人たちがそのやうな光景を見たはずはない。それにもともとは雲のかかつてゐる林、といふ意である。

しかし、藤蔓に花を咲かせるやうなことは、ここでも起つてゐて、小学館版『国語大辞典』を繰つてみると、さきほどのわたしの体験にもとづいてイメージするのも、まんざら見当外れでないやうな説明が出てゐる。「雲がむらがつてゐるさまを林に見立てていふ語」とある。

きかせばやあはれをしらん人もかなくものはやしの雁のひと声　和泉式部
いまぞ知る雲の林の星はらや空にみだるる蛍なりけり　大納言常信

かうした歌を、いまの語義の用例として挙げることができさうである。積乱雲ではないが、むらむらとなつてゐる雲の間を雁が鳴きながら飛んでゐたり、星が蛍のやうに瞬《また》いてゐたりするのを、仰ぎ見てゐるのである。

また、この頃は、何にでも林といふ語をつけるのが流行した。「はなのはやし」「にしきのはやし」「ゆきのはやし」「ほしのはやし」「うたのはやし」等々である。これらが歌題としてよく出された。

ところで雲のほうだが、柿本人麻呂あたりから、死のイメージをもつて詠まれることが始まつた。その頃から火葬が始まつたことと関係があるらしい（梶川信行「『うつせみ』の自覚—万葉集史へのひとつの試み」近代風土第22号、昭和60年2月）が、それを受けて、次のやうな表現も行なはれてゐる。

この世をば雲のはやしにかどでして煙とならん夕をぞまつ　良暹法師

雲の林と荼毘《だび》の煙と、この頃には盛んになつた浄土信仰が描き出した来迎する阿弥陀や菩薩たちを乗せた紫雲とが、混じりあつてゐるのである。また、釈迦涅槃図《ねはんづ》の沙羅双樹《さらさうじゆ》の林の上に棚引く、菩薩らを乗せた雲も係りがあるだらう。

良暹法師《りやうせん》を尊敬した西行の歌にかういふのがある。

花咲きし鶴の林のそのかみを吉野の山の雲に見るかな

釈迦入滅の際、花を咲かせてゐた沙羅双樹の林が悲しみのあまり白くなつて、白鶴のやうになつたといふ「大般若経」の挿話に基づく。

こんなふうに挙げて行くと際限がなくなるが、桜の花を雲と見立てるのも、さう早いことではなかつたやうである。さうした例は『万葉集』にはなく、『古今集』になつても、紀貫之の、大胆といふよりもごく用心深い比喩表現としての「桜花さきにけらしなあしびきの山のかひより見ゆる白雲」一首しか見当たらない。小学校唱歌にあるやうに「さくら　さくら　霞か雲か」と歌はれるまでには、長い紆余曲折があつたと考へなくてはならないらしい。

一方ではずいぶん手前勝手に、イメージを野放図に展開するかと思ふと、他方では恐ろしく遅々として変らないこともあるらしい。

北大路駅で下車、地上に出ると、そこがバスセンターであつた。金閣寺行のバスが停まつてゐたので、乗る。

バスは北大路を西へ走る。コンクリートで固められた、幅広い道で、道に面して昔ながらの瓦を乗せた民家がところどころ在るものの、大方は中層のビルである。交差点になると、そのビルの背が高くなる。

大徳寺前で降りる。そして、二、三歩足を運んで、そこに取り残されたやうにあつた傾いだ民家の板壁を見ると、錆を浮かせた水色のプレートが打ち付けられてゐて、紫野雲林院町とあつた。

信じられない気持で、そのプレートを見詰めた。乗り物を降りたところが、地図上にやつと見つけただけの土地であるなどといふ幸運に恵まれることは、まづないことだらう。この幸運がしばらくは信じられなかつた。

さうしてあたりを見回すと、道路の向ひ側、先の交差点の角に大徳寺の植込みと塀が見えた。現在の雲林院は大徳寺の塔頭の一つのはずだから、それに近いほうから捜せばよからうと見当をつけて、こちら側の角の宝石店前まで行き、交差点を渡りかけて、宝石店の裏を見ると、まだ新しい漆喰塗の短い塀があつて、簡素な山門があつた。

その山門の脇に御影石の柱が立ち、雲林院と刻まれてゐた。改修されて間がないものの、街中の一小寺院といつたつつましさである。かつてこのあたり一帯を領し、池や林を散在させてゐた大寺院の面影はまつたくない。

門を入ると、すぐ正面に井戸と手水鉢があつて、粗末な閼伽《あか》棚が設けられてゐた。そして、小さな花生が、手水鉢の周りや棚に伏せられてゐる。

右側が庫裡で、玄関になつてゐるが、その向ひに、寄棟のこじんまりとした観音堂がある。一対の石灯籠が据ゑられ、その中央正面の小さな香台にも、雲林院の文字が刻まれてゐる。

この三つの建物に囲まれた、窮屈な空間が境内で、藤も棟も桜の木もない。閼伽棚の上屋越しに枇杷の木が枝を覗かせてゐるばかりである。

と、スラックスに前掛姿の中年の女性が手ぶらで入つて来て、観音堂に手を合はせると、足早に出て行つた。家事の合間にお参りに来た、といつた様子である。かうした人たちの信仰を、この観音堂は集めてゐるのだ。正面に垂れ下がつた、少しくたびれた白赤緑三色の布を捩りあはせた綱がかすかに揺れつづけてゐる。

観音堂のすぐ裏は、北大路に面した宝石店の、奥行きのない三階建のビルで、その屋上には所狭しと木の鉢植が置かれてゐるのが仰がれた。手入れしてゐる人がゐるらしく、頭と肩ばかりがちらちらする。シャツ姿の年輩の人のやうだ。

公光がここを訪ねたときは、桜がいまを盛りと咲き乱れてゐた。その美しさに惹き寄せられたやうに立ち寄ると、枝を手折つた。

と、不意に老人が現はれ、

シテ　誰《た》そやう

と、咎めたのだ。老人はさらに、「落花狼藉《らつかろうぜき》の人、そこ退き給へ」と厳しく言ひつのる。

公光は、「それ花は乞ふも盗むも心あり」と答へて、やがて散るはずの花ではありませんか、それをいとほしむゆゑの業であると、古歌を引いて述べた。すると老人は、散るからこそ今の一時をおし

むのだと言ひ、やはり古歌を引いて応じる。その詞の一節、

……げにや春の夜の一時を、千金に代へじとは、花に清香《せいきやう》月に陰《かげ》、千顆万顆《せんくわばんくわ》の玉よりも、宝と思ふこの花を、折らせ申す事は候ふまじ

老人の言ひ分は誇張に過ぎるやうだが、さらに『和漢朗詠集』の一篇を踏まへて、かうも言ふ。

軽瀁激《けいやうげき》して影唇を動かせば……

さざ波が揺れ動くと、水に映る花の影が唇を動かしてゐるやうだ……とは、なんとも官能的な表現ではないか。生々しい艶麗さをもつて迫つて来る。千の、万の、薄紅の唇が水鏡のなかで一斉に囁き出すのである。

と、その花々の中から、老人の面が浮かび上がつて来る。

公光は、思はずその前に頭を垂れる。さうして、問はれるまま、ここへやつて来た経緯を語る。と、老人は、不思議なことを言ふ。「御身の心を感じ」て「伊勢物語（の秘伝）を授け」ようとの思し召しだから、今夜はここに臥して「別れし夢を待ち給へ」と。

公光の心に感じ入つたのは、この場にゐるこの老人ではなく、誰だといふのだらうか。ともかく『伊勢物語』に深く通じ、秘伝を解し、誰よりも深奥を伝へることが出来るひとが感じ入り、公光に授けようと思つたらしい。中世において古典研究は、「秘伝」として伝へられるかたちをとつてをり、じ

つは公光はすでに自らの師から与へられてゐた。が、それを越えて、より深奥を授けようといふのである。それも芦屋の自宅で公光が見残した夢、「別れし夢」の続きを見せるかたちで、と言ふ。

公光は、その老人に向ひ、「御身はいかなる人やらん」と問ひかけると、

その様年の古びやう、昔男《むかしをとこ》などと知らぬ

と言ひ捨てると、夕靄のなかに消える。

「昔男」とは、言ふまでもなく『伊勢物語』の主人公を呼ぶ言ひ方である。そして、ごく最近まで主人公も作者も、ともに業平自身であると信じられて来たのだ。

かうして老人（シテ）が引つ込んだ後、道具方が出て来て、作り物の花（この場合は満開の梅）を橋掛をとほつて持ち去る。文字通り花の退場である。能の舞台を見てゐると、時折、思ひがけない経験をすることがあるが、この折もさうであつた。単に舞台装置の一つが持ち去られただけではない。いま「花の退場」と言つたが、まさしくさうした象徴的な出来事が進行する、と感じさせるのだ。そして、その印象は、花が消えた揚幕の向ふから、前場と打つて変つた若々しい貴公子が登場する時、明瞭になる。

花が変じて人となつた、と思ふのである。

美しく整つた、やや憂ひを含んだ面、中将をつけ、水色に金と銀の横柄が走つた、華麗な単衣に、藤色の指貫をはき、冠の後には朱色の紐を長く垂らして、まことにあでやかでりりしい姿である。色好みの雅びを尽くした業平、その人である。彼は、幕の前で口ずさむ。

シテ　月やあらぬ、春や昔の春ならぬ、わが身一つは、もとの身にして

あまりにも有名な歌だが、『伊勢物語』によれば、五條の后の西の対に住む女と、自由に逢へないまま、思ひを通はせてゐたが、一月の十日過ぎ（旧暦）、女は他所に隠されてしまつた。その場所を聞き知つたものの、尋常な者が立ち入ることの叶はぬところであつたので、恋しさばかりを募らせ、翌年の一月、梅の花が咲きほこり、月が美しい夜、かの西の対を訪ねた。しかし、様子はすつかり変り、人気もなく荒れ果て、月ばかりが皓々と照つてゐた。その板敷きにひとり臥して、以前のことを思ひ出し、先の歌を詠み、泣く泣く帰つて来た、といふのである。

意味は、やるせなくも惨めな失恋の歌だが、この歌からは、梅の咲き誇る、春の月が照る夜をわがものにしてゐる、あくまでもあでやかで凛々しい貴公子の姿が浮かんで来よう。そして、この「わが身一つ」は、青春の変らなさを誇つてゐるとさへ思はれるのだが、どうであらうか。

その五條の邸宅と雲林院のあつた場所は、五キロほど隔たつてゐるし、雲林院と業平が係りがあつたとは聞かない。僅かに業平が親しんだ惟喬《これたか》親王が一時身を寄せたことがあるらしいといふに留まる。しかし、かうして現実の次元を越えて、この若者は、花の化身とも思はれる域へと進み出てゐるかのやうだ。

まづは花の影から現はれた老人のはずで、その過去の若き日からぢかに出現した、花のやうに美しく、花のやうな青春のただ中にゐた、昔男であらう。ただし、いまや生身の存在でなく、亡霊であり、老いた昔男が死ぬことによつてなりおほせたところの存在であらう。その点で彼は、老いた昔男にとつても、若い盛りの昔男にとつても、死の彼方に属する存在である。それとともに、老いた昔男が、

取り戻せるものならば取り戻したいと願ひ、死んだいまも願ひつづけることによつて、魂魄が凝つたかたちながら、現在に現はれ出てゐるところのものでないか。

そんなふうにさまざまな思念と在りやう、時間が交差して、現はれ出たもののやうである。そして、それに従ひ、月も花も春も、それぞれに異なつた月と花と春を一つに重ねて、現はれて来る。さうして恋に身を焼く業平と、若き日を懐かしむ業平と、死んだ後も彷徨ふ業平の魂が、それぞれに仰ぐ月が皓々と照り、花が匂ふ……。

花を手折つた公光を咎め、「千顆万顆の玉よりも、宝と思ふ」といつたのも、じつはこのためであらう。花は花でも、尋常の花ではないのだ。

いまや舞台の上に作り物の花はない。が、そのため却つて、さまざまな時間の下、さまざまな眼差しを浴び、見えない花が枝を広げ、舞台一杯に咲き誇つてゐるかのやうに感じられて来る。そして、その花は、梅や桜、藤や楝の花を溶かし込んで、いよいよ美しく咲き誇るのである。

その花の下、若々しい中将の面をつけた男も、前場の老いた男らの姿を溶かし込んで、ますます美しく発光してくる。

さうして橋掛から舞台中央へ進み出て、「昔男の古」を語り出す。

さうなると、またも新たな事態が起つて来る。

シテ　弘徽殿《こきでん》の細殿《ほそとの》に、人目を深く忍び

彼は、ほとんど光源氏に変身して、朧月夜と密会するのである。なにがかうした事態へと進ませるのか。とにかくこの密会が、須磨へ流される原因になるのだが、その危険をよくよく承知しながら、彼は、却つて女の許へ引き寄せられてゆく。

つづいて、

地謡　……芥川《あくたがは》をうち渡り

かうなると、再び昔男に戻つて、女を盗み出し、野辺の闇を行くのだ。その挙げ句、鬼に女を一口に食はれてしまふ。

この話も、さきの五条の西の対の女と同じく、後に二条天皇の后となつた高子《たかいこ》に係はるもので、鬼といふのは、彼女を取り戻した兄藤原基経《もとつね》(の配下の者)だと、『伊勢物語』六段では書き添へられてゐる。そして、この事態は弘徽殿の細殿に忍び込んだ光源氏の身の上に起つたことに等しい。

摂関政治の次代にあつて、政権を手にするためには一家の娘が最後の鍵ともいふべき役割を担つてゐた。すなはち、天皇の后となつて、子を産み、その子が天皇の位につくのである。これが何にも勝る決め手であつた。だから、その娘を奪ふとは、政権獲得計略を根本から揺るがすことになるのだ。

昔男は、政治的野心の炎を燃やす基経とその叔父良房の鼻先で、心胆を寒からしめる恋をしてみせたのだ。恐ろしく危険な恋であつた。「月やあらぬ……」口ずさむ昔男を、もの影から伺ふ手先がゐたとしても、不思議はない。

光源氏もまた、さういふ恋をしたのである。

ただし、彼らは権力者に反抗したのではない。あくまでも恋する者として、天下の支配機構を半ば手にしてゐる者と、正面から張り合つたのだ。それゆゑに、かの若者たちは、抜きんでて凛々しい。かうして『伊勢物語』に関しての「秘伝」が、歴々と目の前に示される……。

買物籠を下げた女が門から入つて来た。そして、手水鉢のところまで来ると、伏せてあつた花生を採り、洗ひ始めた。ゆつくりと念を入れて洗ふ。その様子をしばらく見てゐたが、いつ終はるともなく、つづける。なにか願ひ事でもしてゐるのだらうか。

わたしは雲林院を出た。

雲林院を出て、北大路を渡ると、大徳寺の境内へ入つて行つた。

もう五時が過ぎたので、並んでゐる塔頭はいづれも門を閉ざし、ひつそりと静まりかへつてゐる。雲林院にあつた街のざわめきや気軽にやつて来る参詣者の姿はなく、禅寺の厳しくひややかな空気に満たされてゐる。そして、目に入る木々はほとんどが松など常緑樹で、色彩が乏しい。

当てもなく歩き回つた末、民家が建て込んだ一角に出た。

と、そこに一本、桜があり、梢に幾らか花を残してゐた。あたりに広がりだした夕闇のなかに、それがひどく明るく華やいで見えた。

公光は、「別れし夢」のつづきをよく見たであらうか？　そして、老いた昔男はどこへ去つたのか？　わたしは、問ひかけるやうに、梢の残花を見あげた。

蝉《せみ》丸《まる》——往くも帰るも

京阪電鉄京津線の電車は、追分《おひわけ》駅を出ると、徐々に勾配をあげ、山と山との間に入り込んでゆく。傍らの家並みは細くなりながらも、並行して続いてゐる。昔ながらの街道筋に沿つて、敷設されたことが分かる。このあたりに大津絵を商ふ店が今だに残つてゐると聞くが、さうかもしれないと思ふ。大谷駅で降りると、いかにも山間らしい、京都の街中とは違つた空気に包まれる思ひがした。が、同時に唸るやうな無機的な音が両耳に来る。

電車が走り去ると、向ふ側が国道一号線であつた。坂を走り上がつて来た車が、次々と走り去つて、正面向ふの山肌からも、走行音が跳ね返つて来て、腹の底にまで響いて来る。反対側の改札を出て、古い郵便局の前に出ると、目にはあくまでひつそりとした家並みである。五、六メートル幅のゆるやかな狭い登り道には、晩秋の穏やかな陽が溢れてゐる。が、自動車の走行音は変らない。

その道を先へ二十歩ほどもあがつて行くと、左手に神社があつた。

蝉丸神社と刻んだ石柱が高く立ち、少し奥には、狛犬と灯籠が一対づつ据ゑられてゐて、そこから急な石段になつてゐる。鳥居はその上であつた。

「蝉丸さまに、お参りをしておくれ。近所の坂の上の神にまつられてゐる、この蝉丸さまも、眼があかない生れでな、捨てられたおひとだつた。琵琶の名手になられてな、音曲を習ふものは、みんな、蝉丸さまにお願ひするさうで……」

中里恒子『水鏡』の一節で、盲目に生れついた男の子をもらひ受けた、こころやさしい義母が、音曲の道に進まうとする子に言ひ聞かせる言葉である。近世以降、ついこの間まで、このやうなかたちで人々のなかに蝉丸は生きてゐたのだ。

石柱の傍らに、磨かれた黒御影石の碑があつて、神社の由緒が簡略に記されてゐた。天慶九年（九四六）九月、蝉丸を主神として設立され、万治三年（一六六〇）、現在の社が建立され、街道の守護神猿田彦《さるたひこの》命《みこと》と豊玉姫命《とよたまひめのみこと》を合祀した、とある。

天慶九年といへば平安朝も朱雀天皇が崩御、村上天皇が即位した年で、ずいぶん古い。ひとの往来が盛んになるとともに、この近くに逢坂の関が設けられ、祀られるやうになつたのだ。猿田彦が持ち出されてゐることからも、そのあたりの事情は察せられるが、説明には肝心なことが抜けてゐる。蝉丸神社には上社と下社、それにいま目の前にしてゐる三つの社があり、上社と下社の方が古く、社伝によれば弘仁十三年（八二二）である。勿論、確かなことは分からないが、平安京が定められるとともに、東へ開かれた幹線路の最初の峠として重要視され、まづは道祖神なり塞《さえ》の神が祀られ、陸の猿田彦命と海の豊玉姫命（琵琶湖も交通の重要な道だつた）が祀られるやうになり、そこへ蝉丸の霊が加へられたのであらう。

黒御影石の碑の最後には、歌が刻まれてゐた。百人一首でひろく知られてゐる蝉丸の歌である。

　　これやこのゆくも帰るも別れては知るも知らぬも逢坂の関

『後撰和歌集』雑一に見える。これが蟬丸なる人物が歴史に顔を出す最初だが、詞書に「相坂の関に庵室をつくりてすみ侍りけるにゆきかふ人を見て」とある。この「見て」の語を捉へて、蟬丸は盲人ではなく、目あきだつたなどと議論するひとが賀茂真淵《かものまぶち》を初め幾人もゐるが、問題にする必要はあるまい。われわれに親しいのは、例へば百人一首の読み札に描かれた、頭巾をかぶり、琵琶を抱へた、盲目の僧であらう。

参道の右側、通に側面を向け、神輿などを収納するらしい建物があり、その軒先の日溜まりに、着物姿の小柄な老婆がうずくまり、幼女を遊ばせてゐた。

東海道はどこですかと訊ねると、老婆はゆつくりと立ちあがつて、

「その道どすわ」

と、いまわたしが歩いて来た道を指さした。

「すつかり寂しうなつてしまうたけど、東海道どすわ」

ほとんど葉がない木の枝ばかりが影を落とす道を、わたしも老婆と一緒に眺めた。

逢坂山の関址がこの通の少し先にあること、神社の五月の祭礼にはいまも山車《だし》が出ることなどを、ぽつりぽつりと、こちらが訊ねるまま話してくれる。その間も自動車の重苦しい走行音がまとひつく。

蟬丸大明神と石灯籠に刻まれてゐるのを見て、石段を登つた。

上り詰めると、すぐ向ふが落ち込んで、崖になつてゐる。細く伸びた山の背の先端近くなのだ。覗くと、連なつて走る車の天井や荷台が見え、走行音が吹きあがつて来た。高速道路であつた。この小

さな街道沿ひの集落は、いまや二つの幹線道路に挟まれてゐるのである。

これでは琵琶を抱へ、目をつむつた蝉丸の姿を思ひ浮かべようとしても、できさうにない。

山の背の狭い境内は全体が登りになつてゐて、まづ拝殿がある。素朴な造りの舞台型だが、地形にあはせてか縦長である。軒下に昭和の初めのものらしい額が掛かつてゐて、納謡曲「蝉丸」の文字がある。

その向ふに、板垣に囲まれた本殿があつた。こぢんまりとしてゐるが、正面の門と板垣には真新しい瓦が乗つてゐる。そして、手前では、バーナーを使つて銅板を曲げてゐる人がゐた。声をかけると、半年前から改修工事にかかり、完成近くに漕ぎ着けたところだといふ。それまでの社殿は傾き、檜肌葺の屋根には草や木が生へ茂つてゐたと、手を休めて話してくれる。

階段を降りると、老婆は幼女の手を取り、中年の女性と話し込んでゐた。

なだらかな登りの東海道をゆつくり歩く。さうして、五分ほども行くと、深い掘割を越える。下は京阪電鉄の軌道だつた。

その先で、国道一号線に出た。

歩いて来た旧東海道との合流点には、四角い広告塔が二本並んで立ち、その間に挟まれて石灯籠が一基あつた。全体に柔らかな丸みをもつた線で縁取られ、笠は平ら、火袋の枠は薄く、細工は入念である。竿は四角くすつきりとしてゐて、そこに逢坂常夜灯と深く彫り込まれてゐる。寛政六年(一七九四)と側面に建立年があつた。江戸期特有の優美さをみせて、二百年前からここに立つてゐるのだ。

その前から眺めてゐると、丁度正面、切通しの間から、自動車がつぎつぎと浮かびあがつて来て、右へ横滑りしてゆく。それとともに、右手から現はれた車が、切通へと消えていく。さうして留まることがない。大型車あり、小型車あり、そして、色もさまざまである。赤、青、黄、白、銀……。正面を下つた先が大津、右は京である。耳は、タイヤの路面を叩く音、エンジンの低く唸る音で、塞がれたままだ。

その切り通しのこちら側斜面の裾に、大きな碑があるのに気付いた。逢坂山関址碑だつた。高さ二メートルもある自然石に、筆太にその文字が彫られてゐる。

近づいていくと、手前に大きな厚い鉄板が敷かれてゐた。なんだらうと見てゐると、トラックがやつて来て、鉄板上で停車したと思ふと、すぐに走り去る。積荷の計量器であつた。

碑の前で、また、しばらく車の流れを眺めた。京からやつて来て近江側へと降りていく車、近江側から上がつて来て京へ行く車……。逢坂とは、なによりもまづ、二つの坂が出逢ふところだなと、なにか納得させられた気持になつた。

ただし、こちら側は畿内であり、向ふ側は畿外である。そして、畿内の人間にとつては、ここから異境が始まるのだ。だから、こちら側の坂と、向ふ側の坂とは、同じ坂でも性格が違ふ。そして、こちら側の坂を登る人、下る人、また、向ふ側の坂を登る人、下る人、それぞれが、また違ふ。さうしてここで行はれる出逢ひと別れも、それぞれに特別の意味を帯びる。

だから、まづ「これやこの」と強意の言葉を重ねなくてはならなかつたのであらう。そこから、「ゆくも帰るも」と対語を重ね、さらに「別れては」に次いで、その対語の「逢ふ」を出し、かつ、掛詞の技法をもつて逢坂の関へと繋げる。それとともに、いま対語といつたが、「ゆくも」と「帰るも」、「しるも」と「しらぬも」、そして「別れ」と「逢ふ」がきちんと向き合ひ、峠を挟んで向き合ふかたちに言葉が据ゑられてゐる。

さらに言へば、初句は、一般的には最後の「逢坂の関」にかかつてゐるとされてゐるが、三句それぞれぢかに響いてゐると見ることができよう。さうならこの歌は、ひとつの流れをなすよりも、「行くも帰るも」「別れては」「しるもしらぬも」それぞれが独立性を持ち、誇張して言へば、ばらばらに撒き散らす形になつてゐて、それが最後の「逢坂の関」に到つて、一つに合はされ、束ねられる。各句そのものが別れ、そして逢ふ、それも「逢坂の関」なる言葉において、と言ふこともできよう。

このやうな言葉のアクロバティックといつてもよい面がこの歌にはあり、それがまた、軽快なリズムを刻むとともに、「会者定離《ゑしやぢやうり》」の無常観を差し出すのである。

この蝉丸の歌が、逢坂山の関を詠んだ歌として、長年、人々のこころのうちに響き続けて来たのも、かうした事情が係つてゐるのであらう。藤原定家が百人一首に選び入れたのも、案外このあたりが理由かもしれない。

峠の向ふ側は、かなり急な下りであつた。それに両側の山を削つた斜面が意外に険しく、下つて行く先、道は左へ曲るものの、右手の斜面は低くならずに前へ回つて来て、立ち塞がるかたちになつてゐる。そのため、穴へでも降りて行くやうな印象がある。

その印象を強めるやうに、両側の斜面の上と上の間に一本の細い橋が渡されてゐて、東海自然歩道逢坂山歩道橋と、長つたらしく文字が白く書かれてゐる。

それに加へて、この降り坂道には自動車がびつしりと犇めいてゐるのにかかはらず、歩道がなかつた。ガードレールが設置されてゐるばかりなのだ。

そのガードレールと急斜面の隙間を歩かなくてはならないのである。そこをどれだけ歩いて行かなくてはならないか、ここからは分からない。踏み出すのには、ちよつと勇気がいる。

左を採つたが、進むにつれ崖は徐々に深くなり、水を滲ませ、足許を濡らし、滑りさうになる。背後から大型車が地響きをたてて次から次と迫つて来ては、走り抜けていく。とにかく下だけ見て、足を運んだ。

道は左へ曲がり始めた。と、右側の翳《かげ》つてゐた斜面に陽が当たり出した。そして、その先で切れ、向ふに民家の屋根が見えた。

ただし、こちら側の斜面はつづく。それを巻くやうに進む。と、斜面がわづか退き、そこに粗末なお堂があつた。そこに身を置いて、一息いれる。逢坂山弘法大師堂と札が出てゐる。

そこからさらに崖沿ひの道を行くと、石灯籠が二基据ゑられてゐて、関大明神蝉丸宮とあり、石段があつた。蝉丸神社上社である。

石段を上がると、すぐ朱塗の鳥居があり、そこからまた石段が続く。休まずにあがつて行くと、舞台型の拝殿があつた。縁を巡らせた瓦葺の建物である。その先、また石段があり、上に板垣を巡らせた門があり、そのなかに小振りの本殿があつた。急な山腹に、雛壇のかたちに営まれてゐるのだ。

本殿前の門まで上り詰め、振り返ると、道を隔てた向ふ正面に山が聳え、その頂あたりが陽を浴びて、紅葉が燃えるやうに見えた。


逢坂の関の明神と申すは、昔の蝉丸なり。彼の藁屋《わらや》の跡を失はずして、そこに神と成りてすみ給ふなるべし。今も打過ぐる便りに見れば、深草の帝の御時、御使にて、和琴《わごと》習ひに、良岑《よしみね》の宗《むね》貞《さだ》、良少将とて通はれけんほどの事まで面影に浮びて、いみじくこそ侍れ。

鴨長明が『無名抄』に書き付けた一節である。その彼が立ち寄つた、蝉丸が住み、出家前の遍照《へんぜう》が通つたと伝へ聞いた藁屋跡は、どこにあったのだらう。この雛壇のどこか、あるいは、これから訪ねる下社でもあらうか。

蝉丸といふ人物は、およそ正体がはつきりしない。長明の聞き知つてゐたことも、幾つもある伝承の一つである。今日、最も代表的とされる『今昔物語』二十四巻の「源博雅《ひろまさ》朝臣、会坂の盲《めしひ》の許に行きし語」にはかうある。

宇多帝の頃、帝の御子で管弦の道を極めた敦実《あつみ》親王に仕へる雑色《ざふしき》がゐたが、彼は、親王が日ごろ琵琶を弾くのを耳にして、自らも「微妙ニ弾ク」ばかりか、秘曲「流泉《りうせん》」「啄木《たくぼく》」を知るまでになつた、しかし、やがて盲目となり、「会坂ノ関ニ一人」庵を結んだ。それが蝉丸で、琵琶の名手の源博雅が知り、京に呼び寄せて弾奏させようとしたが、聞き入れなかつた。そこでひそかに逢坂の関へ忍んで行き、庵を伺ふこと三年に及んだが、蝉丸は秘曲を弾ずることがなかつた。しかし、三年目の八月十五日夜、月が雲に霞み、風のそよ吹く頃、蝉丸は琵琶を引き寄せて掻き鳴らし、「哀レ、興有ル夜カナ。(中略)心得タラム人ノ来カシ。物語セム」と呟いた。それを耳にした博雅は名乗り出て、三年通ひつめたことを告げると、蝉丸は喜び、あれこれと物語した末、秘曲を伝授した……、といふのである。

半世紀ほど時代が下るし、宗貞(遍照)も出てこないし、和琴ではなく琵琶となつてゐる。そして、帝の命を受けてのことではない。

かうした違ひは少しも珍しくない。大江匡房《まさふさ》が語つたところを記録した『江談抄《がうだんせう》』に出てくる「会坂目暗《めくら》」がさうだとも言はれるし、『俊頼髄脳《としよりずいなう》』で言及された、逢坂の関で「行き来の人に物を乞ひ」「琴などひき」「あやしの草の庵」を作つた者も数へられるやうで、特定の一人の人物としないほうがよいのかもしれない。

さうして平安時代も中頃から鎌倉時代になると、逢坂山の関あたりで、盲目で、琴なり琵琶をよくし、藁屋を住ひとする乞食が、蝉丸と考へられるやうになつたらしい。この時期、東国との交通が繁くなるとともに、逢坂山には乞食なり流浪する芸能人が集まつて来て、群れをなすやうになつた。それをある種の畏れをもつて見、話題とするうちに、象徴的な人物を認めるやうになつたのかもしれない。

それとともに、蝉丸の身分に変動が起つた。語り出された『平家物語』の巻十「街道下りの事」においては、延喜帝《えんぎ》（醍醐天皇）第四の皇子とされたのだ。

これより後は、この身分が一貫して保持され、謡曲の『蝉丸』、『逢坂物語』、土佐少掾正勝の浄瑠璃『蝉麿呂《せみまろ》』、近松の『蝉丸』など、いづれもさうである。

どうしてこのやうなことが起つたのか。一因は、琵琶法師の登場であらう。新しい語りもの『平家物語』を携へて諸国を経巡り、琵琶にのせて語り歩いたが、その彼らは全国組織を築き上げ、京にあつては権門と結びつきを持つやうになつた。その彼らが、他の流浪の芸能者と違ひを明白にしようとするのは、自然な勢ひであつた。さうして琵琶の名手として定着しつつあつた蝉丸を自分たちの祖と位置づけるとともに、延喜帝第四の皇子へと押し上げたのだ。

ただし、さうまで格上げすると、隔たりが大きくなり過ぎるので、案出されたのが、遺棄であつた。謡曲『蝉丸』は世阿弥作とされてゐるが、第四の皇子は襁褓《むつき》のうちから両眼が潰れてをり、これは皇子にあるまじき前世の罪障ゆゑと、父醍醐《だいご》帝が逢坂山に棄てさせた、といふのである。

ツレ　さてわれをばこの山に置くべきか。

ワキ　さん候宣旨《せんじ》にて候程に、これまでは御供申して候へども、いづくに捨て置き申すべきやらん。

付き従つて来た清貫《きよつら》は、嘆き悲しむものの、帝の命に背くことはできない。まづ皇子の髪をおろし、このままの姿では盗賊に襲はれる恐れがあるからと、衣服を粗末なものに変へ、蓑に笠、そして杖を差し出す。

この場面は、涙を誘ふ。いまのいままで万乗の君の子息であつたひとが、髪を切られ、衣服を脱がされ、乞食の姿に変はるのである。

この神社の拝殿でも、この能が幾度となく演じられて来てゐるはずである。蝉丸の面をつけた役者が、きらびやかな狩衣を水衣に替へ、焦茶色の角帽子をかぶる……。

浄瑠璃『蝉麿呂』『蝉丸』などになると、話の筋は奔放に変へられるが、この場面ばかりは、ほとんど謡曲のままである。変へようにも変られない要の場面と認識されてゐたのだ。だから、いづれから引用しても大差はないので、近松の『蝉丸』から引くと、

清貫が蓑を、それから笠をと差し出すが、蝉丸はその一つ一つを、古歌を引き合ひにだして、それと納得して受け取る。彼はそれらの実物をまつたく知らず、古歌において名ばかりを承知してゐたのである。引用の括弧内は、典拠となつた「古今集」の歌。

……此の御有様にては盗人の虞《おそれ》あり。御衣《ぎよい》を賜つて蓑《みの》を参らせ候はんム、是は雨による田蓑《たみの》の島と詠ぜし蓑か

（雨により田蓑の島を今日行けば名には隠れぬものにぞありける）
さん候雨露の為なれば同じく笠をも参らする
是は御侍《みさぶらひ》み笠と詠みし物やなう
（御侍御笠ともうせ宮城野の木の下露は雨にまされり）
又此の杖は御道しるべ
げにく〳〵是もつくからに千歳《ちとせ》の坂も越えなんと。彼の遍昭が詠みし杖か
（千早振る神や切りけんつくからに千年の坂も越えぬべらなり）
それは千歳のさか行く杖
こゝは所も逢坂山
関の藁屋の竹柱
かゝる憂き世に。逢ふ坂の。知るも知らぬも是見よや。延喜の皇子の成り行く果。こはそも如何なる例《ためし》ぞと。声をあげてぞ泣き給ふ。

このやうに蝉丸は、もともと古歌の世界に身を沈めてをり、そこからさらに深く踏み込んでゆくのだが、それがそのまま、現実の悲惨な己が運命に顔を突き合はせることになる。さうして彼は、選ばれた悲劇的人物——貴種流離譚の主人公となる。
清貫が去つた後は、能から引く。

地謡　……皇子は後に唯ひとり、御身に添ふものとては、琵琶を抱きて杖を持ち、臥しまろびて

ぞ泣き給ふ。臥しなろびてぞ泣き給ふ。

これに似た場面は、流浪する賤民の芸能、説経の『俊徳丸《しゆんとくまる》』に見ることができる。観音の申し子として高安《たかやす》の長者の息子に生まれながら、養母の呪ひをうけて癩《らい》を病み、盲目となつて四天王寺に棄てられる。その時に、乞食のための道具一式、金桶、椀、円座、そして蓑と笠と杖を与へられるのだ。

捨てる所の多いに、天王寺にお捨てあつたよ曲《きよく》もなや。蓑と笠とは、雨露しのげと、これは父御の御情けか。杖は道のしるべなり……

能と違つて古歌は出てこないが、俊徳丸もかう嘆く。じつは四天王寺なり逢坂山の関といふ人の集まるところに棄てるのが、当時ではせめもの情けであつた。姥捨山《うばすてやま》のやうなところでは死ぬよりほかないが、そこなら人の情にすがつて生き永らへることも出来るのである。が、棄てられる身にとつて、それがなほさら恨めしい。恥をさらして生きなくてはならないのだ。

石段を下りる途中、国道一号線の向ふ側に歩道が出来てゐるのに気付いた。降りきると、車の切れ目を見澄まして、そちらへ渡る。そして、ほつとした気持で歩く。ガードレール一本とは違ふ。やがて右手側が京阪電鉄の軌道になつた。そして、この軌道と自動車道路に挟まれた細い道が長く続いた。

頭上に赤く塗られた巨大な橋梁が現はれた。山と山との間に、高々と居丈高に架かつてゐる。車の走行音が降つて来る。分社の境内から崖下に見た高速道路であつた。

行く手に青い水面がわづかに見えた。雲は乱れてゐる下、間違ひなく琵琶湖だつた。

室町時代も深まると、蝉丸を祖とする流浪の芸能人たちが、琵琶法師から説経師中心へと変はつてゐた。この彼らこそ、間違ひなく社会から棄てられた人々であつた。もはや琵琶などといふ立派な楽器を持たず、竹で手作りしたササラを摺り合はせたり打ち付けて、街角で語り、心付けを頼りにさまよひ歩き、露命をつなぐのだが、盲目をはじめさまざまな障害を負つた者たちが少なくなかつた。

その彼らが語る説経には、いまも『俊徳丸』に見たやうに、相当の身分に生まれながら脱落、流浪する人物を主人公とするものが多い。『山椒太夫《さんせうだいふ》』も『刈萱《かるかや》』も『愛護若《あいごのわか》』も、また、『小栗判官《おぐりはんがん》』もさうである。そこに蝉丸自身は登場しないが、その存在が見え隠れする。

右・名古屋、左・敦賀と、大きな標識の出てゐる分岐点に出た。国道一号線は、ここから高架になり、右の京阪電鉄の軌道を斜めに跨いで、やや右手へと伸びて行く。そして、国道一号線から別れた道は、このあたりから人家の間へと入り込んでいく。標識の下に小さく、逢坂一丁目と、地名が出てゐた。

そのすぐ先で、右手から曲がつて来た京阪電鉄の軌道を横断して、なほも少し行くと、今度も左側に、すでに馴染みとなつた石灯籠が一対、据ゑられてゐた。蝉丸神社下社であつた。ただし、関清水大明神とある。そして脇の生垣のなかには、音曲芸術祖神との石柱が立つてゐた。

ここには石段がなかつたが、灯籠の間をぬけると、電車の踏切であつた。さきほど横断した京阪電鉄が、道路に面した家々の裏をここまでやつて来てゐたのだ。

それを越えると、鳥居であつた。

さうして境内を進むと、わたしの胸あたりの高さに、大きな石を平に置き、その上に小さな祠が置かれてゐた。近づくと、下に口が開いてゐて、傍らに「せきの志ミ津」と刻まれてゐるのに気付いた。

貫之の歌「逢坂の関の清水も影見えて今や引くらむ望月の駒」（古今集）によつて古来から知られてゐる泉の跡だつた。覗いて見たが、中は暗く、なにも見えない。水の気配でもするかと耳を澄ましてみたが、なにも聞こえない。

当時は朝廷に貢ぐため東国の牧から曳いて来た馬を、八月十五日、この逢坂の関で都の官人たちに引き渡すのを習ひとした、その行事を詠んだのがこの歌なのである。仲秋の団々とした月と、毛並みもつややかによく肥えた馬とを、水の面に捉へ、大和絵ふうの豊麗なイメージを結んでゐるのだが、その賑ひはいかばかりだつたらう。

しかし、世阿弥は、その水の面に異形の姿を写し出した。

シテ　逢坂の関の清水に影見えて、

地謡　今や引くらむ望月の、駒の歩みも近づくか、水も走井の影見れば、われながらあさましや、髪はおどろを戴き、黛《まゆずみ》も乱れ黒みてげに逆髪《さかさかみ》の影うつる、水を鏡と夕波のうつつなのわが姿や。

棄てられた蝉丸の跡を追つて来たのは、浄瑠璃では美しい恋人になつてゐるが、能では、髪が逆さまに上へ上へと向つて生へ伸び、撫でおろしても決して下りない、恐ろしげな姿の女、蝉丸の姉であつた。その彼女が、ここへやつて来て、「緑の髪は空ざまに生ひのぼつて」「星霜を戴く」わが姿をありありとこの清水の水鏡に見てしまふのである。

そこへ琵琶の音が聞えて来る。間近かにあつた藁屋の内からであつた。

かうして姉と弟は再会、手を取り合つて、自分たちに課せられた理不尽な運命を嘆きあふ。

地謡　世は、末世に及ぶとても日月は地に堕ちぬ習ひとこそ思ひしに、われ等いかなればば（中略）雲居の空をも迷ひ来て都鄙《とひ》遠境の狂人、路頭山林の賤《しづ》となつて、辺土旅人の憐れみを頼むばかりなり。

この逆髪の姉は、謡曲において初めて現はれる。そして、じつはこの曲の主人公、シテなのである。蟬丸はシテツレである。この後、近松が逆髪を登場させるものの、ほんの脇役にとどまる。どうして世阿弥ひとりが、逆髪を主役としたのか。このあたりのことはよく分からないが、御霊《ごりやう》信仰などが絡んで、能といふ形式において初めて正面切つて登場させることが出来た、といつた事情があるかもしれない。また、逆髪は水の神、蛇の神の影を濃くひきずつてゐるといふ説もある。

ただし、いまはその素性を探索するつもりはない。ただ、おどろおどろしく天に向け生へのぼる髪は、この世に決して受け入れられることのない運命を負つた者の象徴であり、その運命を生きなくてはならない者の発する、天への抗議の叫びが形象化されたものと、見ておけばよいのであらう。すなはち、逆髪は棄てられた蟬丸の悲嘆を一段と烈しく突き詰めた姿であり、その悲嘆が純粋化され、女のかたちをとつて狂ひ歩いてゐる……。

関の清水跡のすぐ先に、檜皮葺の、太い材木を使つて、やや床の高い舞台型の拝殿があつた。軒には提灯がずらりと下がつてゐて、あるかなきかの風に揺れて、床には、彩色した木造の狛犬が、手前左右に据ゑられてゐる。ここでは神の守護役といふよりも、舞人のかはりといつた趣である。

その拝殿から少し離れて、奥に本殿があつた。分社や上社よりも大きく、簡単ながら回廊が設けられてゐて、それが本殿下を潜る構造になつてゐる。

その回廊を一巡りして、正面に立つと、斜めに交差した格子に絵馬がびつしりと下がつてゐた。願ひごとのほとんどはファンによる新譜ヒット祈願であつた。「この曲大スキ」「大ヒットしますように」などなどとある。音曲の道に精進する中里恒子『水鏡』の主人公がしばしばお参りした面影が、こんなかたちで残つてゐるのだ。

室町時代末から江戸時代になると、この神社は、諸国を巡り歩く説経師や流浪する芸人たちの総元締となり、免状を発行した。その利権は結構大きく、地元の有力寺院であつた三井寺に繋がる近松寺（近松門左衛門と係りはない）の狙ふところとなつて、享保三年（一七一八）頃には、近松寺の支配を受けるやうになつたらしい。

が、いまは夕方近いせゐか人影がない。境内の片隅に掃き集められた落葉が細い煙をあげてゐる。

神社は免状とともに関清水明神の縁起を記した巻物を与へたが、その巻物でも蝉丸は延喜帝の第四皇子とされてゐる。が、同時に「本地妙音菩薩《みようおんぼさつ》ノ化身」だとも説かれてゐる。妙音菩薩とは、釈迦を供養して「法華経」を聞くためやつて来た菩薩で、美しい声でもつて十方世界に教へを広める存在である。それでゐながら、盲目で逢坂山の藁屋に住ひ、乞食をして暮らしたといふ。そして、この蝉丸に付き従つた者の子孫の一人が遊女となり、もう一人は説経師となつたとも記されてゐる。これは説経師を権威づけるための作文であらうが、却つて彼らが娼婦に等しい存在であつたことを、あからさまに語る結果になつてゐる。かうふ文書を、説経師たちは高い金で購ひ、後生大事に抱いて漂泊したのだ。

コンクリートの道をよこぎつて
坂をのぼりあふ坂山のセミも
いと心にしみて……

西脇順三郎の詩集『礼記』の一篇である。「あふ坂山」は逢坂山、セミは言ふまでもなく蝉の鳴き声で、蝉丸をほのめかしてゐる。これより少し後の部分、

われわれの面は思はず能面になつてゐた
旅の果てはすべて礼節と祭礼に終る
死人の霊を祭るツァラツストラの村の祭り
ピー
紙のみどりの蛇がのびる音だ

琵琶法師にしろ説経師にしろ、各地の祭礼を渡り歩き、その賑やかでどこか哀しげな匂ひをまとひつかせて、ここに集まつて来たのだ。そしてまた、旅人たちが絶えず通過して行くことによつて、祭礼の場に近い空気が醸されもしてゐたのだらう。さうして、ピーといふ音とともに伸びる紙の緑色の蛇は、姉宮の空へ向けて這ひ上がる逆髪を思はせる。「死人の霊を祭るツァラツストラの村の祭り」とは、飛躍した一行だが、ニーチェが描いたこの絶対の探求者が催す一興行を指してゐると受け取ればよいのであらう。この世に思ひを残す死者の霊を呼び醒まし、哲理をもつて鎮撫する簡潔な祭が能

の基本であらうが、ツァラツストラもさうしたことをやつたと見立ててゐるのだ。
つづけて、西脇は彼一流の羽目の外し方をする。

ブッスー
ゴム風船がしぼむ音だ
ポウー
孔子やナポレオンのメリケン粉の
人形やきの言葉だ
ブッスーン
経水で呪文を書き杉林で
藁人形に釘をうちこむ
女の執念の山彦の
かすかな記憶の残りだ

祭礼の賑やかな情景の背後に、呪ひ狂ふ恐ろしげな女や、御霊の影がさす。が、西脇は、あくまで楽しげな様子で、過去の闇への坂を下つてゆく。その彼の耳には、紙の笛やゴム風船の音だけでなく、琵琶や三味線、また、ササラの音も聞えてゐたのではないか。
本殿から出てくると、正面の拝殿の舞台上の空間に、不意に電車が現はれた。上は黄色、下は真赤に塗り分けられた車体が、ぬつと占拠した。

と、思ふと、消えてゐた。そして、かすかに提灯が揺れ、狛犬が二匹、こちらに背を向けて黙然とうづくまつてゐる。

大物浦《だいもつのうら》——入水再び

高く築かれたコンクリートの堤防の間に、どろりと粘りつくやうな水面が広がつてゐる。その神崎川《かんざきがは》の上を通過した電車は、すぐまた同じやうな川にかかる。左門殿川《さもんどのかは》である。この二つの川は、阪神電車の鉄橋が架かってゐるところから二百メートル足らずの上流で、一つになつてゐる。そして、下流でも、河口近くで合流してゐる。水面の表情が変らないのも、当然だらう。ともに建ち並んだ工場の間を、潮の干満にしたがつて、ゆつたりと上下を繰り返してゐるのだ。コンクリートの壁のやうな堤防に守られて。

その堤防の壁の高さは、電車の窓から見える橋によつて知ることが出来る。歩道橋のやうに、両端は長い階段になつてゐるのだ。

阪神工業地帯の古くからの中心であるこの辺りは、地下水汲み上げによる地盤沈下が著しい。最近になつて聞かなくなつたが、以前は、ちよつとした雨でも水びたしになつたし、台風となれば高潮の被害が出た。

それに加へ、数年前までは煙害がひどかつた。晴天の日でもどんよりしてゐて、ときには棚引くものがあり、電車の中まで異臭が入り込んでくることも珍しくなかつた。

それが治水工事と公害対策の進展、産業構造の変化による重工業の後退によつて、様子が変つたのである。だから、空の青さが戻つて来たのを喜ぶとともに、さびしさを感じるひともあるらしい。しかし、よどんだ水ばかりは変りない。

この神崎川と左門殿川が上流で一つになつてゐるところの西岸に、平安末期、五条大納言藤原邦綱《くにつな》の別邸、寺江亭《じかうてい》があつた。

いまは碑が立つてゐるだけだが、そこから神崎川の流れにそつて南へ目を向ければ、芦原の向ふに河口が見え、海が青く光つてゐた。

邦綱がここに別邸を営んだのは、この風光もさることながら、交通の要衝だつたからである。平安京の造営のため、淀川の西岸江口を分岐点として神崎川が開鑿されてからは、この流れが京と西国を結ぶ幹線水路となつた。そして、多くの船舶が、別邸の前を絶えず上り下りしたのである。だから、いつでもその便を利用することが出来たし、監視の目を遠く地方まで光らせることも出来た。

それとともにこの別邸の近くには船の男たちを相手にする女たちが集まつた。神崎の遊女たちだが、歓楽を求めて京から下つてくる公卿たちも少なくなかつた。

現に後白河院は、この亭に神崎や江口の女たちを集めて、今様に狂つた。そして、平清盛が福原へ都を遷す際には、中継基地として存分に利用した。

早春のある日、わたしは阪神電車で神崎川、左門殿川を渡り、尼崎駅の一つ手前の、大物《だいもつ》駅で降りた。改札を出て、わづかな傾斜を見せてゐる広い道を下る。

両側には高い建物がないので、どこか捉へどころのない印象だ。パチンコ店の旗だけが賑やかさを振り撒いてゐる。

この印象もこの道が、やや台地状に張り出した背の上を行くためである。

と、左側に鳥居があり、そこからは意外に展望がきいた。

道は真直ぐ下つて行き、降り切つた少し先で阪神高速道路に突き当る。その向ふからは工場地帯で、埋立地のはずだが、遥か遠くまで続いてゐて、もやつた視界の中では、海が確認できない。ずいぶん遠くなつたものである。

が、明治以前は、この坂の下のすぐ先から海であつた。

いまは坂道を下りきつたところで、ちよつと反りをうつやうに高くなつて、先へ続いてゐる。そのところが、多分、大物橋の跡である。右手から流れて来た大物川が、その下をくぐり、左手で海へ流入してゐたのだが、神崎川などが流れ込むそのあたりは、格好の船泊となり、早くから町が形成されてゐた。また、橋の右手には、尼崎城があつた。いまは学校などが立ち並んでゐるだけだが、海に向つて迫り出して、築かれてゐたのだ。

鳥居をくぐる。玉垣を巡らし、境内は広い。しかし、不思議に大きな樹木がなく、落ち着きが悪い。このあたりは米軍機による爆撃で徹底的にやられたから、いまだに癒えてゐないのだらうか。

正面奥の社殿は、軒こそ唐破風に作つてあるが、コンクリート造だつた。

横に説明版があり、大物主神社とあつて、「おゝものぬし」とルビがふつてあつた。地名は「だいもつ」だが、祭神が大物主大神だからであらう。「大神の八世の御孫の後裔を、奈良の三輪《みわ》から勧請した」のがこの神社の始まりで、平治元年（一一五九）には平清盛が厳島神社参拝の折、市杵島姫命《つつきしまひめのみこと》（弁財天）を合祀したと書かれてゐる。

ただし、尼崎市役所編『尼崎志』（昭和六年刊）などによると、大物主神社と呼ぶやうになつたのは、明治七年（一八七四）からで、それまでは単に若宮、あるいは地名をとつて大物《だいもつ》若宮、または若宮八幡、若宮弁財天とも呼ばれ、神官ではなく僧が管理、海平寺《かいへいじ》とも号してゐたといふ。明治の神仏分離の際、大物といふ文字面の縁から、三輪から勧請したといふのが実態だらう。ただし、それで以前のこの社の歴史が消えたわけではあるまい。

説明板には、続けてかうも書かれてゐた、「義経主従も神社の隣に宿をとり、無事平安を祈つたといはれる」。

文治元年（一一八五）十一月、兄頼朝に追はれる身になつた義経は、京の堀川邸を襲つた土佐坊正尊を討ち取ると、西国を目指して京を後にして、この大物浦に手勢を集め、嵐の中を船出した。宿云々は、その折のことである。

少し離れたところに、山から運び込まれて間のないやうな石が、草も生へてゐない地面に雑然と積まれた横に、「義経、弁慶隠家跡」と説明があつた。

造成中といつたところだが、義経の宿云々の伝承は、かなり古くから行はれて来てゐる。戦国時代の頃の大物付近の地図を見ると、義経宿、弁慶宿の記載がある。それからずつと下つて江戸期の『摂津名所図会』には、「判官殿旅宿蹟、大物橋爪にあり。今に公役免除なり。武蔵坊弁慶借証文を此地の仁木氏今に於て伝来す」とある。宿代を払はず弁慶が借証文を書いたのだらうか。それを寛政の頃、公役免除の特権を与へられてゐた人が大事に持つてゐた、といふのである。

さうした話はともかく、謡曲『船弁慶』で知られる、義経と静御前の別れは、このあたりでのことであつたのだらう。

静を西国まで連れてゆくことは、大将として「似合はぬ」ことだと弁慶が説き、それを聞き入れた義経の意向を、別の宿にゐた静に弁慶が伝へると、静は、義経に逢ひに来る。そして、泣く泣くその言葉を受け入れると、別れにひとさし舞ふのである。

シテ　立ち舞ふべくもあらぬ身の、袖うち振るも恥かしや。

身を揉むばかりの悲しみと、白拍子といふ身分の卑しさを知つてゐる女の色香が、匂ひたつ。そして、

シテ　ただ頼め、しめじが原のさしも草

と、舞ひをさめると、涙にむせびながら、烏帽子と直垂を脱ぎ棄て、宿を出ていく義経を見送る。

長唄『船弁慶』でも三味線の音の冴えるところである。その長唄の詞は、謡曲の抜粋といつたもので、ほとんど変りがないが、能と違つた艶やかな嘆きがある。

鳥居から道に出て、坂を下る。

下りきると、わづかに反りを見せて高くなつたところの両側が植込になつてゐて、その右側に「大物橋跡」の碑があつた。この植込の先は、両側とも帯状に細長く伸び、公園になつてゐる。大物川を埋め立てた跡である。

尼崎城が築かれた時、大物川は堀の一角に取込まれ、そちらでも海に繋がり、川といふより掘割といつた性格のものになつたやうである。ただし、義経の時代、城はまだなく、左手へと流れてゐた。そちら側の公園に沿つた道を歩いた。かつての大物川の北岸に当たる。

公園は三十メートルほどの幅で、意外に長く続く。植込で囲み、中にはブランコやジャングルジム

などの遊具が、ところどころ据ゑられてゐる。このあたりは海抜ゼロメートル地帯だから、この土地の表が、本来の海面になるのかもしれない。幼稚園帰りらしいこども連れの若い母親たちが十人ほど集まつて、賑やかな空気を振りまいてゐる。

義経が必死の逃避行をおこなつた頃の面影は勿論、煤煙が低く垂れこめた重工業地帯の面影も、いまはない。そして、海の匂いもすつかり消えてゐる。

しかし、長く続く公園に沿つて行くと、その大物川北岸であつたはずの道に面して、白壁、あるいは板壁の大きな倉庫が幾棟か残つてゐる。半ば崩れかけたものもあれば、一部改造されて今なほ使はれてゐるものもある。

何艘もの船がこの岸に横着けされ、荷物の積み降ろしが行はれたのだ。今はその帆柱に代つて、プラタナスの裸の梢が列をつくつてゐる。

二階建の建物が、行く手を阻むやうに公園内に建つてゐた。前に回り込むと、この地区の公民館で、入口横に、「船着橋跡」と刻まれた黒御影石の碑が立つてゐた。

前は広い道で、ここに橋が架かつてゐたのだ。ただし、橋が架けられたのは後のことで、義経がやつて来た頃は、ここが大物川の河口だつたらう。この先には、大物浦と呼ばれる海域が広がつてゐたのだ。

今の暦でいへば、十二月、冷たい風が激しく吹きつのり、河口から流れ出る水と海水が揉みあひ、あたりを閉ざす闇のなかに、波頭が白々と挙がってゐた。その様子を見た義経は、船出を延ばさうとする。

が、弁慶は厳しく言ふ。

ワキ　……静に名残を御惜みあつた御逗留と存じ候。

さう言はれると、義経としては退くことが出来ない。激浪のなかへ引潮に乗つて一気に漕ぎ出させるのだ。

静の存在が、その無謀な行動へと押しやつたのである。あるいは弁慶に、義経のこころを奪ふ静に対する嫉妬があつたかもしれない。さうだとすれば、三人三様の感情の渦が、荒れる大物浦へと引き出したのだ。

公民館前の道を横断すると、公園は先へ続いてゐた。ただし、左側、山側へと少しずつ曲がつて行くとともに、幅を広げ、グラウンドほどの広さになつた。あちこちに球戯禁止の立札がある。

その先は、道路と工場の長い塀によつて断ち切られてゐた。

この辺りになると、間違ひなく大物浦の海上である。

風が変り、船は沖へ沖へと流された。恐れを覚えた従者が口走る。

ワキツレ　いかに武蔵殿、この御舟にあやかしが憑《つ》いて候。

弁慶は叱るが、ふと気が付くと、

ワキ　あらふしぎや海上を見れば、西国にて亡びし平家の一門、おのおの浮かび出でたるぞ。

幼い安徳天皇を中心にして、平家一門の公卿たちが武者を引き連れ雲霞のごとく、波の上に浮かんでゐたのだ。その中から長刀を振りかざした、烏帽子に束帯姿の男が進み出て来て、名乗る。

シテ　そもそもこれは、桓武天皇九代の後胤《こういん》、平の知盛《とももり》幽霊なり。

謡曲『船弁慶』の後場のシテは、この知盛である。知盛は、壇ノ浦の敗戦の恨みをはらさんと、形相もすさまじく、襲ひかかつて来る。

それに対して弁慶は、音高く数珠を揉みに揉んで、祈り伏せようとする。かうして身体いつぱいに威勢を漲らせた男二人が、舞台を激しく動き回る。

海は無理としても水を見たいと、不意に思ひ、塀に沿つて左へ、そして、右へ歩いた。塀の向ふが左門殿川ではないかと考へたのだが、塀は切れず、覗き見ることもできない。そして、水の気配はまつたくない。

さうして歩き回つてゐるうちに、高速道路に突き当つた。上からは走行音が暴力的に降つてくる。水を見る望みは棄て、方角も分らず歩いてゐると、右手の壁が切れ、奥に赤レンガの古風な二階建洋館があつた。「日本紡績発祥之地」と刻まれた石柱が立つてゐる。明治になつて日本の経済を支へたのが紡績だが、海を控へた一面の芦原だつたこのところに、明治二十二年（一八八九）に工場を建て、明治三十三年には事務所として建てられたのだ。現在はユニチカ記念館になつてゐるが、大物浦が大規模に埋め立てられる、切掛けになつたのではないか。

横道へ入り込み、西も東も分からなくなつて歩いてゐるうちに、先の公園に舞ひ戻つてしまつた。

わたしはプラタナス並木の下のベンチに腰を降ろした。

さうして一息ついてゐると、かつて堀割であつたところに自分がゐるのに思ひ当つた。この下には、義経たちが追ひ詰められて漕ぎ出して行つた水面があつたのだ。いや、この地面——ところどころ雑草を芽生えさせて広がつてゐるこの地面が、水面だつたのだ。もしもあの日、波があれほど激しくなく、この地面のやうにたひらかであつたなら、どうであらう。その水は、無二の若き英雄を、再起の道から引きずり落とし、破滅の淵へと叩き込んだのだ。無情の、黒々とした水であつた……。

なんとも言ひやうのない気持になるが、空は薄青く晴れて、プラタナスの裸の梢は頑なに沈黙してゐる。

『義経記《ぎけいき》』では、この大物浦が景気のよい勝ち戦の場として出てくる。平家の死霊による黒雲に襲はれるのは姫路の沖と、場所が変はり、それを弁慶が矢を射て、簡単に追ひ払ふのだが、その後、本物の嵐（心霊現象と自然現象を区別してゐる）が来て、芦屋沖まで吹き戻され、大物の沖からやつて来た鎌倉勢と戦ふのである。さうして散々に打ちのめし、意気揚々と住吉へ向ふ。この書は、一貫して義経を華々しく勝ち続けさせるのだ。悲劇性はきれいに拭ひ去られてゐる。

ところで「大物の浦に隠れなき渡海屋銀平《とかいやぎんぺい》」の営む船問屋は、どのあたりだらうと、ベンチから立ち上がつて見回した。

竹田出雲らの合作による浄瑠璃『義経千本桜《よしつねせんぼんざくら》』の渡海屋の段に出てくる店である。「人絶えなき」賑ひぶりを見せてゐたといふが　堀割跡の公園を挟んだ家並は、ひつそりと静まりかへつてゐる。そして、文楽や歌舞伎の舞台では、渡海屋ののれんがさがつた店の上手には、青々とした海がのぞいてゐるが、さうした風景はどこにもない。

しかし、渡海屋が在つたとすれば、この公園に面してでなくてはなるまい。白壁の倉庫が見えるが、そのあたりでもあらうか。

この渡海屋の段は、奇想に満ちてゐる。

初演は延享四年（一七四七）だから、おほよそその頃の、大物の船問屋の様子を写してゐると考へてよいのであらう。女房が、うたた寝から目覚めた幼いひとり娘のお安に、「風邪ひいてたもるなや」と心配りをし、「ささ、ならふた清書を。とつくりよく書イて。とゝ様のお目にかきや」と、習字をさせる。あくまで町家の様子である。

そこへ武士がやつて来て、北條家の家来だと名乗り、九州へ逃げ下るといふ義経を討つための船を出せ、と要求するのである。義経といふ名に、おやと思ふものの、続く場面は、気丈な内儀と、権勢を笠に着た旗本といつた体の武士とのやりとりである。女房は、先約の客があるからと断ると、武士は、そんな客は追ひ出してしまへ、と無理を言ひ、店の奥へ踏み込もうとする。そこへ亭主の渡海屋銀平が戻つて来て、どのやうなお人であつても、「此家に一夜でも宿致しますれば商《あきなひ》旦那様。座敷の中へふんごましては。どうも私がお客人へ立ちませぬ。どうぞ御了簡なされて、お帰りなされて下さりませ」と言ふ。町人倫理を押し立てて対応するのである。それでも武士が聞き入れやうとしないので、腕力でもつて追つ払ふ。

後に、これは仕組まれた芝居だと分かるのだが、なかなか痛快な場面である。観客の町人たちは拍手を惜しまなかつたに違ひない。その上、奉行所からお咎めがあれば、鎌倉時代のことであり、それも銀平が仕組んだ芝居といふ設定になつてゐると、二重に言ひ逃れをする用意がされてゐる。この工夫がまた、観客を喜ばせただらう。

武士たちが逃げ去ると、奥から義経が、駿河、亀井の二人の家来を従へて姿を現はす。江戸時代の町家のただなかに、五百年余も前の人物が、ごく当たり前の様子で、出現するのである。これは文楽や歌舞伎ではおなじみの手法だとはいへ、やはり驚かされるのに十分であらう。時間と空間の意識が、奇怪に捩れる。

しかし、奇想といふのは、これから先である。

義経一行が、銀平のはからひに感謝の言葉を残して出発したあと、白糸威《しろいとおどし》の鎧《よろひ》（歌舞伎では白の束帯）に身をかため、長刀を抱へた銀平が現はれるのである。そして、名乗りを上げる。

抑々《そもそも》是は桓武天皇九代の後胤。平の知盛幽霊なり。

謡曲『船弁慶』に出てくるのと同じ台詞である。ただし、先刻まで渡海屋銀平であつた町人が言ふのである。だから、幽霊だといふものの、じつはさうではなく、生身の男であり、渡海屋銀平とは世を忍ぶ仮の名、じつは、正真正銘の平知盛だといふことになろう。

その知盛が、習字帳を持つた幼い娘を上座に据ゑ、平伏するのだ。娘お安は、じつは安徳天皇だつたのである。また、女房は、じつは安徳天皇のお乳《ちち》の人、典侍《すけ》の局《つぼね》だつたのである。壇ノ浦でいづれも海に沈んだはずだが、それは世を欺き、この大物の地で時節を待たんがための計略であつた。そしていま、義経を討つ好機が到来した……。

その知盛が巡らした計略とは、この大物の浦の海上で、夜、吹き募る風雨を幸ひに、西海に滅びた平家一の怨霊と見せかけ、義経の船を襲ふといふものであつた。

ここに働いてゐるのは、恐るべき現世主義であらう。能は、時空を超えて、さまざまな人物、事件を亡霊とも夢幻ともして出現させるが、浄瑠璃なり歌舞伎となると、同じく時空を大胆に踏み破つてみせるものの、あくまで生身の人間による現世での出来事とするのである。義経が、江戸時代の大物の町家に現はれたのに驚かされるが、さらに海底に沈んだ安徳天皇や知盛を、生きた姿で出現させるのである。三途の川をずいぶん手軽に扱ふものである。

かういふことが行はれる舞台とは、どのやうな空間であらう。

ベンチを離れて、公園内をぶらぶらする。それから先程と反対の南側の道に出て、公園沿ひに大物橋の方へ戻る。先刻の対岸を歩くわけである。

来るときに見かけた園児たちと母親がまだゐて、笑ひさざめいてゐる。その一角ばかり時間が止まつてゐる、と思ふ。

幼いわが娘の前に白糸威の鎧で平伏した知盛は、いよいよ出陣とあつて、決死の思ひを面に現はす。その場面は、なんとも言へぬおかしみとペーソスがある。片やどこにでもゐさうな幼い町娘、片や厳めしく威儀を正した男は、同時に天皇と公卿、忠義を捧げられる者と捧げる者、そして仮とは言へ娘と父親であり、ともに江戸と鎌倉といふ掛け隔たつた時代の住人なのである。

幼い女の子が言ふ。

知盛、近かう。

この時、その幾つもの異質な層が鋭く衝突し、奇妙な倍音《ハーモニックス》を響かせる。そして、そのなかを、銀平にして知盛、かつまた、幽霊にして生身、生身にして幽霊の男が、その隔たつた在りやうの間を往復しつつ、うやうやしく膝行《しつこう》するのだ。

かうして、大物の浦の合戦の場面となるのだが、演出上工夫が凝らされてゐて、舞台では安徳天皇を中心とする女官たちが、海岸の館に居並び、背景の沖に見える提灯・松明の灯の点滅に一喜一憂するのだ。それが戦況の推移を示すので、提灯・松明がやがて消え果てることによつて、敗戦を知ることになる。

この演出は、黒澤明監督の映画『影武者』の、武田勝頼の率ゐる軍勢とそれを迎へ討つ織田信長勢の長篠の合戦の場面を思ひ出させる。そこで黒沢は、戦闘そのものよりも、その趨勢を見守る勝頼の本陣全体の、風の動きに微妙に反応する芦原のやうな様子を撮ることによつて、敗戦へと到る過程を表現したが、それと同じである。

敗戦が判明すると、女官たちは、つぎつぎと立ち上がつて、目の前の海へ身を投げる。典侍の局も心を決め、幼い安徳天皇に向つて言ひ聞かせるのだが、それに対して幼帝は言ふ。

「コレのふ乳母。覚悟〳〵といふて。いづくへ連て行のじやや」
「ヲヽそふ思召《おぼしめす》は理《ことは》り。コレよふお聞き遊ばせや。此日の本にはな。源氏の武士はびこりて恐ろしゐ国。此波の下にこそ。極楽浄土といふて結構な都がござります」

壇ノ浦の御座船の上で起つたことが、いままた、大物の海岸で繰り返されるのだ。『平家物語』からその場面を引くと、

「そもそも尼前《あまぜ》、われをばいづくへ具して行かんとはするぞ」と仰せければ、二位殿、幼《いとけな》き君に向ひ参らせ、涙をはらはらと流いて、「君は未だ知り召され候はずや。（中略）この国は粟散辺土《ぞくさんへんど》と申して、ものうき境にて候。あの波の下にこそ、極楽浄土とてめでたき都の候。そこへ具し参らせ候ふぞ」と……

典侍の局と二位禅尼《にいのぜんに》などわづかな違ひがみられるものの、大筋に変りない。この問答の後、幼帝は言はれるまま「美しき御手を合せ」、局とともに入水しようとする。二度目の入水の覚悟である。哀れさもひとしほといはなくてはなるまい。

ところがそこへ、義経が駆けつけ、引き止める。

壇ノ浦の船上では、知盛が駆けつけて幼帝を助け、策略を巡らせて逃がしたと、竹田出雲らは考へたのであらう。かういふ段取りにしなければ、ここに生身の帝を出すわけにはいかない。そして、その時の知盛に替つて、今度は義経が、といふわけである。

信号が変るのを待つて、大物橋の跡の道を横断、その先の公園の南側の道を歩く。すぐ先で鍵の手に左を折れるが、そこに碑があつて、尼崎城堀跡とあつた。この先には堀があり、その向ふには尼崎城があつたのだ。東大手橋が架かつてゐて、登城する武士たちの姿が見えたらう。

『義経千本桜』渡海屋の段の大詰は、これからである。

安徳天皇の在りかを求めて、手負ひの知盛がよろめきよろめき現はれる。そして、帝を抱き、局を引き付けて立つ義経を認めて、

「あら珍しや、いかに義経」

と、これまた謡曲で亡霊の知盛が口にしたと同じ言葉を吐くのだ。さうして、

「サアサア勝負」

と長刀を構へて詰め寄る。

しかし、義経は「少しもさはぎ給はず」、知盛の計略を見抜いてゐたことを明かすとともに、帝は自分が替はつて守護し奉ると約束するのである。が、知盛は、なほも激しく迫る。と、弁慶が進み出て、数珠をさらさらと押し揉んだと思ふと、数珠を投げ、知盛の首に掛ける。義経と知盛が前面に出てゐるこの段では、弁慶唯一の見せ場である。

知盛は、出家して生き長らへよとの謎だと悟つて、なほのこと怒りを発する。その知盛を、幼帝が取り成すのだ。と同時に、局が自分がゐては邪魔になると、喉を突いて死ぬ。さうして帝を義経に託す思ひを示す。

これにさすがの知盛も心砕け、安徳天皇がじつは姫君である秘密を明かすとともに、その供奉を義経にくれぐれも頼む。義経としては、供奉しても帝位回復の義務は負はなくてよいのだ。さうして、

「大物の沖にて判官に。怨《あだ》をなせしは知盛が怨霊なりと伝へよや」

かう言ひ棄てると、「碇《いかり》を取つて頭にかつぎ、さらばさらばも声計。渦巻波に飛入て、あへなく消えるのである。

歌舞伎では、舞台中央の巌の上に攀ぢ登り、碇のついた綱をわが身に巻き付け、それから碇を頭上高く持ち上げて海へ投ずる。そして、海中から強く引く綱をしばし持ち応へた上、もんどりを打つて巌の向ふ側へ消える。

烈しく荒れ狂つた知盛も、しよせん幽霊以上の存在になることが出来ず、いま再び幽界へ戻つて行つたのである。

『平家物語』での知盛最期の様子は、これと対照的である。いよいよ敗戦と知ると、舟を操つて御座船に駆けつけ、見苦しいことのないやうにと船内を自ら掃き清めたあと、

「見るべき程の事をば見つ」

かう言つて、鎧を二領身に着け、乳母子の武士とともに海に入るのだ。あくまで沈静冷静、その名のとほり、恐るべき知力の輝きをもつて、平家一門の滅亡ばかりか、天下の動静と人生なるものの行く末を見極めて、消えるのである。かうした彼こそ、「祇園精舎の鐘の声、諸行無常の響あり」と、語り出されたこの物語を締め括るのにふさはしい存在であらう。

鍵の手に左へ行くと、高速道路に突き当るので、真直ぐ城跡の方へ進む。

やがて左側に中学校があり、その向ひが三の丸公園で、先に高校があつた。平地なので判らないが、尼崎城（注）の中心だつたところである。

さらに歩いていくと、城の西側の堀で、いまは庄下川と呼ばれてゐる水路に出た。大物駅を出て、初めて見る水だつた。

潮が満ちて来てゐるのか、その淀んだ水は、足元近くまで上がつて来てゐる。そして、そこに架かつた、コンクリートながら全体に反りを見せた古風な橋の、橋桁を濡らしてゐる。

その橋、開明橋を渡る。

と、民家の立ち並ぶ向ふ側は、一段と低くなつてゐて、さほど厚くもないコンクリートの壁状の堤防一つで、水が堰き止められてゐるのが見てとれた。わたしは、そちら側へ、水面の下へでも入り込んでゆくやうな気持で、降りていつた。

注　尼崎城は平成三十年、城跡より少し西寄りに再建され、ここに記されたのと状況が変はつてゐる。

橋《はし》姫《ひめ》――失はれた物語

京阪電鉄の宇治駅の改札口を出ると、右手すぐに宇治橋が見えた。薄曇りの空の下、擬宝珠が一列、鈍く光つて連なってゐるが、観光バスがその間を次々と進んで行く。

その通りを隔てた橋の袂には、昔ながらの瓦葺の大きな構への店がある。軒の上、屋根の妻入に「御茶屋」と白く書かれた小ぶりの古びた看板が挙がつてゐて、軒下には日除けを兼ねて「お茶の通ゑん」と染めぬかれた紺色の幕が下がつてゐる。

車の流れが切れるのを待つて、横断歩道を渡り、橋へと行きかけたが、店の橋寄り側に「お茶のみ処」と、これは小さく、やはり紺に染め抜かれた幕が下がつてゐるのが目に入つた。

引戸を開けると、店の一角を仕切つて、席が設けられてをり、中年の婦人が二人、抹茶茶碗を両手で抱くやうにして、座つてゐた。品書には薄茶か煎茶に宇治だんごと記されてゐるだけである。飲料水でもと思つてゐたのだが、薄茶を頼んだ。

席の横に宇治の観光パンフレットを置いたブックスタンドがあつた。そのなかに『橋守八百年』と題した本があつたので、手にとつてパラパラ捲つてみる。

著者の通円良三はこの店の主人であつた。八百年前から代々、宇治橋の橋守を勤め、二十二代になるといふ。祖先には一休に参禅した人や足利義政の同朋衆茶坊主、豊臣秀吉が伏見城にゐた折りに毎朝宇治川から水を汲んで差し出すのを仕事とした人がをり、江戸時代には幕府から優遇され、橋の架け替へのたびに住居も改築され、現在の店は寛文十二年（一六七二）のものであるといふ。

同書には文久三年（一八六三）刊『宇治川両岸一覧』の「宇治橋東詰通円茶屋」の図が出てゐるが、なるほど、さきほど改札口を出たところで眺めた様子とほとんど変らない。橋側の店の前には、いまもちやんと藤棚がある、季節ではないので花をつけてゐないが。

化粧気のない女の子が、薄茶と中指の先ほどのだんごを串刺しにしたのを、二本載せた皿を運んで来た。

とりあへずだんごを口にいれる。淡い甘さと抹茶の味がする。餅の粘りが野趣を感じさせるが、なにしろ小さいので、すぐに舌の上から消える。思はず次を口に含む。

この宇治橋の橋守については、早く『日本書紀』に出てゐる。天武元年（六七二）五月、すなはち壬申《じんしん》の乱の直前に、次の記載がある。「近江京より、倭（大和）京に至るまでに、処処に候置《うかみ》けり。亦菟道《うぢ》の橋守者に命《おほ》せて、皇大弟の宮（大海皇子）の舎人《とねり》の、私粮運ぶ事を遮《た》へしむ」。都が大和から近江へ移つて、この宇治が一段と交通の要衝となるとともに、壬申の乱に際しては戦略上の拠点となつたのだ。橋守は維持管理だけでなく、防衛上の任務も負つた。そして、この戦乱で敗者側となつたから、その者は地位を奪はれたのではないか。

かうした現実とは係りなく、橋守は早くから歌に詠まれて来た。

ちはやぶる宇治の橋守汝《なれ》をしぞあはれとは思ふ年のへぬれば　よみ人しらず（古今集）

少し下ると、

年経たる宇治の橋守言問はむ幾代になりぬ水のみなかみ　　藤原清輔

古への宇治の橋守身をつまば年経る恋をあはれとも見よ　　寂　連

これらの歌からも察せられるやうに、橋守は、「年経たる」ものとして捉へられ、老年の感慨が託されてゐる。『日本書紀』に見られる政治上、戦略上の拠点を抑へてゐるといふ役割の猛々しさは、影だにない。

同じく「年経たる」ものとして難波の長柄橋がよく挙げられるが、そちらは大和から山陽道へ通ずる要衝であり、最も古く架けられた橋の一つであるが、しばしば流失した。だから「年経たる」とは、橋がいつまでも無事に保持されることを祈念する意味合ひがあつたと考へられよう。そこから「年経たる」橋守なる存在が生み出されたのではなからうか。

薄茶を飲みをへ、ひと息ついてから、勘定台へ行くと、奥に痩せた六十歳代の眼鏡を掛け、ワイシャツ姿の男がゐた。さつきの本の裏に出てゐた小さな写真から察するに、その人が二十二代通円その人らしい。商人とか茶人といった感じはなく、生真面目な人柄のやうに見うけられた。

ちはやぶる宇治の橋守言問はむ幾代すむべき水の流れぞ　　藤原俊成

『橋守八百年』にも引かれてゐる歌だが、かう問ひかけてみたくもなる。しかし、その問ひかけは、水の流れへ、長の年月、変ることなく流れ続ける流れへと向けられる。そして、「すむ」が、「住む」と「澄む」の掛詞であることによつて、この世に生き続けてゐる己が在りやう、清くすむことのないこの世の在りやうへと向ひもする。

店を出て、橋とは逆に、宇治川添ひの道を上流へ向け、歩く。

五十メートルほども行くと、山手左側に橋寺放生院《はしでらほうじやうゐん》の山門があつた。「地蔵菩薩」と赤地に白く染め抜いた幡が二流出てゐる。

山門からすぐ急な石段である。二十三段と数へて登りつめると、平地になるが、左手が藁葺の茶室で、正面は民家とも見える二階家で、右手奥に等身の地蔵石像があり、門前にあつたと同じ幡が風に揺れてゐた。人影はない。

振り向くと、山門の屋根と、川沿ひの民家の屋根越しに、鈍い光をたたへた宇治川が横たはつてゐた。前日の雨のせゐか水量は豊かで、流れは速い。絶えずよぢれながら走つて行く細かな横皺に、水面は厳めしく鎧はれてゐる。が、右手の宇治橋の橋脚のところで波立ち、飛沫を挙げてゐる。

向ふ岸には旅館らしい建物や小規模のビルなどが見えるが、わづか上流に位置する平等院は、手前の繁みに遮られて見えない。

瀬の音がしてゐるのに気づいた。

……水の音なひ、なつかしからず、宇治橋の、いと物ふりて、見えわたさるゝなど、霧晴れゆけば、いとど荒ましき岸のわたり……

『源氏物語』の「総角《あげまき》」の巻で、匂宮が中姫と夜を明かし、妻戸を押し開けて眺めやる場面である。もつともここより少し川上の、宇治神社あたりが想定されてゐるやうだが、さほど風景は変らないだらう。

足許の敷石に導かれて左へ、茶室の側を曲つて進むと、まだ真新しい建物があつた。玄関は板敷で、障子が閉てられゐる。その左の縁に小さな賽銭箱が置かれ、座敷を隔てた奥に仏像が据ゑられてゐた。その賽銭箱の前に立ち、振り返るやうにすると、茶室の裏の位置に、石碑があるのに気づいた。宇治橋断碑であつた。

自然石を組んだ上に据ゑられてゐて、私の背丈ほどの高さである。幅も肩幅ほどだが、胸のあたりが少し張つてゐる、そのところにやや斜めに線が走つてゐる。その上の石面が少々荒れて白つぽい。寛政三年（一七九一）にこの寺の近くで見つかつた部分である。下は『帝王編年記』所収の宇治橋造橋銘によつて復元された。

この碑文と、『帝王編年記』にはこの前文も記されてゐるので、それにより文化二年（六四六）に元興寺の二人の僧、道登と道昭が、天皇の命を奉じて架橋したことが分かる。これがここに橋が渡された最初であり、わが国の最初と言つてもよい本格的な工事であつた。

その碑文だが、「浼々《べんべん》たる横流　その疾きこと箭《や》の如し」と書き出され、「重深《じゅうしん》に赴かんとすれば人馬命を失ふ」有様で、舟で渡ることも出来なかつた。そこで二人の僧が、「微善」によつて、「人畜を済度《さいど》」をする「大願を発し」、架橋工事に取り組んだとある。六朝風《りくてうふう》の書体で、彫りは浅いが、硬く厳しいながらもゆつたりした繊細さとでもいつたものを感じさせる。

碑の背後には百日紅《さるすべり》の古木がある。空洞を抱へた裸の幹から、ところどころ枝が細く出てゐて、碑に半ば被さるかたちになつてゐる。夏には淡黄色に染まるのだらう。

石段の上に戻つて、再び川面を眺めたが、「洸々たる横流」の字句は、やがてここで繰り広げられた源平や南北朝の武士たちの死闘のために、五百年も七百年も前から用意されてゐたのではないかと思はれる。

そして、宇治橋を三分の二ほど向ふへ渡つたところに、小さな舞台のやうに張り出したところが見えるが、豊臣秀吉の茶の湯のため水を汲んだところと言はれるとともに、橋の守神として橋姫を祀つたところとも伝へられてゐる。

柳田国男になどに依ると、橋守と橋姫は、橋といふ境界を守る男女一対の塞《さへ》の神である。先に引いた古今集のよみ人しらずの歌、「ちはやぶる宇治の橋守……」が、「橋姫」になつてゐる本もあるとのことである。そして、江戸時代は、宇治橋の東詰のこちら側に橋守の家屋、西詰の向ふ側には橋姫の社があつたらしい。

その橋姫だが、歌や物語を初め、能や浄瑠璃に登場、わが国の文芸のヒロインの一人ともなつたのである。

その登場を告げる最初となると、やはり次の歌だらう。

さむしろに衣片敷《ころもかたし》き今宵もや我を待つらむ宇治の橋姫　　よみ人しらず（古今集）

以後、歌であれ物語であれ、この歌に係りなく橋姫に言及することは、まづない。その意味で橋姫の性格を半ば決める役割を果したといつてもよからう。

しかし、それにも拘らず、橋姫なるものの正体は一向に判然としない。宇治川の名物の川霧に紛れたやうな具合である。いや、単に判然としないのではなく、さまざまな、ときには鋭く相反する在りやうをもつて、われわれを晦《くら》ます。

ある時は橋を守る健気な女神であり、ある時は橋の下に住む遊行婦、宇治に隠し住まはせてゐる男の訪れをひたすら待つ可憐な女、さうかと思ふと嫉妬に狂つて悪鬼と化す女、といつた具合である。そして、年齢もさだまらない。

かういふ女であるがゆゑ興味をそそられもするのだが、いまの歌に関して藤原清輔《きよすけ》が歌学書『奥義抄《あうぎせう》』で、「橋姫の物語と云ふもの」について記してゐる。それが「橋姫の物語」についての最も古い文献であるらしい。「よのふる物がたりなればくはしくかゝず」と断つたうへで、その要旨を述べてゐる。まずそれを紹介すれば、

――昔々妻を二人持つた男がゐた。そのうちの古くからの妻「もとのめ」が懐妊、悪阻《つはり》になつて七色の和布《わかめ》を欲しがつた。そこで男が和布を求めて海へ出たところ、龍王に捕はれてしまつた。その妻は悲しみ夫を尋ね歩き、浜の庵に宿ると、その夜、「さむしろに衣片敷……」と歌を口ずさみながら、海から現はれ、一夜をともに過ごしたものの、夜が明けると消えうせた。「もとのめ」は泣く泣く帰つて行つたが、そのことを知つた「今のめのこ」が、同じやうに浜の庵へ行き、待つてゐると、同じやうに例の歌を口ずさみ、海から現はれた。しかし、かの女は、夫が「もとのめ」ばかりを思ひ、自分の事は思ひ棄ててゐると思ひ、嫉妬に駆られ責めたところ、男も庵も「雪などきゆるごとく」失せ、以来、「もとのめ」の前にも現はれないやうになつた……。

以上の要旨に従へば、橋姫は女神どころか、妊娠した磯臭い人妻である。これにはいささかがつか

りする向きもあるだらう。そこから物語の原初形態は、宇治の漁業者なり水上交通に携はる人々の間から生まれたものだらうとする意見が出されることになつた。なにしろ昭和の中頃までは宇治から少し下れば巨椋池《おぐらいけ》が広がつてゐたのである。水深は浅く、季節によつて広くもなれば狭くもなつたが、山城盆地の南部一帯に広がつてゐて、長年の干拓の結果、姿を消してしまったが、この存在を忘れてはならないだらう。

ただし、橋姫伝説は、宇治だけに限るわけでなく、広く分布してゐる。ただし、宇治が要衝の地で、本格的架橋が早期に行はれ、かつ、都に近く、貴族の別業の地で、実際に世から隠して置きたい女を住まはせるやうなことが盛んに行はれたのだ。

その隠れ住まはせるのに最も好ましいのは、男の訪れをひたすら待ち、ひつそりと暮らす女であらう。まさしく「さむしろに衣片敷今宵も待つ」女である。さういふ女は、男の勝手な行動に対しても限りなく寛容で、優しい。そして、男が死んでも、なほ待ち続ける。待つことの極限に身を置く。その点でも男のこころに深く沁みる存在なのだが、そのやうな在り方ゆゑに、しばしば悲運の淵へと身を沈めていくことになる。それとともに、逆に「今のめのこ」となつて嫉妬に狂ひ、恐ろしい形相をもつて迫つてくることもある……。

川面を改めて眺め渡してから、ゆつくり石段を降り、宇治橋へ戻つた。

清輔の後、上覚《じやうがく》、顕昭《けんせう》らも言及、藤原俊成《しゆんぜい》の息、定家も『顯注密勘抄』で触れてゐるが、別に取り立てて採り上げなくてはならないやうなことは言つていない。が、その最後に興味深い一節を書き付けてゐる。

先人幼稚之時、橋姫といひし物語をめのとのよみきかせしかば、あはれとおぼえて落涙、成人の後見ばやと思に、其物語不尋得《たずねえず》。

先人とは、言ふまでもなく父の俊成である。幼い折、乳母に橋姫の物語を読み聞かせてもらひ、深くこころを動かされ、涙を流し、成人したならその物語を読まうと考へ、実際に後、捜し求めたのだが、遂に尋ね出すことができなかつた、といふのである。その悔しさを老年に至るまで持ち続け、子の定家に語つたのだ。俊成のこの物語への執念と、受けた感銘の深さが思ひやられる。

さきに紹介した梗概を書いた清輔は、俊成より十歳上だから、成人した俊成がその物語を捜し求め始めた頃に、当の歌学書を書き進めてゐたのではないか。ただし、当の彼にしても、その物語を傍らに置いてゐたわけではなく、記憶を手繰り寄せながら書いてゐる気配である。いづれにしても永久二年（一一一四）生まれの俊成がまだ幼いうちに、この物語は失はれたと考へなくてはならないのであらう。

この失はれた物語であることが、橋姫の物語を特徴づける重要な点かもしれない。われわれは清輔のいささか不得要領な梗概を頼りに、あれこれと思ひ惑ふのだ。

そして、幼い俊成のこころを強く揺さぶつた点に、探索の一筋の糸が見出せさうに思はれる。それは妻の願ひにませて海へ赴いた夫が失はれ、悲しんだ妻が求めると、海から一時訪れて来はするが帰つていく。そして、その訪れさえも絶たれてしまう……。この深い喪失感が、幼い心に深刻な影を投げかけたのであらう。

この俊成は、十歳のときに父俊忠を失つてゐる。幻として現はれるばかりで、やがて現はれなくなる夫とは、少年俊成にとつては父親であつたらう。さうしてこの喪失の思ひは、末世意識の深まる時代相のなかで、一段と深まりをみせてゆき、その歌の基調を形成する重要な要素となつたと考へても、さほど見当外れではなからう。

身を寄せん方こそ無けれ宇治河の網代《あじろ》を見てや日を送らまし
憂き夢は名残までこそ悲しけれ此世の後も猶や嘆かん

身を寄せるべき父はなく、その姿を夢に見ると、なほさら嘆きは深まる——と、これらの歌を読み変へてみることもできよう。

ただし、俊成の歌集『長秋詠藻《ちょうしゆうえいさう》』には橋姫を詠んだ歌は見当たらない。どうしてなのであらう。あまりに烈しい喪失の思ひにおいて橋姫を知つたためであらうか。俊成は、言葉の持つイメージ、歴史を尊重し、枠を外れて激情を扱ふのを避けた人のやうである。そして、橋姫を扱ふのを息子に委ねた……。それが定家が書き留めた文章の意味でもあつたのではないか。

また、橋姫の物語が『源氏物語』よりも先に成立したかどうか、そのあたりのことはまつたくわからないが、少なくとも宇治十帖との関連は考へてみたくなる。周知のとほり宇治十帖は「橋姫」の巻から始まるのである。そして、その女主人公のひとり、浮舟《うきふね》が入水《じゆすい》、心ならずも助けられてひそかに生きながらへるものの、薫らに知られると、髪をおろして出家する。それはそのまま、橋姫の物語の夫——この点は異なるが——の身の上に見られることではないか。一旦は水死し、妻の前にはかなげな姿を見せるものの、再び、雪のやうに消え失せるのだ。

このやうに紫式部も、俊成と同様のところに身を置いてゐたのは確かである。いや、順序から言つて、俊成がいま述べたやうなところへ行つたのには、『源氏物語』の影響だつたかもしれない。

通円茶屋のところまで戻り、その角を曲り、宇治橋にかかる。

昭和九年（一九三四）に流失、十一年に架けなおされた、幅八メートル、長さ百六十一メートルのコンクリートの橋である。道登・道昭が初めて架けて以来、じつに千二百九十年後のものだ。その間、幾度架け替へられたらう。大水に押し流されたことも、源平や南北朝の戦乱のなか、破壊されたり焼かれたこともあつた。

川上側を採る。欄干は鉄製の筒でところどころ錆が出てゐる。歩きながら叩くと、金属的な音が微かにする。擬宝珠は真鍮製らしく、鏨で刻んだらしい年月が読める。昭和二十六年四月、宇治市とある。戦時中に剥ぎ取られ、この年になつて復旧されたのであらう。

欄干の外に目をやると、川幅いつぱいに流れる水が、一瞬、圧倒的な力をもつて迫つて来た。そして、私のゐる場所を忘れさせ、万象を呑み込んで流れる流れの上に、頼りなげに浮かび漂つてゐるやうな、奇妙な感覚に囚はれる。

千三百四十年前、自分の名を石にきざませた道登と道昭にしても、橋上でこの思ひを覚えたのではないか。

そして、碑断片を見つけた寛政期の人たちも、この思ひを味はつたから、碑を復元したのかもしれない。

さう思ふとともに、室町時代、失はれた橋姫の物語を復元した人がゐたことに思ひ至つた。国立博物館蔵『橋姫の物語』がさうである。

「中将なりける人」が、都を避けて浪速《なには》に住んでゐたが、二人の女房を持つてゐた。心深い方を「宇治の橋姫」といつたが、その女が悪阻《つわり》で苦しみ、七色の和布《わかめ》を望んだ。七色の和布がこの世にないと知りながら、中将は海へ漕ぎ出し、思案にあまつて笛を吹き、青海波を奏すると、海が荒れだし、そのまま中将は帰つて来なかつた。橋姫は三年間むなしく待つた末、夫を求めて海辺を彷徨つた。さうして塩屋のやうな家に宿り、その屋の老女に夫の事を話すと、中将は龍王の婿になつてゐると教へ、今夜もこへやつて来るので、その姿をこつそり見せてあげようと言つた。ただし、この火に掛けてある鍋の中を、私が留守してゐる間も見てはならない、と言って出て行つた。その言はれたことを守ると、帰つて来た老女が「こゝよりのぞかせ給へ」と言ふ。覗くと、欠鼻、手長、足長といつた化け物に守られて、中将がやつて来て、盃を手にしたが、思ひ沈んだ様子で、「さむしろに衣かたしき今宵もや……」と口ずさむ。妻橋姫への思ひを示したのだ。さうして帰つて行つた。彼女は悲しみを新たにしたが、よそながら姿を見ることができたのを喜び、このことをもう一人の妻に話してしまつた。それを聞いた女は、海辺の家に老女を訪ね、禁じられた鍋の中も見れば、中将がやつて来て、かの歌を口ずさむと、嫉妬に駆られて跳びだした。その瞬間、夢が覚めたやうにすべてが消え失せ、以降、橋姫が海辺を訪ねても、夫の姿を見ることが出来なかつた……。

この物語の復元版では、絵に詞が書き込まれてゐる。私は絵のない活字本しか見てゐないのだが、絵の詞も活字化されてゐる。「しくしく」「さめざめ」といつた具合で、この物語の基調がどのやうなものであるか、端的に語つてゐると見てよからう。最後のところを引用すると、

たれゆへに、そこのみづくと、なりにけむ、猶もこふらし、宇治のはし姫

南無阿弥陀仏　さもうらめしく、くちおし、南無阿弥陀仏々々

誰ゆゑに中将は水の藻屑となつたのか。言ふまでもなく宇治の橋姫自身のためであつた。それほどまでに愛情深い夫であつただけに、なほさら夫を恋ひ慕はずにをれないのだが、慕はしく思へば思ふほど、自分自身が恨めしくなる。その決して晴れることのない苦患に身を揉む彼女としては、ひたすら念仏を称へるよりほかない……、さういふ状態を表現してゐるのであらう。

『奥義抄』の梗概とはかなり変つてゐると言はなくてはなるまい。

橋の三分の二ほど行き過ぎ、バルコニーのやうに出張つたところに立つた。幅が一間、奥行半間で、三の間とも呼ばれてゐる。欄干が両端で交差、それぞれの先を緩やかに跳ね上げてゐる。目の前、流れのなかに在るのが橘島《たちばなじま》である。こちら側の先端は小島ケ崎と呼ばれてゐるが、そこに小さく見えるのが宇治川の先陣の碑である。その向ふが塔の島で、松林の中に十三重の石塔が立つてゐる。この二つ連なつた島の左側が本流である。一面に川波を立て、盛り上がるやうに流れ下つて来るのだが、私の立つ三の間の真下あたりを目指してゐるかのやうである。

島を隔てた右側の流れは、本流の三分の一の幅で、手前に堰があるため、ひどく穏やかである。川面にはほとんど皺がなく、ゆつたりと移動して来て、堰に至つてもあくまで穏やかである。

その岸に近い木立の間に見える甍は、平等院のものであらう。

古の、恋しかるべき橋の、小島が崎を見渡せば（中略）畏《かしこ》き世々にありながら、なほ身を宇治と思はめや。

謡曲『浮舟』の一節である。宇治が憂しに掛けられてゐるが、百人一首で親しまれてゐる喜撰法師の「わがいほは都のたつみしかぞすむ世をうぢ山と人はいふなり」に拠るのは、周知とほりである。この歌が、宇治の文学風土を性格づけるのに決定的役割を来てゐるのだ。宇治十帖の「橋姫」の初めでも、浮舟がこういふ歌を詠んでゐる、「里の名をわが身を知れば山城のうぢのわたりぞいと住みうき」。

それとともに、ここまで繰り返し言及して来た「さむしろに衣かた敷き……」が、やはり「憂し」を強く響かせてだが、本歌としてさかんに詠まれるやうになつた。殊のほか好んだのが新古今集の歌人たちであつた。慈円、良経、家隆、雅経、如願、俊成卿女らが競ふやうに詠み、定家もさうであつたが、その一首でもつて、天才ぶりを遺憾なく結晶させたと言つてよからう。父俊成の思ひを受け継いで、建久元年（一一九〇）秋、二十九歳のことである。

さむしろや待つ夜の秋の風ふけて月を片敷く宇治の橋姫

本歌に「さむしろに」とあるところを、「さむしろや」と詠嘆を込めて強く言ひ切つてゐる。それとともに、ここでは「寒し」と「白」の二語が打ち出される。秋の月の夜、ひとり男を待つ身に相応しい二語である。続けて、「待つ夜の秋の」と小刻みに迫つたリズムを刻み、「風ふけて」と、当時、鴨長明を驚かせた、思ひ切つた表現がおこなはれる。ここにおいて待つ思いひとともに、夜が、秋が空しく「ふけ」、男に飽きられたのではないかといふ辛い思ひが「ふけ」る、すなはち、深まるのである。そこへさらに大胆な表現がくる。「衣を片敷く」のではなく、「月を片敷く」のである。かうかうたる月光の下、冷え冷えと真白に輝き、霜とも見紛ふばかりの衣の片袖を敷いて、ひとり憂き思ひに囚はれ、横たはつてゐる宇治の橋姫なる女人の姿が浮かんで来る。その女は、もはや地上の存在ではなく、秋の月の光のなかに浮かんでゐて、待つことを永遠に宿命づけられた、限りなく美しい女である。それも恋しつづけながら、恋の成就からは絶対的に拒まれた、月の冷ややかな青白い光の下にだけ姿を現はす、呪はれた女である。

是は此の宇治川に年を経る、橋姫の聖霊なり。我かりそめに世にならつて、色好みの名を呼ばれ、人に恋せし身なれども、今は世になき名を流す、瀬々の網代に顕はれて、あら人恋しや懐かしや。

近世になつてからの作とも言はれる謡曲『宇治橋』からだが、かういふ詞が、定家のあの歌以降、やすやすと出て来るのだ。さうして橋姫は、物語の本当の主人公となつたのではないか。これまでは男に思ひやられる控え目な存在であつたが、いまや正面切つて登場してくる。さうして夜な夜な、「舞ひかなで」る。

橋姫の登場する謡曲は多い。活字として比較的容易に読めるものとして、いま挙げたもののほかに、『橋姫』『はしひめ』『鬼橋姫』『住吉橋姫』といつた題のものがある。いづれも廃曲となつてゐるので、詞章に定まらないところがあるが、『宇治橋』のやうに精霊、悪霊として出現するだけのものと、『橋姫』以下三曲のやうに、嫉妬にとりつかれた女が、呪詛のあげく悪鬼に変じるもの、『住吉橋姫』のやうに男神と女神が仲睦まじい様子を見せるものと、三種ある。橋姫の性格付けが不安定なことが、こんなことからも知れよう。

しかし、やはり目につくのは、禍々しい橋姫を前面に押し出したものである。ひたすら待ちつづける可憐な女が、どうしてかうした女に変貌するのか、殊に男の想像を絶するが、待つといふこと自体が、限度を超えると、恐るべき変化を引き起こすのであらう。それとともに、ここには定家の歌が、何程か影響してゐさうである。この世を突き抜けた不吉な空間に、橋姫を置いてしまつたのである。そして彼自身、恋の妄執に囚はれたと、謡曲『定家』ではされてしまつた。

勿論、それだけが理由ではない。この三の間に祀られてゐたといふ橋姫神社の祭神は、瀬織津比咩《せおりつひめ》の神《かみ》である。伊弉諾尊《いざなぎのみこと》が黄泉《よみ》から帰り、瀬に降りて禊をしたときに生れた、祓所神《はらひどころ》四柱の一つで、この世の中の罪穢を清め、凶事を除き去る力を持つ、禍津日神を別称とする恐ろしい神である。宇治川の上流、桜谷に鎮座してゐたのを、道登らが宇治橋を架けるに際して、鎮護のため橋上に祀つたと橋姫神社の社伝はいふ。そして、別のところに移された祠には、右手に剣、左手に蛇を掴み、緋の袴をつけただけの半裸の鬼女の姿の像が安置されてゐる、と聞く。

このやうな姿の神が現はれてくるのには、この流れの猛々しさが作用してゐよう。恐ろしい力を漲らせ、波立ち、三の間の真下あたりを目指して流れ下つて来る膨大な水量は、一切を清めるにとどまらず、押し流し破壊する禍々しい圧倒的な力を感じさせる。現にこのところで壬申の乱以降、多くの政治的、軍事的野望が、呑み込まれて来てゐるのだ。

特別な力がこの流れにはあると信じられて来たのも、自然なことであらう。例へば『平家物語剣巻』には、嵯峨天皇の頃の事として、公卿の娘の話が記されてゐる。嫉妬に狂つたあげく、貴船社に祈願して、「人なき処にたて籠りて、長なる髪をば五つの角《つの》に造り」「顔には朱を指し、身には丹を塗り、鉄輪《かなわ》を戴きて、（その鉄輪の）三つの足には松を燃し、続松《たいまつ》を拵《こしら》へて、両方に火をつけ、口にくはへつゝ」人々を驚かせ、夜更けの大路を南へと走る。そして、「宇治の川瀬に行きて、三七日漬りければ、貴船社の許にて、生きながら鬼となりぬ。宇治の橋姫とは是なるべし」。

このやうな姿は、今日も謡曲『鉄輪《かなわ》』の舞台に見ることが出来るが、本性を現はした後シテがつける面が「橋姫」と呼ばれてゐる。能の曲『橋姫』そのものは滅びたが、面ばかりは生きながらへてゐるのである。朱はさしてゐないが、眉根を鋭く寄せ、目を大きく見開き、蛭の輪のやうな唇から歯をあらはし、乱れた髪で縁取られ、怨恨を剥き出しにしてゐる。

もつとも橋の上で美女に出会つたところ、じつは鬼であつたといふ話は古くからある。『今昔物語』巻二十七の「近江国安義《あぎ》の橋の鬼、人を食ひし語」がその典型の一つだらう。橋の半ばに「薄色の衣のなよよかなるに、濃き単《ひとへ》、紅の袴長やかにて、口覆《くちおほひ》して、わりなく心苦しげなるまみして……うち眺めたる気色もあはれげ」な女が、橋の高欄に寄りかかつてゐたが、一瞬の後には変身して襲ひかかつてくる。その姿は、「面は朱の色にて、円座《わらふだ》の如く広くして、目一つあり。丈は九尺ばかりにて、手の指三つあり。爪は五寸ばかりにて刀のやうなり」。

もう一篇、柳田国男も引用してゐる「美濃国の紀遠助、女の霊にあひて遂に死にし語」を紹介しておくと、瀬田の橋で「裾取りたる」女に呼び止められ、美濃のある橋の袂まで小箱を届けるやう頼まれる。男がそれを家へ持ち帰ると、女房が女に与へるのだらうと疑つたので、箱を開けると「人の目をくじりてあまた入れたり。又男のまらを毛少しつけつゝ多く切り入れ」てあつた。驚いた男は、その箱をもとどほりにして届けたが、程なくして死んだ。

多くの男の目と性器が詰まつてゐたとは、嫉妬する鬼女の持物にふさはしいのではないか。なかでも目は、美しい女の姿を求めて、どこまでも彷徨ふのだ。

宇治の橋姫が鬼に変身するのには、このやうな伝承も影響してゐよう。さうしてひたすら男の訪れを待ちつづける女とまつたく対極的な、恐ろしい女に、橋姫はなりおほせたのであらう。復元された『橋姫物語』の、橋姫に嫉妬したほうが、橋姫になりおほせたと言つてよいかもしれない。

多分、ここまで見て来たさまざまな女のいずれもが、橋姫なのである。橋を守る女神も、悪阻に苦しむ人妻も、ひたすら待ちつづける浮舟のやうな悲劇的な女も、月の光に凍つたやうな美女も、嫉妬に狂ひ鬼女となる女も。

さうしてその橋姫たちが口々に、「あら人恋しや懐かしや」と言ひながら、この宇治橋の上にひしめいてゐるのではないか。

橋を西へ渡り切ると、信号に従ひ、反対側へ移つた。かつてこちら側に橋姫神社があつたのである。『宇治川両岸一覧』では絵に描かれてゐるし、近松の浄瑠璃『蝉丸』の舞台にもなつてゐる。ただし、それらしい痕跡は、今どこにもない。明治三年（一八七〇）に洪水のため流され、そのまとなつたのだ。

浄瑠璃『蝉丸』には、「この社は嫉妬を守る橋姫」の文言が出て来る。第四皇子として蝉丸が宮中にあつた折りこと、夫婦の交りをしてもらへぬ北の方と蝉丸に片思ひする女が、ここの社に丑の刻参りをして、蝉丸が恋する直姫を呪ひ殺さうとする。そのところを蝉丸の乳母に見られ、呪詛を破られると、北の方は「人に知られて此の大願、空しかるとも一念は死して報を知らせん」と、渦巻く宇治川に飛び込み、死んだと思ふと、その遺骸はむつくと起きあがり、たちまち蛇身となつて、「鱗を振ひ焔を降らし、波を蹴立てて巻き上がり、鳥居の笠木をくるくるくるり、くるりと引ン纏ひ、虚空に向けつて吐く息はただの火の雨の如くなり」となる。そして、川瀬に飛び入り、「生きかはり死にかはり世々生々に恨みをなさん、あら怨めしや口惜し」といふ声を残して、水底に消える。

ここで近松は、嫉妬の集大成を企ててゐるかのやうな勢ひである。

川岸へ降りてみた。橋脚にせかれた流れが烈しく沸き立ち、泡だつてゐる。さうして橋脚の間をすり抜けると、一気に走り去る。その烈しい動きと水音で、目も耳も塞がれる思ひだ。

再び信号で川上側へ戻り、そのまま平等院へ行く人たちで賑はふ道を進み、その先、県《あがた》神社の大鳥居をくぐつた。

そして、その通を突き切つて左側、民家の瓦を置いたコンクリートの塀沿ひを行く。すると塀が切れ、ガレージのやうに口を開けてゐるところに、祠が二つ、並んでゐた。

左が橋姫社、右は住吉社であつた。

ともに幅は半間ほどだが、檜造で、細工もしつかりしてゐる。注連縄が巻かれ、その幣も真新しい。それぞれの前に据ゑられた三方には果物や野菜が盛られ、白い銚子が二本づつ、供へられてゐる。

この左側の祠の中には、あの半裸の鬼女の像が安置されてゐるのだらうか。

それにしても幼い俊成が聞いた物語といひ、橋姫を扱つた多くの謡曲といひ、どうして失はれてしまつたのであらう。いまでは、その失はれた物語や曲のほうが、われわれに向つて「あら人恋しや懐かしや」といつてゐるのではないか。

『袈裟の首』抄

塩竈《しほがま》の煙《けむり》

広大な地域を占めながら、千年も以前に、都の底に消えてしまつた庭園を、どのやうにして探し出せばよいのだらうか。その広大さが心強く思はれてゐたのは最初のうちで、それがそのまま捉へどころのなさ、心もとなさとなつて来た。なにしろ例のない景観を、そして気ままな逍遥、舟による回遊を楽しんだところである。その規模の大きさが自体が、いち早く失なはれた理由かもしれないのだ。せめて由縁あるらしいあたりを歩いてみようと思ふのだが、さうするのにも目安がなくてはならないが、それとて、確かなものがない……。

あちこちの本をひつくり返したり地図を眺めたりしながら、空しく日々を送つてゐたが、初夏のある日、たまたま京都を通過する機会があり、思ひ切つて京都駅で下車した。そして、烏丸大通を北へと、とにかく歩き出した。

すぐ東本願寺で、築地塀越しに大屋根が見えて来たが、その手前の交差点を右へ折れる。七條通である。東山の峰々が正面に、意外に近く見え、濃い緑が眩しい。家並の大半がコンクリート造になつてゐるだけに、みづみづしさを強く感じる。

その風景をすぐ見捨てて、左へ、三つ目の辻を入つた。そして、少し行くと、右側に高い築地塀がつづく。

渉成園、または枳殻邸《きこくてい》と呼ばれるところである。見るのが許されるならまづこの庭園から、とわたしは漠然と考へてゐたのだ。幸ひ、門が大きく開け放たれてゐた。

入つた正面は、城のやうに石垣で、右手へ進むと、正面玄関の前に出た。木造ながら堂々たる規模だが、その車寄せにはワゴン車が三台入つてゐる。駐車場代りに使はれてゐる様子だ。

その前を突切り、玄関横の木立を抜けると、庭園だつた。

左手へ芝生が広がり、その奥まつたところに大広間が建つてゐる。ガラス戸を巡らした縁側には、幾人もの男女の姿があり、いづれもそこから庭の眺めを楽しんでゐる様子である。

その庭の中央に広がるのは池で、わたしのゐる南の端には茶室があつて、池へ向け迫り出してをり、すぐ前には島があるが、樹木が繁茂、池の面を暗くしてゐる。

池の縁を歩く。風がないのに、水面には細かな皺が絶えず走る。

足元に大きな鯉が幾匹となく寄つて来た。岸近く浅くなつた砂地に、腹をすりつけるやうにして勢いよく近づいて来て、鰭や尾を水面に出し、墨色や紅色の胴をくねらせる。それにつれ意外に大きな波が立ち、波紋が広がる。いまでこそ芝生になつてゐるが、わたしの歩いてゐる一帯は洲浜に造られてゐたのであらう。

大広間の正面あたりに立ち止まつて、庭全体を眺めた。

このやうなところがかつてこのあたりに在つたのだらうか?

わたしの立つ岸辺は、そのまま水に接してゐるが、他は大小さまざまな石で縁取られてゐる。中央には、茶室前とは別の大きな島がゆつたりと横たはり、二つの隆起みせてゐるが、そこにも茶室があつて、その横から九層の石塔が覗き、庭全体に奥行を与へてゐる。

左手には入江が二つ、並んで口を開けてゐて、手前には木の橋がゆるく弧を描き、その先には直線に整へられた細長い石が、水面に接するばかりに横たへられてゐる。

ただし、樹木がやや育ち過ぎてゐる。石川丈山の指導の下に、明暦三年（一六五七）に完成したといはれるが、三世紀半も経過してゐれば、バランスが崩れるのはやむを得ないのだらう。そして、東山が全体の借景になつてゐたはずだが、いまはビルが不揃ひに並んでゐるだけである。

この庭園内のどこかに、平安時代の庭園が取り込まれてゐると聞く。わたしがその一端なりと触れたいと思つてゐる庭園の一部かどうか。その可能性はほとんどないやうだが、江戸時代には、そのまま生かされ造園されてゐるとの説が行なはれ、今日なほその説を採る人がゐるらしい。ただし、今日の有力な説に従へば、この庭園の北の外れすぐの旧六條通から、北は旧五條通、東は鴨川までの地域である。

木橋は欄干がなく、縁に丸木を横たへただけなので、弧を描く頂きへと進んで行くと、ひどく高いところに立つたやうに感じられる。そうして、池が一段と広々と見渡され、大和絵ふうの立体的俯瞰図でも眺め降ろしてゐるやうな気持になる。

次いで石橋を渡り、小山へ上がつていくと、小規模ながら、床下を舞台のかたちに組んだ茶室があつた。

この床下あたりを、宴が果てやうとする暁、一人の翁が彷徨ひ歩き、歌を詠んだと想像してみたくなつた。

夜ひと夜、酒のみ遊びて、夜もあけゆくほどに、（中略）そこにありけるかたゐの翁、板敷の下

にはひありきて、人にみなよませ果ててよめる、
　塩竈にいつか来にけむ朝なぎに釣する舟はここによらなむ

『伊勢物語』八十一段の一節である。美しい風光を耳にするだけの塩竈の浜辺に、わたしはいつの間に来てしまつたやうだ。朝凪に釣りへと出る舟が、この岸から出るといふから、わたしもその舟に乗つて、朝霧のたちこめるなかを沖へ出ていかう……。「かたゐの翁」、賤しい老人とは、在原業平だと考られてゐるが、庭園での素晴らしい夜明けを、かう詠んだ。すると、板敷きの上にゐた位高い人たちが感じ入り、囃し立てた、といふ。

その庭園を築いた左大臣源融《みなもとのとほる》と業平は、同時代人で、業平のほうが三歳下、招かれて一夜を明かした、といふ設定になつてゐるのである。ただし、融が塩竈に倣つた巨大庭園の建造に取りかかる前に、業平はこの世を去つたと思はれる。さうなると、この段は、実際の出来事ではなく、『伊勢物語』を書いたひとの想像の産物といふことにならう。ただし、この庭園を融が構想したのは、いま引いた業平の歌が一因となつたとも考られるのだ。だから物語の作者は、ここに「かたゐの翁」を登場させたのかもしれないのだ。

茶室の裏から左手へ下りると、入り込んだ水路を跨いで、上屋のある橋が架かつてゐた。回棹廊《かいたうらう》と、その名が掲げられてゐる。

頭のつかへさうな低い上屋だつたが、細工は丁寧である。そして、中央が舞台になつてゐて、天井が張られ、そこに池の反射する光が揺れてゐた。わたしはその場にしやがんで、しばらくその天井を眺めた。

さうしてゐると、こちらの気持まで、ゆらゆらとして来る。さうして業平やその歌物語の作者たちがゐた気配が感じられてくるやうに思はれるのだ。

回棹廊を渡つた先、右手に石組があつた。小規模に枯れ山水ふうに石を並べた背後の、土止めのやうに石を積んだ部分が、平安時代の遺構らしい。

その前に立つてゐると、背後を、白いパラソルのひとが通つていつた。藤色のワンピースの軽やかな、しかし、あまり若くはない女性の後姿が、楓の葉叢の向ふに隠れた。この庭園で初めて近く目にしたひとの姿であつた。

その跡に従ふやうにして、建物のある方へ戻つて行くと、桜の若木がまばらに植ゑられたあたりに、階下が素通しになつた、二階屋とも門とも見える建物があつた。棟にだけ瓦を置いた檜皮葺の柔らかな線の屋根を持ち、風雨に洗はれた雨戸を閉ざしてゐる。

近づいてみると、両横に屋根付きの急な階段が付いてゐて、その上り口には腰掛けがあつた。それで察しがついたが、立体化された茶室である。下は待合、階段は飛び石に当たる。

反対側に回ると、案内板が出てゐて、傍花閣とあり、閣上の天井には、石川丈山の創意による磁石形の十二支が描かれ、軒の絵馬形の額には、狩野永納筆による熊谷実直、平敦盛の絵が描かれてゐるとあつた。

さうした絵を見、茶を喫しながら、その高みから眺める庭は、格別に違ひない。

少し離れて、枯れた巨木があつた。幹の中程から上は、落雷のためか失はれてゐるが、大人三人が両手を繋いで抱へられるほどの大きさである。樹皮はすつかり剥がれ落ち、所々朽ちて欠け、苔で汚れたやうになつてゐるが、それだけ却つて木目が、全面に洗ひ出されてゐる。

その巨木にもたれて向ふの傍花閣を眺めてゐると、不思議な時間の中にゐるやうな気持になる。江戸初期の雅びとともに、平安、あるいはそれよりも遥か以前の、例へばこの巨木が芽を出した頃とも、同時に繋がつてゐるやうな思ひ、とでもいへばよからうか。

欠けた凹みへ手を差し入れると、指先に堅く浮き出た木目が触れた。なにやら古い時間そのものに触れた思ひだつた。

芝生を横切つて、大広間にあがつた。

藤色のワンピースの女性が一人、座つて庭を眺めてゐた。大勢ゐたはずの人々は、奥の間にゐる人々を残して、引き上げたらしい。邪魔にならないやう、少し奥に座つて、わたしも庭を眺めた。

初夏の陽の下、水面の広がりはあくまで明るい。が、それだけ繁り過ぎた木々が、やや重苦しい。枯木の傍らで時を過ごして来たから、なほさらかもしれない。

人目もなくはるばると見わたされて、木立いと疎《うと》ましくもの古りたり。

『源氏物語』の「夕顔」の一節が思ひ出された。女の許で一夜を過ごしたものの、そのまま別れることができず、女を連れて、近くにあつた「なにがしの院」へ赴き、その荒れた庭を眺めるところである。その「なにがしの院」とは、ほかならぬ源融の邸、河原院をモデルとしたといはれてゐるのである。わたしがその面影の一端なりとをと、探し求めてゐるところで、「夕顔」の一節を思ひ出したのも、理由のないことではなかつた。

さうして、この座敷のやうな建物の一角で、夕顔の悲劇が起つたと考へてみることも、許されさうな気がするが、畳を敷き詰めたこの大広間には、座布団と煙草盆がずらりと並べられ、奥では賑やかな女の声がする。

「いいお庭ですわね」

藤色のワンピースの女性が、わたしに話しかけるでもなく、言つた。

わたしも半ば呟くやうに、

「ゆつたりとしてゐて、格別ですね」と言ふ。

すると、調子を変へることもなく、

「仙台から参つたのですけれど、けふは宇治をまはつて、こちらに来ました。宇治川の流れは、本当に激しうございますね」

目の前の水面の静かさに、却つて強く思ひ起こされのだらうか。

「宇治十帖の世界は、もの寂しく静かだとばかり思つてをりましたが、あんなに烈しい流れの傍らで、繰り広げられてゐたのですね。そのことを知つて、驚きましたわ」

巻こそ違へ、わたしも『源氏物語』のことを考へてゐたので、不意を突かれた思ひであつた。そして、仙台から来たとの言葉に促され、塩竈はどのやうなところですか、とはつきり女性に向つて尋ねた。

「仙台から近うございますので、気軽に出掛けますが、小さな島が幾つも幾つも散らばつた、夢のやうに美しいところですわ。自然が造つた庭園と申しませうか。まだいらしてをられないのなら、ぜひともお運びくださいまし」

さう答へて、こちらを見る。

思はず、このすぐ近くに塩竈といふ町名の地域があるんです、と応へた。けふの散策の唯一の確かな手掛りである。女性は、軽く驚きの声をあげた。

平安時代も前半期、左大臣源融が、塩竈の風光を模して広大な庭園を営んだ、その跡と考へられる一部に、塩竈の地名がいまだに残されてゐるんです、と説明した。

その簡単な説明を、女性はひどく喜んだ。そして、そこへ行つてみたいわと言つた。しかし、わたしは正直に、今やよすがとなるところはすつかり失はれて、わたし自身、仕方なくここへやつて来たんですよと言つた。

女性はひどく残念さうであつた。さうしてしばらく庭を眺めてゐたが、

「ここがその塩竈の庭だと思つて、もう一度、庭を歩いて来ますわ」

さう言つて、立ちあがつた。

わたしも一歩遅れて、大広間を出た。

女性はパラソルを広げて、池の岸に立つてゐた。

渉成園を出ると、その裏の河原町通に出て、北へ歩く。車がやはり多い。

この園の裏を外れて少し行つたあたりから、塩竈町になる。立ち止まつて地図で確認した。

嵯峨天皇の皇子融は、臣下に下り、源の姓を受け、早く公卿の列に加はつて、左大臣になつたが、陽成天皇が廃されるに際して皇位を望んだ。しかし、藤原基経に反対されて果たせないまま、政務に関心を失ひ、権勢と富を傾けて風雅に遊び、その挙句、人々を驚かす壮大な庭園を営んだ。五條から六條の間の東一帯、いまの塩竈町全域——現在の松原通（旧五條通）まで——から鴨川に至る、おほよそ八町にわたる広大な地域で、塩竈の風光をそのまま写し、池には、難波から毎日海水を運ばせて満たし、魚介を放ち、洲浜では塩を焼かせたといふ。

それが如何に大掛かりな企てであつたか、われわれの想像の域を超える。今日、謡曲『融』の間狂言では、「汐汲千人、運び手千人、薪取千人」と語られるが、それも決して誇張でないのではないか。海水を運ぶこと一つをとつても、途方もない人力を必要としたはずである。融は、持てる権力と財力を、この風雅ひとつに注いだのだ。

　それに人々は驚くとともに、その庭園を河原院、融を六條河原の左大臣と呼ぶやうになつた。

　河原町筋から左手へ、斜めの筋を入る。このあたりは平安京域内では珍しく道筋が曲折してゐる。多分、鴨川の流れにしばしば乱されて来たのだらう。そして天正年間、豊臣秀吉の指示によつて造られた寺町の南端に位置してゐて、いまも寺が多い。

　しばらく寺の塀が長く続いたが、やがて寺は門ばかりを通に出し、店舗の並ぶ地域になつた。明治政府の方針でかうなつたので、後白河院の持仏堂を移築したといふ由縁ある寺の門の横が畳屋であつた。二人の男が肘で畳を押しつけ、針を通してゐる。その昔ながらの仕事ぶりを立ち止まつて見る。青畳と男たちの汗が一緒に匂つてくる。

　向ひが家具屋で、近くには建具屋などが並んでゐる。いづれも高級品でなく、子供の勉強机とか赤や緑のビニール張りの椅子、また、商品陳列ケースといつた類を、店頭に出してゐる。

　五條大通が近くなつたところに、少し大きな構への寺があつた。上徳寺といひ、かつては塩竈社と称する鎮守があつたらしい。『都名所図会』（安永九年・一七八〇刊）に「祭る処左大臣にして、塩竈と号す」とある。

　境内に立ち入ると、自動車が幾台も停まつてゐて、本堂左横奥には地蔵堂があつた。世継地蔵とあり、軒には立派な絵馬が幾枚も掛かり、横の壁には、赤ん坊の涎掛がびつしりと吊されてゐた。なんとも夥しい数である。いづれも薄汚れてゐて、生々しい。裏に回つてみると、涎掛に加へて千羽鶴が、これまた夥しく下がつてゐる。

このお堂の周りには、幾つも祠が並んでゐた。歯固め地蔵、水子地蔵、延命地蔵といつたものばかりで、鎮守といふべき祠はなかつた。明治の廃仏毀釈によつて、他へ移されたのだらう。

五條大通に出ると、初夏の陽が溢れてゐた。

君まさで煙絶えにし塩竈のうらさびしくも見えわたるかな

紀貫之の歌である。「古今集」の詞書にはかうある、「河原左大臣の身まかりてのち、かの家にまかりてありけるに、塩竈といふ所のさまをつくりけるを見てよめる」。源融は寛平七年（八九五）八月に七十四歳で亡くなつた。貫之はまだ若年だつたと思はれるが、邸宅から上がる塩焼きの煙を見、記憶に刻んでゐたのだ。

その貫之よりもさらに後、融没後十六年生まれの源順が、多分、その様子を聞いたのであらう、漢文で書き記してゐる。

軒騎門ニ聚《つど》ヒ、綺羅《きら》地ヲ照ラス。恒ニ笙歌《しやうか》ノ曲《しらべ》有リテ、間《まじ》フルニ弋鉤《よくてう》ヲ以チテ事トナス。夜ニ月殿ニ登レバ、蘭路《らんろ》ノ清キコトモ嘲《あざけ》ラルベク、晴ニ仙台ヲ望メバ、蓬瀛《ほうえい》ノ遠キコトモ至ルガ如シ。

公卿たちの車馬がその門に集まり、女たちの着飾った綾絹や薄絹が光つて地上を照らす。笙の調べや歌声が常に流れ、その合間には、鳥を射たり、魚を釣つたりの楽しみがある。夜、月の光が差す高殿に昇れば、蘭の花が咲き乱れる路の清らかさもとるに足りないほどだ。晴天の日に仙人がゐるといふ彼方を望めば、遠い蓬莱や瀛州など、海の彼方の仙島も手が届きさうである。

また、その佇まひがかなり残つてゐて、見て回ることが出来たのだらう。

猶《なほ》山ノ貌《かたち》ハ崇《たかさ》ヲ畳ミ、岸ノ勢《いきほひ》ハ海ヲ縮《つづ》ム。人物ハ変レド煙霞変ルトロト無ク、時世《じせい》ハ改マレド風流改マラズ。廬錐《ろすい》ノ沙《すな》ヲ穿《うが》チテ抽《ぬ》キイヅル日ニ、波鷗《はおう》波ニ戯ル。葉錦《えふきん》ノ水ヲ照ラシテ浮ベル時ニ、綵鴛《さいゑん》綵《いろ》ヲ添フ。

山は依然として高さを加へ、岸はいよいよ海辺の姿となり、煙霞は変はることなく漂ひ、風雅を楽しむ宴は以前と同じやうに開かれる。葦の新芽が、砂浜から勢ひよく伸びる春には、鴎が波に戯れ、紅葉が水面を彩る秋の日には、鴛が浮かぶ。

ここには塩を焼く煙も、塩竈の景を写したといふ話も出てこない。このため塩竈云々の伝承に疑問を呈する材料にもされるが、これは筆者の関心の問題だらう。

五條通を鴨川の方へ歩く。

わが国の造園の歴史の始まりをいつ頃と考へてよいのか、よく分からないが、文献上では『日本書紀』の履中天皇二年（四〇一）に、磐余池《いはれのいけ》をつくり、翌年には両枝舟《ふたまたぶね》（丸木船を並べ繋ぎ合はせたものか）を浮かべ、天皇と后らが宴を開いたあたりであらう。また、顕宗天皇元年（四八五）三月三日、天皇が「後苑《みその》ニ幸《いでま》シテ、曲水《めぐりみづ》ノ宴キコシメス」とあるのが、曲水の宴の初見だが、この宴のため造園されたのは確かである。実在が疑はれる武烈天皇になると、そのおぞましい記述のなかに、武烈八年（五〇一）三月の項、皇居に「池ヲ穿リ苑《その》ヲ起《つく》リテ、禽獣《とりけもの》ヲ盛《み》ツ」とある。かうしておいてこの帝は、犬を走らせ馬を駆り、狩猟を行つた。記録者は、それを女を嬲り殺しにする以上に許されない行為と見なしてゐるが、庭園での遊宴は当時、祭祀的意味を持つてゐたのかもしれない。

推古天皇二十年（六一二）には、百済から漂着した男に、皇居の南庭に須弥山をかたどり、大陸風の石橋を造ることを命じてゐる。この頃からほぼ事実と考へてよいとなると、庭園もまた、大陸なり半島からもたらされ、模倣することから始まつたと考へなくてはならないやうである。百済と関係の深かつた蘇我馬子が、邸内に池のある庭園を営み、島の大臣と呼ばれたのも、同じ事情によるのであらう。庭園は、大陸の珍しい文化の一つだつたのである。

都が奈良へ移ると、猿沢池が組み込まれたし、京へとなると、神泉苑が営まれた。これまた唐文化模倣の一環であつた。

この唐文化模倣の風潮が、平安朝初期は圧倒的であつた。さうすることによつて、一国家としての体制を早々に整へたのだが、それが光孝天皇と宇多天皇（元慶八年・八八四～寛平九年・八九七）になると、いはゆる国風と言はれる風潮がみられるやうになつた。初の勅撰集『古今集』が準備されたのも、この頃であつた。

そのやうな時期を生きた一人が源融だつたのである。帝位を望んで果たせず、風雅三昧に暮らすとともに、壮大な庭園を構想、着手したと思はれるが、須弥山《しゆみせん》でも蓬莱山《ほうらいさん》でも、唐土や天竺の山でもなく、東北の名勝の地、塩竈を原型として選んだのである。この時期、どうしてそのやうなことをしたのだらう。融は陸奥出羽按察使《むつでではあぜち》の任についたこともあつて、早く塩竈の風光が優れてゐるのを聞き知つてゐたのは確かだが、それだけではなかつただらう。

五條大橋が見えて来た。膨らんだ橋面の手前の真ん中に、京人形ふうの牛若丸と弁慶《べんけい》の石像が立つてゐる。背後には東山の緑が波立つてゐる。

　　陸奥《みちのく》はいづくはあれど塩竈の浦漕ぐ舟の綱手かなしも

『古今集』に収められた詠み人知らずの東歌だが、都びとに東の果てにある塩竈といふ土地を印象づけるのに、大いに役立つたやうである。それまでは塩の主要産地の一つとして知られる留まつてゐたのが、須磨や明石に負けない白砂青松の、わが国の典型的な風光明媚な地でありながら、遙かに遠く、それゆゑより強く憧憬をそそり、かつ、訪れる者に旅愁を呼び起こすに違ひないところ、といふ意味あひを持つたのだらう。

だから融がおこなつたのは、唐や朝鮮の庭園の模倣ではなく、われわが現に暮らしてゐる風土の、遙かな遠隔地の景観を、再現することであつた。この方針を打ち出すには、多分、模倣からの脱却ばかりでなく、庭園についての基本的概念の変化がなくてはなるまい。すなはち、儀礼の空間でも理想の空間でもなく、自然そのものを、都市の一角に人工の力でもつて再現させたのが庭園だといふ、大袈裟だが思想の確立である。須弥山や仙境を象るのと、塩竈では根本的に異なる。

ただし、融が塩竈の実景を知つてゐたかどうかとなると、懐疑的にならざるを得ない。かれが東北と関係を持つてゐたのは、有名な「しのぶもじずり」の歌からも察せられ、中納言であつた折は、先にも触れたやうに陸奥出羽按察使を兼任してゐる。さうしたことから室町期の仮名草子『塩竈大臣』

などではその地に赴いたことになつてゐるが、公卿が実際に赴くことはほとんどなかつた。だから、融にしても塩竈の風景を見たわけではなかつたと考へるべきであらう。が、身辺には塩竈の地を踏んだ人物がゐた。さうして実景とさほど駆け隔たらないイメージを思い浮かべることができた。さうしてとにかくわが国の実景を造園の規範とすることが、大々的に行はれたと考へられるのだ。この重大な転換は、多分、彼ひとりの美意識に属するのではなく、例へば絵画では、漢画《からゑ》から大和絵へと変つて行く流れと、ほぼ軌を同じくするのであらう。それはまた、『古今集』によって、詩歌の中心が漢詩から和歌へと移つていつたこととも無縁であるまい。

いま言つたやうな変化を、融は広大な土地の上で、多量の石と土と木と水、そして、生きた鳥獣や魚介などを使つて、行つたのである。いや、それにとどまらず、池には海水をたたへ、その潮水を汲み、塩を焼かせた。写すのに、徹底した態度を採つたのだ。この時期、実景を写すには、そこまでしなくてはならなかつたのであらう。写すは移すでなくてはならなかつたのである。さうして、望んで果たせなかつたこの国土の帝となることを、その最も美しい景観の地を己が庭園とすることによつて、いささか果たしたと思つたのではないか。

交差点をわたり、河原町通の東側の歩道を南へ戻る。

こちら側は塩竈町でないが、河原院の庭園は鴨川を取り込んでゐたのだ。五條歌舞練場の看板が上つてゐる家の横から、鴨川の方へ折れた。

やや古風だが、普通の民家と思はれる家々が並ぶ。しかし、つつましげにお茶屋と看板を出してゐるところがある。歌舞練場があるのだから当然だらうと思つて行くと、小川に突き当たつた。高瀬川であつた。その流れに沿つて下つていくと、やはりお茶屋の看板を出した家が並ぶ。と、その前に立つてゐた老婆が、舌打ちを続けて、わたしを呼ぶふうであつた。

まだ夕方には間があり、向ふから鞄を提げた学校帰りの少女がやつて来る姿が見えるので、なんのことだか分からなかつたが、浴衣をつぶして仕立てた服を着た、表情のない老婆の姿に、やつと察しがついた。

渉成園で会つた藤色のワンピースの女性を案内しないでよかつた、と思つた。

少し先に小学校があつた。これなら商売熱心な老女に出会ふ恐れはあるまいと考へて、そこにあつた橋を渡り、鴨川の岸を目指した。

このわたしの見当は外れた。老婆の姿こそなかつたが、その細い道の両側には、かうした街特有の匂ひが濃く漂つてゐた。江戸時代の初めに三業地として認められた以来の、土地だつたのだ。

行く手に若い男四人がたむろしてゐた。短く刈り上げた頭、指に光る指輪などから、それとわかる者たちである。彼らが立つてゐるのは組事務所の前で、宵になると出向く持場について打合せでもしてゐたのであらう。

わたしが近づいて行くと、一人が腕をくんだまま、輪を離れ、金色の紋を掲げた事務所の扉を肩で押して入つていつた。その扉の透間から、大きな神棚を据ゑた内部が見えた。

鴨川の岸は、そこからすぐだつた。いきなりコンクリートの、わたしの腹ほどの高さの厚い壁が堤防であつた。身を乗り出して見降ろすと、三メートルほどの石積の下を、激しい流れが洗つてゐる。こんなに水量があり、強い流れだつたかと、驚いた。多分、宇治川ほどではないだらうが、河原には赤ん坊の頭ほどから拳大の石が目立ち、それが川波を一層荒々しくしてゐる。三條や四條あたりとまるで様子が違ふ。

左手川上に五條大橋があり、そのすぐ下では、一人の男が流れの中に立ち、竿を握つてゐた。太腿あたりに飛沫があがり、押し流されんばかりである。

融の没後、河原院を荒廃させたのは、なによりもこの流れだつた。幾度も氾濫、ときには川床を変へ、塩竈の州浜や島々や山々、さうして幾つもあつた建物を、襲つた。融の死後、宇多院の所有となり、やがて大寺が営まれたが、それも移転を余儀なくされた。

少し上手に、下着姿の若くない男女が流れに背を向け、コンクリート壁の上に腰を下ろしてゐた。その二人の前の家にはスナックの看板が上がつてゐる。商売の始まる前の時間を、こんなふうにして過ごしてゐるのであらう。

「あんた、何してんの」

不意に声がした。振り向くと、小柄な男が立つてゐた。ぼさぼさの髪に無精髭をはやし、買物籠をぶら下げてゐて、その籠からは魚の干物の尾が覗いてゐる。

わたしは鴨川の向ふ、東山の一角を指さし、

「あれが音羽山ですか」

と訊ねた。謡曲『融』では、ふと現はれた潮汲みの翁に向つて、諸国巡歴の僧が問ひかけてあたりの風景について説明して貰ふ、それにあやからうと一瞬思つたのだ。

「そんなこと、知るけ」

男はにべもない。こちらの顔をじろじろと見る。それから、突つ掛けたサンダルで路面を強く叩くと、

「そこらへんで、ええ夢でも見て、早よお帰り」

さう言ひ捨てると、下着姿の男女の前を擦り抜け、姿を消した。このあたりの店の客になりさうな

男だと判定したのだらうか。

　舞台の潮汲みの翁も姿を消すものの、やがて綾織の直衣をまとひ、中将の面をつけ、若々しくも堂々とした長者のふうをみせて、再登場して来る、融その人である。あのサンダルの男が再登場して来るとすれば、どんな姿をしてであらう。

　その再登場してきた融は、言ふまでもなく亡霊だが、その姿を最初に見たのは、宇多院であつたらしい。融の没後、その子孫から河原院を奉られて住んでゐたところ、現はれたのだ。『今昔物語』巻第二十七に次のやうに記されてゐる。


　夜半ばかりに西の対《たい》の塗籠《ぬりごめ》を開きて、人のそよめきて参る気色のありければ、院見おこせ給ひけるに、日の装束直《ただ》しくしたる人の、太刀はきて笏《しやく》取り、かしこまりて二間ばかりのきて居たりける……


　何者か、と宇多院がお付きの者に問はせると、この家の主です、院がいらつしやるのは忝ないが、窮屈な思ひをしてをります、と返事をした。そこで院が、お前の子孫がわたしに奉つたから住んでゐるので、お前はいまやこの邸の主ではない。いかに霊であらうと、事の理を心得よと、「高やかに仰せ給ひければ、霊、かき消すやうに失せ」、再び現はれることがなかつた、とある。

　融は、死後も河原院に思ひを残し、住み続けてゐたが、宇多院の一喝に手もなく退散してしまつた、といふのである。『宇治拾遺物語』などにもほぼ同じ内容の記述がある。

　しかし、融が亡くなつてから三十一年後の延長四年（九二六）七月四日、宇多院が融のために七ケ寺で経を誦させる大掛かりな供養を行つた記事が、『扶桑略記《ふそうりやつき》』に出てゐる。

その際に三善文江が作つた諷誦文《ふうじゆ》によれば、事情はかうである。これより前の月の二十五日、融の亡霊が現はれ、宮人に取り憑いてかういつた、わたしが世にある間、善業を修めなかつたため、その報ひを受け、悪趣《あくしゆ》（地獄）に落ち、日に三度、苦しみを受けてゐる。剣の林で肉を裂かれ、鉄杵《てつきね》で骨を砕かれ、楚毒によつて苦しみの至りを味合はつてゐる。その刑罰の合間にわたしは、昔の愛執にひかれてこの院へやつて来ては、ほんの一時の休息をとつてゐる。帝や側近の者たちに危害を加へるつもりはない。もう冥吏が捜しに来る時刻だから、ここに留まつてゐられない。どうかこの苦しみからわたしを救ひ出してほしい……。かう訴へたといふのだ。

来世を願はず、人々のことも考へず、財力と権力の限りを尽くしてひたすら風雅に遊んだがゆゑに、地獄の苦しみを嘗めてゐる、といふのだ。融はそれほどの悪行を犯したのか。

もしもさうだとすれば、その跡を慕つてこのやうなところへ迷ひ込んでゐるわたしなどは、どのやうなことにならう。融は武烈帝のやうに狩こそしなかつたものの、「池ヲ穿チ、山ヲ作り、禽獣ヲ盛《み》」たし、海水を遙々難波から運ばせ、塩焼きの煙を立ち上らせて、遠隔地の風景をまるごと飼ひ馴らさうとした。いや、その風景を、蓬莱にも宇宙の中心である須弥山にも替へたのである。かうなら恐ろしく重い罪を犯したと言つてよいかもしれない。

加へて宇多帝が融の霊を弔はなくてはならない理由が、他にもあつた。

融の亡霊が現はれたといふ話は、幾つも伝へられてゐるが、そのなかの一つ、『江談抄』には藤原資仲の話として、次のやうな話が記されてゐる。

宇多帝が京極御息所《みやすんどころ》（御休所とも書く、藤原時平の娘で美貌の誉れ高い褒子のこと、院は殊のほか寵愛、三親王を儲けた）と車に同乗して、河原院に立ち寄り、その山川の有様を楽しんだ。そのうちに夜となり、月がかうかうと照りわたつた。そこで院は、車から畳を降ろして邸のなかに御座を設けさせ、「御休所ト房内ノ事ヲ行ナハシム」に至つた。その時、

殿中ノ塗籠ニ人アリ、戸ヲ開キテ出デクル。法皇問詰セシメ給フ。対《こた》ヘテ言ハク、「融ニテ候フ。御休所ヲ賜ハラント欲ス」トイフ。

宇多院の腕のなかの褒子を頂きたい、と亡霊の融は言つたのである。これに院は怒り、「汝ハ、在生ノ時臣下タリ。我ハ主上タリ。何ゾ猥《みだ》リニコノ言ヲ出ダサンヤ。退キ帰ルベシ」と言つたが、退かなかつた。

その続きを引用すれば、

霊物《れいもつ》恐レナガラ法皇ノ腰ヲ抱く。御休所半バ死ニテ顔色ヲ失フ。御前駆ラ皆門ノ外ニ候ヒテ、御声達スベカラズ。タダ牛童ノミ頗《すこぶ》ル近侍ス。件ノ童ヲ召シテ、人々ヲ召シテ御車ヲ輦《さしよ》セ、御休所ヲ扶《たす》ケ乗セシム。顔色ナク、起立スルコト能ハズ。扶ケ乗セシメテ還御アリ。浄蔵《じやうざう》法師ヲ召シテ加持セシム。纔《わづ》カニモツテ蘇生セラルルト云々。

院の腰を抱いたとは、御息所そのひとを抱いたことだと受け取つてよからう。現に「霊物、御休所の御腰ヲ抱く」と記す本もあるとのことである。浄蔵法師とは当時の法力並びない僧。事態がここに

至れば、七ケ寺に命じて、急ぎ供養をしなくてはならなかつたのだ。

じつはこの宇多院の父光孝天皇が位につくに際して、融が位を望んだといふ経緯がある。だから、光孝天皇が融から受けた恨みを、子の宇多院が引き継いでゐたといふ事情も、絡んでゐたかもしれない。それに臣籍に下つて姓を賜つてゐたのが望みを退けられた理由であつたが、宇多院もまた、臣籍となつて源定省と称してゐた。それにもかかはらず、藤原基経の意向によつて即位した、といふ経緯がある。主上と臣下といつたところで、もとを質せば同じではないかといふ思ひが、融にあつたとしても不思議はない。

だから「御休所ヲ賜ラント欲ス」といふ言葉には、美貌の褒子がほしいと言ふだけでなく、皇位がほしい、寄こせといふ意味合ひが含まれてゐよう。宇多の地位に自分がゐてもおかしくないといふ気持が、融には強かつたのだ。

それとともに宇多院のほうにも、融がそのやうに考へてゐるだらうと察してゐたたらう。だからなほのこと、院は畏怖した。

しかし、能の舞台では、豊かな長者ふうの姿の融が、あくまで晴れやかに、かう謡ふ。

あら面白の遊楽や

宇多院を畏怖させた翳はどこにもない。さうしてゆつたりと舞ふ。

ただし、これと対照的な演出も行なはれてゐる。たまたま先年見ることが出来たのだが、髪を乱して、烈しく狂ふやうに舞ふのである。生の間に求めて得られなかつたものを、いまなほ求めて。

それにしても『江談抄』の、宇多院が融の亡霊に襲はれた状況は、『源氏物語』の夕顔の巻によく似てゐる。惟光らお付きの男たちを遠ざけ、童ひとりしかゐなかつたため、源氏は気を失つた夕顔を抱へ、闇のなかで生霊を相手にしなければならなかつた。

紫式部は，河原院に現はれた融の亡霊のことを聞いてゐたはずで、宇多院と褒子が味はつた恐怖を、ここでなぞつてみせたのではないか。

鴨川の流れは、晴れた夕べも近い空を映すこともなく、依然として荒々しく流れ下つてゐる。対岸の家並のその向ふ、ほぼ正面に位置するのが音羽山だが、中腹近くに、朱色も鮮やかな塔が小さく見える。清水寺である。その手前の麓から右手へと鳥部野が広がるが、そのさらに右手に、煙が一筋、淡く立ちのぼつてゐるのに気付いた。東山の稜線の少し上で消えるが、そこに貼り付いたやうに動かない。

かつてこちらの庭園に立つた煙は、あのやうに頼りなげではなかつたらう。なにしろ遠い名勝の風光をこの場に引き寄せる働きをしなくてはならなかつたのだ。

五條橋の上を、パラソルをさした藤色の服の女性がこちらへ渡つて来るのが見えた。顔は見分けられないものの、歩き振りなどから若いひとのやうで、渉成園で会つたひととは違ふ。さうと分かつてゐながら、どうして今ごろあのひとは向岸からこちらへやつて来るのだらうと、わたしは考へる。それとともに、夕顔の遺体が鳥辺野に運ばれ、その跡を慕つて鴨川を渡つていつた源氏の後姿が、そのあたりに見えるやうにも思ふ。

細い辻を抜けて、高瀬川の傍らへ戻り、その東岸の道を五條橋の方へ歩いた。そのあたりにも貧弱なスナックがあつたが、楠の大木が枝を広げた根元に、小さな石碑があり、「此付近、源融河原院址」

とあつた。けふ歩き回つて初めて目にした「河原院」の文字であつた。

さう古くはなささうであつたが、裾には薄すらと苔が付いてゐる。『都名所図絵』に「五條橋の南、鴨川・高瀬川の間に森あり。これを籬《まがき》の森といふ。河原院の遺跡なり」とあるが、この楠がその名残なのだ。籬の森とは、塩竈の名所の一つ、籬の島による。ともかくかの庭園の一角に身を置いたのだと、改めて思つた。

さうして五條通に出て、東西に車が盛んに行き交ふのをしばらく眺めたが、もう一ヶ所、融を祀つてゐる所があるのを思ひ出した。少し歩かなくてはならないが、行くことは出来る。

五條通を渡り、そちら側にも広がる塩竈町を北へ抜け、旧五條通の松原通を越える。それから下鱗形町、上鱗形町、鍵屋町、鍋屋町と行く。このあたりの両側に並ぶ家々は、木造ながら総二階の、申し分ない堅牢さを備へた、都市建築といふべきものである。多分、京の中心街にだけ見られるもので、いづれも鰻の寝床のやうに奥が深く、一角には壷庭を抱へ込んでゐるはずである。

三條通から新寺町通を百メートルほども行くと、梅鉢の紋をつけた提灯が一面に吊した錦天神があつた。この社に祀られてゐる菅原道真が廷臣として勤め、中納言に進むまでの間、融が左大臣の位にあつたといふ係りがあつた。

鳥居を潜ると、すぐ本殿で、右に臥した牛の像と手洗鉢があり、左に祠が並んでるが、その一番手前の小さな社殿には不似合ひの大きさの提灯が、軒の両端から一対下がり、墨黒々と塩竈社と書かれてゐた。

塩竈社は、北から南まで塩の産地にあり、いずれも海辺で、祭神は武甕槌命《たけみかづちのみこと》、経津主命《ふつぬしのみこと》、塩土老翁神《しほつちのおぢのかみ》の三柱と決まつてゐる。しかし、ここは盆地の都会の真中であり、祭神は源融である。

やっと巡り会つた思ひで、前に立つた。

六十センチ四方ほどの石積の上に、檜造の宮が据ゑられてゐる。広大な、天にもおよぼうといふ庭園を営んだ男の、この地上に残されてゐるのが、これだけなのか。それも太宰府に流され恨みを呑んで死んだ年下の男の霊を祀る社の、片隅である。

しかし、かうしたかたちであれ、融といふ存在、その河原院の巨大庭園の存在を確認でき、いささか満たされた思ひであつた。頭上を仰ぐと、天満宮の社殿の軒とビルの透き間から、わづかに空が見え、薄く流れる雲が夕陽に染まつてゐた。


（海燕、平成元年八月号）

袈裟《けさ》の首《くび》

長柄橋《ながらばし》のすぐ上流、毛馬《けま》で淀川は、新淀川と分かれ、S字にくねつて南流、上町台地《うへまちだいち》の北端に突き当たつて西に向きを変へ、大阪の中心街、北浜、堂島を貫いて、大阪湾に入る。

新淀川は明治になつて開削されたものであるし、江戸時代も元禄までは、上町台地の北端付近で大和川が合流してゐたから、淀川の様子は、今日と随分違つてゐたであらう。しかし、中之島も先端近くの岸に立つて眺めてゐると、千年前もいまも、流れはほとんど、変はることがないやうに思はれてくる。

このあたりは、防潮のための嵩上げも行はれてをらず、わたしの学生の頃そのまま、ゆるやかな斜面のコンクリートの岸が、流れに洗はれてゐる。曳船が通る。以前に比べてめつきり少なくなり、薄汚く老朽化が進んでゐる様子である。観光船が現はれた。こちらはガラス張りの船体をきらきら輝かせ、空席の多い内部を見せて滑つてゆく。いづれも水脈《みお》が波となつてコンクリートの岸を上がつて来て、わたしの足を濡らさうとする。

あわてて後に下がりながら、対岸に目をやると、水際から聳え建つビルの連なりが、ひどく綺麗になつてゐるのに、改めて気付いた。かつては文字通り街の裏側で、都会生活の汚れが目立つてゐたが、いまやすつかり拭はれてゐる。

頭上を横切る天神橋を潜り、島の先端へと行つてみた。

ここから北は堂島川、南は土佐堀川と分かれるのだが、その分流点を前にした水面は、一際、広々としてゐる。大阪といふ大都市の真ん中に、ぽつかりと開いた、なんにもない空間である。そして、そのまま天空へと繋がる、その空間の重さを均等に受け止め、平らに熨された膨大な水が、正面から押し寄せて来てゐるのだ。が、それが気付かないうちに左右に分かれつづけてゐる。

この空間を、正面向ふ四百メートルほどのところで、断ち切るやうに横たわつてゐるのが、天神橋である。上町台地を北上して来た幹線路がそのまま伸びて、従来の橋の上に乗つたかたちの二階構造になつてゐるので、まことに大きく見える。上下とも車の流れは激しい。

その台地側、橋の南袂に「八軒屋駐車場」の看板が見える。八軒屋といへば、明治時代の初めまで、京との間を上り下りした船が着いたところではないか。平安時代、四天王寺や住吉大社、遠く熊野へ詣でるのに、京からここまで船でやつて来て、それから陸路を採るのが一般であつた。また、西国や南海の物資も、ここを経由して京に運ばれたし、鎌倉時代初めの東大寺再建の折には、淀川から木津川へと遡つていつた。かつて渡辺の津なり窪津とも呼ばれた、大阪の中核の場所である。早く奈良時代から橋が架けられ、堀が掘られた。

じつはけふ、ここへやつて来たのは、その渡辺橋の様子を思ひ描いてみようと考へたからである。その橋の名は、今日もここから一・五キロほど下流、堂島川を跨ぐ四ツ橋筋の橋に残されてゐるが、本来はこの天満橋のものであつた。江戸時代になると、北へ渡つた天満地域が繁華になるとともに、天満橋と呼ばれるやうになつたのである。

現在は長さ百六十二メートルである。明治期には二百十五メートルもあつた。江戸時代だと、百間のこともあれば、百二十九間に伸びたこともあつたといふ。橋は度々落ち、その度に掛け替へられて来てゐるのだが、その位置が少し変はることによつて、構造も長さも変はつて来てゐるのだ。

　さうしてしばしば歴史的事件の舞台ともなつた。殊に南北朝時代では幾度となく戦場となり、焼け落ちたこともあるが、いま扱かはうとしてゐるのは、ごくごく個人的な小事件である。十二世紀も中頃——室町時代の物語作者のやうに久安六年（一一五〇）とも、明治の劇作家、松居松葉のやうに保元二年（一一五七）としてもよいが、この橋の上で不意に幕を上げたのである。

　春も盛りの三月中頃と、『源平盛衰記《げんぺいじやうすいき》』第十九は記してゐるが、渡辺橋の復旧工事が完成、それを祝つて橋供養が行はれてゐた。

　当時、この橋は幹線交通の要であつたし、工事自体が巨大事業であつたから、完成は盛大な上にも盛大に祝はれた。桟敷を設け、京を初め各地から人を招き、祭事のあとの歌舞音曲には工夫の限りを尽くした。その一切を取り仕切つたのが、この一帯を支配してゐた、渡辺綱を祖とする渡辺の一党であつた。その者たちは、美々しくも厳めしく身を固め、警護に当たるとともに、供養を盛り上げた。

　その中でも目立つたのが、指揮に当たる若武者であつた。その姿を『源平盛衰記』はかう描いてゐる。「紺村濃《こんむらご》の直垂《ひたたれ》に黒糸威《くろいとおどし》の腹巻に袖付けて、折烏帽子《をりゑぼし》掛二筋通して巻きたる長刀《なぎなた》左の脇に挟《さしはさ》み……」と。

　供養も無事に終り、人々が引き上げ始めると、その若武者は橋の上を南から北へと渡つて行つた。さうして北詰にかかつた時、橋の袂に設けられた桟敷から、女たちが出てくるのに出会つた。そのなかの一人が、ちやうど「輿《こし》に乗らんとして簾《すだれ》を打挙げ」たところであつた。見るともなく見ると、「十六七にもや有るらんと見ゆる女房」で、「世に有り難き」様子であつた。

　運命的な出会ひであつた。いや、出会ひといつてよいかどうか。男が偶然にただ一目、見ただけで

あつた。が、

目くれ心消え

若武者は、いきなりさういふ状態に突き落とされたのだ。

彼は渡辺党の一人、遠藤武者盛遠《もりとほ》で、十七歳であつた。女は、やはり渡辺党の一人の渡辺左衛門尉《さゑもんのじよう》渡《わたる》の妻で、じつは盛遠の伯母、衣川《ころもがは》の娘、袈裟《けさ》であつた。

この袈裟の様子を描く筆は事々しい。『源平盛衰記』は『平家物語』の一異本といつてもよいものだが、文章は劣る。が、その一部を写せば「青黛《せいたい》の眉のわたり、丹華《たんくわ》の口つき愛々しく、桃李の粧《よそほ》ひ、芙蓉の眸《まなじり》、いと気高くして、緑の簪《かんざし》雪の肌、楊貴妃・李夫人は見ねば知らず、愛敬百の媚一つも闕《か》けず、（中略）毛嬙《もうしやう》・西施《せいし》が再誕か、観音・勢至《せいし》の垂迹《すいじやく》か……」。シナの美女ばかりか菩薩まで動員して、書きたててゐる。

かうした絶世の美女を、偶然、目にしたばかりに、盛遠は魂を奪はれてしまつたのである。

この場面は、以後いろんなふうに描かれることになるが、室町から江戸の初期になると、橋供養であることに変りはないものの、船の上でのこととされる。『お伽草子』の一篇『猿源氏草子』（三島由紀夫の歌舞伎脚本『鰯売恋曳網《いわしうりこひのひきあみ》』のもとでもある）だと、かうである。


貴賤群衆して、かの供養を聴聞しける中に、苫屋《とまや》形をした舟一艘供養の際まで漕ぎ寄せて聴聞し侍るに、折節、浦風激しくて、下簾吹き上げけるその隙より、御簾の内の上臈を一目見しより……。

これよりやや下る『恋塚物語』『瀧口物語』になると、久安六年の五月十八と日もはつきりしてゐる。橋供養のため集まつて来た舟のなかに、気高い琴の音を響かせるものがあつた。「こころやさしくて、詩歌、管弦に、暗からず、弓矢とつての、名人」で、かつ美男の盛遠は驚き、耳を澄ます。『平家物語』の猛々しい彼を知つてゐるひとは驚くかもしれない。それは盛遠でなく、瀧口入道、斉藤瀧口時頼ではないかと思はれるが。その盛遠は、心打たれるまま、笛を取り出し、琴に合はせて吹くのだ。さうして、如何なる弾き手かとゆかしく思ひ、橋供養の奉行も怠つて、舟の周りを徘徊しつづけると、「をりふし浦風ふき来たり、みすをば、さつと、ふきあぐるひまをもとめて、見るほどに……」、といふことになる。

室町のこの頃には、渡辺橋は失はれて久しくなつてゐたのかもしれない。だから、橋供養と言ひながら、舟が中心になつてゐるのだ。しかし、簾がめくれた一瞬に見た美女、といふ点に関しては、いささかも変りない。そして、風の悪戯による、とすることによつて、偶然性を強調してゐる。

島の先端から戻ると、天神橋を北へ渡つた。

この橋よりひとつ下が、奈良時代に行基が架けたと伝へられる難波橋である。今では四隅の欄干の柱上に石彫のライオンが据ゑられてゐるのが、こちらからもはつきり見える。欧化を目指した都市大阪の象徴的意味を持ち、南へ渡れば北浜で、証券取引所がある。

北へと渡り切ると、岸沿ひを川上側へと歩いた。こちらも公園になつてゐて、意外に樹木が多く、植込がゆるやかな曲線を描いて、先へと導く。

この出来事に取材した作品は、じつに多い。先にも少し触れたが、明治以降でも依田学海、福地桜痴、松居松葉、岡本綺堂、森田草平、芥川龍之介、菊池寛、長田秀雄、金子洋文、小山内薫といつた名が挙がる。最近ではオペラにもなつてゐる。

先程ゐた対岸の中之島の先端部を越えて、先へと進むと、中之島の向ふ岸が見えて来た。そして、天満橋の袂になると、上町台地の北端が迫り出して、高くなつてゐるのが分かる。これより上流側が恰好の船泊になつてゐたのだ。一帯にホテルやオフィスビルが集中、その陰になつて「八軒屋駐車場」の看板は見えない。

恋は地獄じや

盛遠は、寝ても覚めても女のことを思ひ、苦しんだ。

地獄じや
地獄じや
地獄の責め苦じや

石井歓作曲オペラ『袈裟と盛遠』の盛遠は、バリトンで恋の苦悩を叩きつけるやうに歌ふ。さうして、四ケ月も六ケ月も悶々の日々を送つた末、ついに意を決して、九月十三日の朝早く、伯母の衣川の許へ急いだ。

さうして荒々しく踏み込むと、やにはに刀を抜き放ち、伯母の首を捉へ、刺し殺さうとした。驚いた衣川が、どうしてこんな乱暴な振舞ひをするのかと、咎めると、彼は「慈悲なし目を見張りて」かう言ふ。

「伯母なりとても我を殺さんとし給ふ敵なれば遁《のが》すまじ」

如何に伯母であれ、わたしを殺さうとする以上は、敵だ。逃がしはしない、と。が、なにゆゑに伯母が、どのやうにして彼を殺さうとしたといふのか。

「……人しれず恋に迷ひて、身は蝉の抜殻の如くなりぬ。命は草場の露の様に消えなんとす。（中略）これこそ伯母の甥を殺し給ふなれ。生きて物を思ふも苦しければ、敵と一所に死なんと思ふなり」

死ぬばかりの恋に陥つた原因をつくつたゆゑ、敵であり、殺す、と言ふのである。なんとも無茶苦茶な理屈である。しかし、殺すか殺されるか、この時代の武士の論理で、おのが恋を考へるよりほかないところへ、彼は追ひ込まれてゐたのだ。だから、敵の伯母を殺して、一緒に死ぬ、といふ。一目、見たばかりの恋の激烈さも極まつた、と言わねばなるまい。

だが、この『源平盛衰記』の作者は、この激情一本で突き進むかといふと、伯母に刀を突きつけながら、こんなことを盛遠に言はせる。

「袈裟御前を女房にせんと内々申し侍りしを聞き給はず、渡が許へ遣はしたれば、此の三箇年人しれず……」

それでは一目でもなんでもない、三年前から恋に苦しんでゐたのであり、伯母はその甥の願ひを無視してゐたのである。さうだとすれば、かくも伯母を責めるのは道理だらう。

『源平盛衰記』は、本によつて異同が多いばかりか、いまだにきちんとした本文が定まつてゐない。そのためいろんな問題が出てくるのだが、最も甚だしいのが、一目見た恋が、長年にわたつての恋と変ることだらう。この長年にわたつての恋とするのが、近松作と伝へられる（真偽が疑はしい）浄瑠璃『鳥羽恋塚物語』である。念が入つてゐて、「袈裟御前七つのとし某《それがし》が妻にせんと父と父との契約」があり、盛遠は「此の年までまだ女を具せず候」となつてゐる。

多分、一目見ただけの恋から、ここにまで至る盛遠の激情を、大方の人々は納得出来なくなつてゐた、といふ状況があつたのではないか。その影響を、『源平盛衰記』自体が早々に受けて、曲筆したのかもしれない。芥川龍之介にしても『袈裟と盛遠』で、袈裟が渡の妻となる前からとしてゐる。

天満橋の北詰に出た。

このあたりは四月の上旬には造幣局の桜の通り抜けで賑はふのだが、いまは人影がなく、車ばかりが激しく行き交つてゐる。そして、頭上からも車の走行音が降つて来る。

手前の歩道を採り、橋を盛遠と逆に南へと渡りにかかる。上の車道を支へる鉄柱が両側に並び立ち、水上に広がる空間から、半ば隔てられてゐるやうな感じである。

足が早まるまま、中程まで行き、欄干に身を寄せた。

川面は中天にある太陽の鈍い光を受けて、無数の鋼板で鎧はれたかのやうだ。しかし、よく見回すと、橋脚のコンクリートを舐めてゐる水ばかりは、水面を透かして、その濡れた肌を見せてゐる。

時代が下るに従ひ、長年にわたつてとする説が有力になるのだが、謡曲『恋塚』は「一目見しより恋となりて」としてゐるし、先にも触れた『猿源氏草子』もその立場である。さうして元の『源平盛衰記』となると、その立場の食違ひに拘らず、先へと一気に進む。

恐怖した衣川は、娘に手紙を書く。風邪で伏せつてゐるので、一人ひそかに会ひに来てほしいと。袈裟が急いでやつて来ると、衣川はこれまでの経緯を打ち明け、自分の短刀を娘の手に持たせ、さめざめと泣きながら、

「和御前故に、武者の手にかかりて亡びんよりは、憂き目を見ぬ前に和御前、我を殺し給へ」

と、迫つた。

これに進退極まつた袈裟は、かう答へる。

「親の為にはさらぬ孝養をもする習なり。御命に代り奉らん」

親のためには、如何なる犠牲も払つても、孝養を尽さなくてはならないと承知してゐます。身代りになりませう。さう言ひ切つたのだ。

しかし、愛しい夫のことを思ふと辛く、「結ぶの神も哀れと思し召せ」と呟いて涙を流す。

橋を振動させつつ、大型トラックが近づいて来たが、それとともに学校帰りらしく黒い鞄を提げたセーラー服の少女が足早にやつて来た。やや目を伏せ加減にしてゐるが、眉がくつきりとして、鼻筋がとほり、爽やかな気配を漂わせてゐる。わづかながら風があるのだらう、肌理の細かな白い首筋に、長い髪の毛がまつはりついてゐる。

大型トラックとともに、少女もわたしの前を通り過ぎる。

日が暮れると、盛遠が「独り咲みして、鬢《びん》をかき鬚《ひげ》をなで、色めきて」やつて来る。

そして、「女と共に臥《ふ》」した。

この「共に臥」したとあるところが、しばしば問題にされて来た。芥川がその作でそのやうに書いたところ、抗議の手紙が幾通も来た。袈裟は、盛遠と寝床を共にするやうなことは決してなかつた、そのやうなふしだらな女ではなかつた、と言ふのである。

かうした抗議が出たのも当然で、江戸時代から明治・大正にかけて、袈裟は孝女にして貞女の鑑とされて来てゐた。例へば明治八年（一八七五）に刊行された疋田尚昌編『本朝列女伝』に収められた一篇は、次のやうに結ばれてゐる、「袈裟一女子を以て其身を殺し親の難を救ひ夫の命に代りたり、其孝貞世に倫《たぐひ》なきものといふべし」と。

かういふ女が、いかに母親のためとはいへ、若武者と簡単に寝てもらつては困る。さうした思ひは、江戸時代に始まるものではなかつたらしく、先に引いた『恋塚物語』や『瀧口物語』『猿源氏草子』にしても、「共に臥」すことなく、話は先へと進む。室町の後半からさうだつたのである。

しかし、「共に臥」すことがあつて、この物語は成立するのであらう。さういふことがなくては、夫の身代りに首を斬らせるといつた事態は起こり得ないのではないか。

それに母の衣川にしろ袈裟にしても、一度身体を与へれば、どうにかことは納まるだらうと考へてゐた節があるやうに思はれる。たかが十七歳の若者が相手なのだ。

鶏が鳴き、暁も近くなつたので、袈裟が暇を告げようとした。すると盛遠は、跳ね起き、

「弓矢採る身に生まれて、あかぬ女に暇とらせて恋する習なし。会はで思ひし思ひは数ならず、何《いか》なる目に合ふとても暇《いとま》奉らんとは申まじ」

さう言つて、「太刀を抜いて傍らに突き立て」たのだ。公家の世界では、朝になれば女は下がるのが習ひかもしれないが、武士の身にはさういふ習慣はない。死ぬばかり思ひ詰めて来たが、共寝をしたいまとなつては、それも取るに足りないと思ひ知つた。もはやどのやうな目にあはうとも、片時たりとお前を離さない、と。さうして、かうも言つた。

「嗚呼《ああ》、今の世の乱れぞ。思ひ儲《まう》けし事なれば、会ひぬる後は命くらべ、和御前《わごぜ》の為には命も惜しからず。和御前の不詳、盛遠が不詳、渡が不詳。三つの不詳が一度に来《きた》るべき宿習《しゆくじふ》にてこそありつらめ」

ここに盛遠といふ男の、尋常ならぬ烈しさが鋭く出てゐるのではないか。自分が如何に無法なことをやつてゐるか、夫渡の存在も、よくよく承知してゐたのだ。この所業の結果、自分ばかりか袈裟の、また、渡の運命も、一つに束ねて一気に捻じ切ることになるやもしれないと、はつきり見通してゐる。

それでゐて、袈裟を一刻も離すまいとするのだ。「命くらべ」といふ言葉に、燃焼し尽くさうとする気迫がこもつてゐる。

一方の袈裟はどうであらう。三年の間、契りを交はして飽くことのない渡と、激情を噴出させる若武者との間に、いきなり身を置く羽目に陥つたのだ。

先程まで佇んでゐた中之島の先端が、正面向ふに見える。ここに漲る膨大な水が、何事もないかのやうに二分され続けてゐる。その先端の背後には、赤煉瓦に銅葺の丸屋根の塔を幾つも持つ中央公会堂があり、さらに図書館、市役所と続き、超高層のビルが林立してゐる。

生田川の伝説の処女は、二人の若者に求婚され、進退窮まつて入水《じゆすい》した。袈裟にしても一度は「水の底にも入ばや」と考へた。しかし、袈裟は処女ではなかつた。さうして、いまや二人の男と枕を交はしてしまつてゐたのだ。処女とも貞淑な妻とも違つた身として、自らの在り方を採らなくてはならない。

中之島の先端部が、こともなげに流れを二つに分け続けてゐるのが、不思議に思はれてくる。

さうして袈裟が採ると決めたのは、恐ろしい詭計《きけい》に満ちた企てであつた。かう男に囁く。

「誠に浅からず思し召す事ならば、只思ひ切つて左衛門尉を殺し給へ。互に心安からん」

真意はともかく、この言葉はおぞましい。

「あのひとを殺して下さい。わたしはあの人が生きてゐては、あなたと一しよにはゐられません」

――妻は気が狂つたやうに、何度もかう叫び立てた。「あの人を殺して下さい」――この言葉は嵐のやうに、今でも遠い闇の底へ、まつ逆様におれを吹き落さうとする。一度でもこの憎むべき言葉が、人間の口から出た事があらうか？　一度でもこの位呪はしい言葉が、人間の耳に触れた事があらうか？

芥川龍之介『藪の中』の最後、夫の死霊が、巫女の口を借りて語つた言葉の一節である。これと同じ夫殺害計画を、先に挙げた『袈裟と盛遠』では、袈裟でなく盛遠の口から出る。妻の袈裟から言はせるのに耐へられなかつたのであらう。芥川は当時、結婚したばかりであつた。さうして三年余後、いま引用した『藪の中』で、盗賊に凌辱《りようじよく》された妻が盗賊に向つて発するのだ。その点で、『源平盛衰記』の影は、『袈裟と盛遠』よりもこちらにおいて濃い。盗賊多襄丸《たじやうまる》が真砂《まさご》を奪はうと決心したのも、路上で彼ら夫婦と行き会つた時、「風が吹いた拍子に牟子《むし》の垂絹《たれぎぬ》が上」り「ちらりと女の顔が見えた」と書き込まれてゐる。前々から恋してゐたわけではなかつた。あくまで行きずりのことである。が、その女の顔は「女菩薩のやうに見えた」のである。

袈裟は、さらに渡を殺す手筈を囁く。わたしはこれから家に帰り、夫の髪を洗ひ、酒に酔はせて眠らせますから、闇の中を忍んで来て、濡れ髪を探り、殺して下さい、と。

盛遠は、喜んだ。

盛遠が喜んだのは、勿論、さうすれば袈裟を自分ひとりのものにすることが出来るからだが、それよりも女のこころが、すでに自分のものになつてゐると確信できたからであらう。

このやうに男が喜べば喜ぶほど、女の詭計は完全になる。が、さうなるのには、やはりそれなりの男女の夜がなくてはならない。女の語るその言葉は、だから、まがまがしくも甘美な吐息のやうに吐かれたのだ。

じつはそのまがまがしさと甘美さを、袈裟は自覚したがゆゑに、自分に対して過酷な上にも過酷な詭計を思ひつき、実行へと踏み込む決意を固めたのではないか。夫を徹頭徹尾、裏切る言葉を吐いた以上は、その言葉の遙か先の先まで厳しい自己懲罰に至らなくてはならないのだ。さうしなければ、その言葉の毒に自分がまみれてしまふ。

橋を南へ渡りきると、横のビルに入つた。地下が京阪電鉄の駅になつてゐるのである。

この破局が訪れたのは、どこにおいてであつたらう。盛遠が忍び込んだ渡辺左衛門尉渡の屋敷は、渡辺の津の一角にあつたとも考へられる。さうならこの近くである。ところが渡は瀧口左衛門尉源悟の子であるとの一書の記述によつて、彼も院の瀧口に出仕してをり、京も南の鳥羽に住んでゐたとするのが有力となつてゐる。『源平盛衰記』には記述がないが、『猿源氏草子』『瀧口物語』のいづれもさうで、近松作と伝へられる浄瑠璃は、題名に鳥羽が冠せられてゐる。加へて、江戸時代になると、袈裟を葬つた塚が二つ、ともに鳥羽に出現した。

切符売場で電車の路線図を見ながら、あれこれ考へた末、やはり鳥羽へと考へたが、ここから鳥羽へ行くのにはさまざまな行き方ある。そのなかでも京の南正面、羅生門址から南へ通じる、鳥羽の作り道を採つて鳥羽へ行くのがよからうと思ひ至つた。そして、京阪電車で丹波橋まで行き、近鉄線に乗り換へ、京都駅へ出る途を採つた。

さうして、京都駅南口でタクシーに乗ると、鳥羽の浄善寺へと行先を告げた。『都名図会』(安永九年・一七八〇刊)に、袈裟と盛遠ゆかりの寺として出てゐるのだ。

ろには藍《あい》色で大きく「恋塚寺」と刻まれてゐる。

「六地蔵で知られるお寺ですね」

と運転手は答へ、東寺の南側の道へ出て、西へ進む。さうして羅生門跡の碑の前から左へ折れた。

「これが鳥羽街道で、この通に面して浄善寺が在ります」

運転手が説明してくれる。

そこで、出来ればもう一つ、恋塚寺といふ寺にも行きたいんだがと、やはり『都名所図会』に出てゐる寺の名を挙げると、今ではほとんど行く人がゐませんが、この街道の先にあります、といふ返事だつた。

道は真直ぐ南へ向つてゐるのだが、微妙に左右にぶれる。道に面して建つ家々の瓦屋根の軒先が、一線にならないので、はつきり分かる。そして、先の方まで見通すことが出来ない。古い街道はこんなものなのだなと、納得させられる思ひである。

急に道が右へ曲がる。と思ふと、左へ戻る。

「遠い昔、ひどい水害があつたんですね。道や家が西へ押し流され、そのままになつてゐるらしいんです」

ハンドルを回しながら、運転手が言ふ。そして、戻したと思ふと、停車した。

玉垣に囲はれた植込があり、「恋塚浄禅寺」と刻まれた石柱があつた。タクシーを出ると、その横に見上げる高さの緑色の自然石に「激揚貞風」と大きく刻まれ、奥には堂々とした五輪の石塔が立つてゐた。緑色の石の碑は昭和の初めのもので、袈裟が身をもつて「貞風」を鮮烈に昂揚させたと称揚してゐるのである。また、傍らに横長の碑があり、林羅山撰の文が刻まれてゐた。「鳥羽恋塚者文覚為渡辺源渡妻所築也……」とある。下の一部が剥落してゐるが、正保四年(一六四七)に摂津高槻城主永井日向守直清によつて建てられたものであつた。

ここには袈裟を称揚するモニュメントが集められてゐるのだ。

ただし、『源平盛衰記』流布本のこのところの記述は簡略である。袈裟は帰宅すると、母親の病が癒えたのを喜んでくださいと夫に酒をすすめ、前後不覚に酔はせる。そして、「帳台の奥」に寝かせると、「我が身は髪を濡らし、たぶさに取つて、烏帽子を枕に置き、帳台の端に臥して、今や今やと」待つのである。

これが異本となると、寝てしまつた渡の「片ふさを乱して女の髪に削りなし、我が長なる髪をたぶさたけに切て、髻《もとどり》になし」、髪を男のものとすると、灯を掻き立て、これまでの経緯をこまごまと書き、灯をふつと消すと、「十念唱へ」て待つ。

『恋塚物語』では、母親宛に遺書を認《したた》める。「さてさて、さきだちまゐらする事、ふかうの、いたりに候へども、ふたりのおつとにまみへ候事、世のそしりも、くちをしく候へば……」と。そして、三つになる幼子と涙の別れをした後、渡の髪をしばし櫛けずり、撫でた後、自分の髪を切つて、渡の鬢《びん》に巻き付け、女の寝てゐる様になし、自らは烏帽子、狩衣をつけ、男の姿となり、妻戸の掛金を外して細目に開け、「いまやいまやと待ち給ふ」のである。

烏帽子をかぶる以上、濡れた髪は出てこない。が、悲しみに沈みながら、凛々しくも死を決意した男装の美女の姿は、格別である。この物語の作者は、優雅な王朝の趣を漂はせるのに腐心してゐるが、そこには『とりかへばや』の趣向が意識されてゐるかもしれない。

浄瑠璃では、眠つてゐる渡との別れに重点が置かれる。

灯を掻き立て、夫の顔をつくづくと眺め、「わらはは今宵我君の御命にかはる也。かほどに薄き縁《えに》しは、夢にも知らでうちつけに、かはす枕の上にては、契りを遙かに先年の鶴によそへ、睦言の床のほとりは齢をともに万劫の亀にと祝ひしも、今宵すら皆あだとなる。此世こそは薄く共、来世猶来世生々世々の内にして、生きかはり死にかはり夫となり妻と成て、あかぬさが見ん物を……」と、たつぷり泣き口説く。そして、夫の枕刀で自分の丈に余る黒髪をふつつりと切り、それを形見として夫の枕辺に置き、自分は乱れ髪のまま臥し、盛遠がやつて来るのを待つ。

こんなふうに紹介すればきりがないが、もう一つ、芥川龍之介の場合をみて置こう。袈裟は、もはや三年前の美しさを持たず、そのことを自覚してゐる寂しさから、盛遠に身体を与へ、かつ、さうしたことによつて盛遠から軽蔑されてゐると考へる。さうした折も折、「渡を殺さうではないか」と言はれ、その言葉に飛びついた。なによりも惨めな自分を抹殺するために、そして、盛遠に復讐するために。男は、かうした自分に対して抱くやうになつた憎悪と恐怖に駆られて、間違ひなくやつて来ると、確信して待つ……。『源平盛衰記』の記す盛遠の単純極まる行動とは対極的な、心理の迷路へと迷ひ込んでゐる。

これでは渡を殺すだけの力が盛遠にあるかどうか。また、袈裟に死ぬ覚悟があるかどうか。それに芥川は、ここで月を出す、「程なく、暗の中でかすかに蔀を開く音。それと共にうすい月の光がさす」と。この光が、袈裟の詭計にとつて致命的な妨げになると考へなかつたのだらうか。完全な闇の中、手探りでことは運ばれなくてはならないのだ。

植込の右手に、朱塗の山門があつた。奥にはコンクリート造だが、要所に御影石を使ひ、簡素さと厳粛さを感じさせる本堂があつた。

案内を乞ふと五十歳前後の小柄な女性が顔を出し、丁寧に応対、本堂の奥へ案内してくれた。そこには三十センチほどの座像が安置されてゐた。赤地に金の模様を散らした打掛を羽織り、髪を長く垂らした、いかにも凛々しく麗しい武家の夫人で、合掌してゐる。袈裟御前像である。近年、制作されたものだらう。

桐箱から袈裟御前の遺書と伝へられるものを取り出して見せてくれた。軸仕立てになつてゐて、墨色が濃く、勢ひはよいが、どこかぎごちない筆の跡である。

おもふよを身ひとつにしていかにせん
あはれ木ごとに花のさけるか

まづ男ふたりに身を裂かれる思ひを言ひ、それぞれの男ごとに花を咲かせることがあり得るだらうか。出来ない以上は、死ぬよりほかない、とでも解すればよいのだらう。続けて、「ただ過去の因縁ふかき衣川どのの介抱あれかしと菩提のため、かき残しまゐる」とある。そして、宛名が「もりとうどの」となつてゐる。物語類では、数多くの遺書なり手紙を書いたことが出くるが、殺しにやつて来る盛遠宛に書いた例はない。

その宛名はともかく、以上とほぼ同文のものが、武士の夫人の心得を記した『後松日記』などに引かれてゐる。二夫にまみえず、といふ女の道を説く手本としてである。が、この巧みとは言へないこの歌から聞こえて来るのは、二人の男に愛された苦悩とともに、華やぎでもあるのではないか。意地悪く読めば、密かに誇つてゐるとも受け取れかねない気がするが、どうであらう。

待たせてあつたタクシーで、さらに鳥羽街道を下つた。

やがて左折、鴨川を渡る。そして、今度は左岸沿ひを進む。このあたりの左側一帯は、鳥羽離宮の跡地である。鳥羽院が権勢に任せて広壮な離宮を造営したのだ。この先には京の川湊になる鳥羽の湊があつた。

その湊周辺には渡辺一党の者たちの屋形が散在、その一つから確かな足取りがこちらへとやつて来る。そして、手探りしながらも迷ふことなく闇のなかを着実に近づいて来る。

と、濡れ髪に触れる。

袈裟が言つてゐたとほりと得心するとともに、男は刀を抜き放ち、

唯一刀《ひとかたな》に首を斬り、

その首を「袖に裹《つつ》みて家に帰」つた。

『恋塚物語』はもう少し詳しい。刀を抜くと、

胸の間へのしかかり、板敷、畳、とをれとをれと三刀刺し、返す刀に、首をとり、本望とげぬと、よろこびて、門のほかへ、走りいで、道のほとりの、田のなかへ、押し込み隠して、われは、京へぞのぼりし。

ところが郎党が駆け込んで来て、渡の女房が殺されたとの変事を伝へたのである。あわてて引き返し、袖の中から「首を取り出して見」たところ、まぎれもなく「女房の首」であつた。『恋塚物語』では、

田へと引き返し、隠した首をとりだすと、水で洗つて確かめようとする。

『瀧口物語』となると、変事を聞きつけて駆けつける衣川の跡を盛遠が追ひ、渡の屋敷の外で様子を窺ふと、なにやら不審に思はれて、
道のほとりにへ、走りいでて、捨てにし首を取りいだし、うちすすぎて、見てあれば、心をつくす女房の、男の命に、かはりけるよと。

浄瑠璃では、首を取つて逃げると、追はれ、闇の中で戦闘になる。その最中、「たいまつを出せ」との声を聞くが、それが渡のものと気づくのだ。

「南無《なむ》三宝《さんぼう》、首たがひせしか」

と思ふところへ、
たいまつを、輝くばかり出しけり。火影にすかしよく見れば、袈裟御前のくびにてあり。

となる。

羅山の碑文にはかう記されてゐた。書き下しにして示せば、

頭ヲ　断チ持チ去ル　黎明ニ之ヲ視レバ則チ婦人ノ首也

松明と朝の光の下で見るのとでは、同じ袈裟の首でも、違ふであらう。

浄瑠璃作者は、かう語り継ぐ。

「こは情けなやたばかれし」と、さしもたけき盛遠も心みだるるばかり也、今は何をか期すべきと首ひつさげ駆け出して、「なふ、それなるは渡にてましますか、今宵の狼藉は某《それがし》遠藤武者盛遠也、近頃不覚の至りなれ」

かう名乗つたうへで、これまでの経緯を語る。そして、「御身の腹のゐたらく程に切りさいなみ、袈裟御前の孝養に報じたべ」と膝を落とし、首を差し伸べる。

『源平盛衰記』の記述は、この先、やや詳しくなり、郎党の知らせ受けた盛遠は、袖のなかから取りだした首を一目見ると「倒れ伏し、声も惜しまず叫」ぶ。そして一日、「起き居てつくづくと諸法の無常を観じる」と、翌日、門を閉ざす渡の屋敷へ赴き、貴殿の「女房の御首切りて候ふ奴を聞き出して、かしこへ打向ひつつ搦《から》め捕りて参」つたと告げるのである。そして、渡が出てくると、手にした刀を差し出し、「疾《と》く疾く切り給へとて頸を延べ」るのだ。

離宮跡も過ぎ、川湊跡（草津の湊と呼ばれ、明治の初めまで栄へた）も近いと思はれた頃、車は止まつた。鴨川の土手沿ひの道から左手、少し低くなつた位置に、藁葺の山門があつた。恋塚寺であつた。

山門をくぐると、民家のやうな建物が一棟あり、その先が庭になつてゐて、真新しい横長の碑があつた。刻まれてゐるのは、浄禅寺にあつたのと同じ、林羅山の文であつた。最近に建てたらしい。袈裟と盛遠に所縁のある寺として、この二寺が古くから競ひ合つて来てゐるのである。『山州名跡志』(正徳元年・一七一一刊)にも「恋塚は二所に在つて決し難し」とある。その横に、玉垣に囲はれて高さ一メートルほどの宝篋印塔《ほうけふいんたふ》があつた。全体に彫りが浅く、風雨に犯されてをり、形から見て、室町期のもののやうだが、異なった部分を集めて積まれてゐるやうである。傍らに、これまた古さうな五十センチほどの碑があつて、かうあつた。

渡辺左衛門尉之妻袈裟御前秀玉善尼之墓所

秀玉善尼《しふうぎよくぜんに》といふのが、袈裟の戒名なのだらう。さらに、

天養元甲子稔六月二十四日　文覚上人開基恋塚根源之地　嘉応二庚寅稔　恋塚寺建立

この碑を彫らせたひとは、あの事件が起つたのは天養元年（一一四四）で、それから二十六年後の嘉応二年（一一七〇）、盛遠から名を改めた文覚《もんがく》がこの寺を建立したと考へてゐるのだ。碑そのものの建立年月日はない。ただし、宝篋印塔は『都名所図会』の挿絵に出てゐるもののやうである。その庭の先に、普通の住宅とも見える建物があり、それが寺であつた。磨ガラスの戸が閉め切られインターホンには「御用の方は呼んで下さい」と張紙がしてある。

ボタンを押すと、六十歳くらゐだらうか、セータアに眼鏡の婦人が出て来て、中へ入れてくれた。

内は天井が低いながら、意外に広く、奥に大きな仏壇が据ゑられ、右手の襖を取り払つた隣座敷の壁に、絵が二点掛かつてゐた。一点は小さいものだが、細面の気品のある女性像が金泥を使つて描かれてゐる。袈裟御前だといふ。もう一点は、襖一枚ほどの縦長の軸で、大和絵の筆致で描かれた縁起絵であつた。院の瀧口の武士二人が共に侍してゐるところから、老尼に男が刃を突きつけてゐるところ、首を斬られて血を噴出させてゐる女の姿、男が水辺で女の首を洗つてゐるところ、そして、男二人がともに髪を下ろし、寺が建立される、そこまでが描かれてゐる。

かつてはこの絵を示しながら、物語が語られたのであらう。

廊下を通つて、もう一間に案内されたが、そこには等身に近い三体の白木の座像と釈迦座像が並べられてゐた。向つて左端が僧形の盛遠で、眉間に軽く皺を寄せ、正面をぐつと睨んでゐる。そして、釈迦像を隔てて、袈裟だが、右膝を立て、冠を被つた上から薄物を垂らし、首を微かに傾け、如意輪観音のやうな趣である。しかし、鼻筋がやや長く、柔美な気配はない。続いて右端が渡辺綱である。やはり僧形で、太い眉を上げて合掌してゐる。

数年前までは袈裟を真ん中に並べてゐましたが、釈迦像を寄進頂いたので、かういふ形に変へました、と婦人は説明する。

『源平盛衰記』の続き、自分を殺せと言ひ立てる盛遠を、渡は静かに押しとどめ、いまわたしがお前を斬つたところで、わたし自身に、来世の苦を招くだけだ、と言ひ、

「この女房は観音。優婆夷《うばい》の身を現じて、我等が道心を催し給ふと観ずべし」

ここの袈裟像が如意輪観音めいて造られてゐるのは、この言葉ゆゑなのであらう。女の身で深く仏道に帰依、その在りやうを示して、われら二人がともに道心を起こすやうに図つたと見做すべきでせうと言ひ、渡は自らの髻《もとどり》を切つた。

この渡に向つて、盛遠は七度礼拝して、同じく髻を切つた。

その様子を見てゐた三十余人の者たちが、一斉に髪を下ろし、衣川も彼女に仕へる女房たちも、出家した。

このあたりは、説経『愛護《あいご》の若《わか》』の、その主人公が比叡の瀧に跳び込んで空しくなると、その父も叔父も、それぞれの従者たちも、総勢百八人が身を投げたといふ話に通じるやうである。この袈裟御前の物語の生成にも説教師が関与したためかもしれない。理解を越える無残な出来事に出会ふと、かうした結末でもつて応じるのが、この時代のやり方であつたのであらう。

さうしてこの場から、二人の僧が出現したのだが、盛遠は文覚と名を改めた。さうして非業の死を遂げた義朝の髑髏《どくろ》を、その子の頼朝に突きつけ、挙兵を勧めたことによつて、歴史の表舞台へと登場した。渡についてては『源平盛衰記』も『平家物語』もなにも伝へないが、『恋塚物語』などでは俊乗坊重源《しゆんじようぼうちやうげん》となつたとする。多分、重源が渡辺の津に別所を設け、勧進をおこなつたことから生まれた伝承であらうが、平重衡《しげひら》の軍勢が放つた火によつて東大寺が焼失、大仏の首が落ちると、大勧進となつて修復に尽力、見事、首を戻した。

これは偶然だらうか。袈裟は「あはれ木ごとに花のさけるか」と嘆いたものの、自ら首となることによつて、二人の男それぞれを歴史を動かす首に係はらせた、と言ふことができるかもしれない。

（海燕、平成2年2月号）

源氏供養《げんじくやう》

東海道線石山駅の南側は、ロータリーになつてゐて、バスを待つ人々があちこちに屯してゐた。わたしが乗るべきバスはどこから出るのか、見当がつかない。その間を行つたり来たりして、それらしい列の後にゐた半ズボンの少年に尋ねた。

「行くよ」

元気な声が返つてきた。そこへバスが来たので、少年の後から乗り込み、横の席に座つた。

「なにしに行くの」

少年がこちらの顔を覗き込むやうにして、訊ねる。

「見物さ」

「お金取られるよ」

「さうだらうな」

「あんなところ、つまんないけどな」

さう言ひながら、ポケットからチューインガムを取り出し、わたしに奨める。

「会社にお勤めしてるの。なにをする会社？」

少年は遠慮がない。

「学校の先生さ」

さう答へれば、怯むかと思つたが、逆であつた。

「小学校？　中学校？　ぼくは小学校の四年生さ」

「おじさんは、幼稚園の先生だよ」

「へえ、それなら園長先生だな」

なるほど、幼稚園の先生なら、若い女性が普通で、白髪頭の男となると、園長先生といふことになるだらう。しばらく幼稚園の先生になりすまさなくてはなるまい、と思ふ。

「から色、つてどんな色か、知つてる？」

また、なにを言ひ出すのかと思つたが、バスが止まつた脇の電柱に、「からはしまえ」とあつた。瀬田の唐橋《からはし》である。そこへ向ふ商店街に差しかかつたらしい。

「どうだつたかなあ」

以前、訪ねたことがあるのだが、記憶が脱落してゐる。

「じやね。瀬田の唐橋は何色？」

どこか古風な街道を思はせる建物がある。

「決まつてゐるじやないか、朱色、赤さ」

バスはそのまま橋の袂へ進むと思つてゐたところ、右へ折れる。それを承知して、訊ねたらしい。

「アカンなあ、アカンなあ」

少年は囃し立てるやうに言ふ。思ふ壺に嵌まつたのだ。

「からはからでもからつぽ色。なんの色もついてゐないの」

と続ける。

新幹線の高架に続いて、高速道路の下をくぐると、川縁に出た。瀬田川である。川幅いつぱいに水を湛へてゐる。琵琶湖から流れ出し、宇治をへて淀川に流れ込む。向う岸には、人家もあまり見えず、小さな丘が重なつた背後は、信楽《しがらき》の山々である。

もうすぐだよ、と少年は、窓の外を指さしてわたしの目的地を教へてくれた。

下車したのは川縁で、バスが走り去ると、道を隔てた正面が山門であつた。道綱母が天禄元年（九七〇）夏、夜明けとともに邸を出ると、逢坂山を越え、打出の浜から舟に乗り、たどり着いたのがこの岸だつたのだ。

横断歩道を渡る。土産店が並び、鉄筋タイル張りの立派な旅館がある。

筆太に石山寺と書かれた提灯の下がる山門を入ると、石畳が真直ぐに伸び、両側には塔頭が並び、背高の躑躅が整然と刈り込まれて続いてゐる。その背後から楓、桜などが枝を伸ばして、頭上を覆ふ。平安時代には、いまもいつた道綱母を初め、紫式部、和泉式部、孝標女《たかすゑのむすめ》ら多くの女性たちが、好んでやつて来た。なにが誘つたのだらう。

進むにしたがつて、右手から山腹がせり出し、拝観券を扱ふ小屋の前を抜けると、脇に細長く横たはる池を隔てて、こちらへ覆ひかぶさつて来る。そして、山裾が抉れ、樹の根のやうに複雑にもつれた形の岩が剥き出しになり、池を越えてこちらまで届きさうである。

立ち止まつて、岩と岩との間から水面を覗き込む。絵巻『石山寺縁起』巻二に描かれた龍穴でもあらうかと思ふ。この寺の歴海和尚が「孔雀経」を転読、龍王段に至つて龍の名を読み上げて行くと、池の中からつぎつぎとさまざまな龍が出現、和尚の傍らに侍したといふ。その大和絵独得の優美な緑と藍とがいまも脳裏にあるが、目の前の池はごく狭小で、暗緑に淀んでゐる。

そこから少し進むと、右手に石段があつた。

中央に鉄棒の手摺がついてゐて、上の木立をとほして青空が見えた。段の踏み込みが浅く、急である。登り詰めると、平地が開け、右に毘沙門堂、左には蓮如堂があつた。室町時代に浄土真宗を再興した蓮如の母が石山寺の観音の化身だとされたことに拠るらしい。その背後、一段と高くなつたところに本堂が側面を見せて建つてをり、花頭窓《くわとうまど》がついてゐる。

正面には、白灰色の岩が群れ重なつてゐた。膨大な容量と重量をもつて、岩々が組みあひ、押し伏せ、持ち上げ、伸び上がつてゐて、不思議に清潔な空間を造り出してゐる。


大なる岩ほ有《あり》。八葉《はちえふ》の蓮花《れんげ》のごとく。紫雲《しうん》常にたなびきて、瑞光《ずいくわう》しきりにかがやく。


東大寺の大仏を鍍金する黄金を求め歩いた良弁《りやうべん》が、夢の中で「大聖垂迹《すいじやく》の地」があるとのお告げを受け、この近くまで来たところ、魚釣りをしてゐた翁、じつは比良明神が、かう語つて、この地を教へたといふ。

岩々は畦灰石《けいはひせき》と呼ばれるもので、硬度が高く、輝度を帯び、苔や草に覆はれることがなく、穏やかな明るさを生み出してゐるのだ。

手前両脇に石灯篭が据ゑられ、聖なる場所であることを示してゐる。

この中央の岩の上に、良弁は仏像を安置して、秘法を勤修した。すると、求めてゐた砂金が陸奥国で発見され、喜んだ天皇が年号を天平勝宝（元年は七四九）と改めるとともに、東大寺に先だつてこの地に寺の建立を、良弁に命じた、と伝へられる。

背後は茂みに覆はれた険しい斜面になつてゐて、畦灰石群の両端から背後にかけ階段がついてをり、出会つたところから正面上へ真直ぐ石段となり、上には多宝塔が建つてゐる。檜皮葺の柔らかく張りのある屋根が、梢の間に仰がれる。建久二年（一一九二）、頼朝が寄進したもので、現存する多宝塔のなかで最古、かつ、最も美しいといはれてゐる。

それにしてもこの清浄な岩石群を囲んで隆起する地形をまことに巧みに利用、左手に本堂を初め校倉造《あぜくらづくり》の経蔵《きやうざう》、右手には鐘楼、御影堂など、中央の高みには多宝塔を配置、見事な立体空間としてゐる。

蓮如堂の横から本堂への階段をあがる。花頭窓の枠の黒漆はほとんど剥落してゐるが、障子の白さもあつて、ひどくくつきりとしてゐる。その横に、「紫式部源氏の間」と書かれた札が下がつてゐる。この障子を開け放ち、湖上に照る仲秋の月の光を浴びながら、十二単衣の優美な姿の女が筆を走らせてゐる……、そんな情景を、幾人もの画家がこれまで描いてゐるが、それがこの花頭窓の向ふであるらしいのだ。

『源氏物語』の早い時期の熱狂的な読者となると、『更級日記』の筆者孝標女がまづ浮かぶが、紫式部より三十歳ほど下の彼女は、記録に拠れば二度、この石山寺を訪ねてゐる。その折、かうした一間があつたかどうか。あれば見逃すはずはないが、その日記には見えない。そして、二度目の参籠（永承四年・一〇四九）から約三十年後の永承二年（一〇七八）には焼失したが、それから間もなく再建されたものの、源氏の間なるものが確認されるのは、ずつと下つて永享九年（一四三七）である。当時の代表的な歌人、正徹《しやうてつ》が石山寺を訪ね、「源氏の間といふ局《つぼね》の壁」に歌を書きつけたことが、歌集に見える。その歌、

これよりも流れし水のみなもとをわづかに汲める末《すゑ》をしぞ思ふ

この部屋で書き出されたといふ『源氏物語』の恩恵に、多少なりと与つてゐる、末の世に生きる自分を含めた者たちの在りやうに思ひをめぐらしてゐるのである。それからさらに六百年近く流れ下つた、今日のわれわれはどうであらう。正徹の言ふ「末」に、なほも繋がり得てゐるかどうか。

花頭窓の先の角を曲がると、本堂南正面の扉はすべて開け放たれてゐた。回廊に出ると、木々の梢の緑が目の前で、地面ははるか下だつた。

外のかたを見出だしたれば、堂は高くて、下は谷と見えたり、

兼家のつれない扱ひを怒つて、ここに籠つた道綱母の『蜻蛉日記《かげろふにつき》』の一節だが、当時とさほど変はつてゐないのではないか。左手の木立を透して、塔頭《たつちゆう》の甍《いらか》が見える。

高き所にて、ここかしこ、僧房どもあらはに見おろさるる……

『源氏物語』若紫の巻からだが、光源氏が思ひがけず愛らしい少女と老尼の姿を覗き見たのは、こんな高みからであつたのではないか、とも思ふ。

もつともこの本堂は、いまも触れたやうに十一時世紀末に焼失したばかりか、慶長年間には全面的に改修され、外陣《がいぢん》は桃山様式、内陣《ないぢん》は平安様式になつてゐるといふ。

内陣の拝観を申し出ると、初老の僧が案内に立つてくれた。

仕切る柵の内側には畳が敷かれ、奥の祭壇の中央には、等身よりやや小さめの如意輪観音の半跏《はんか》像が据ゑられてゐた。やや丸顔の、少年か少女の面影のある、金箔もあまり褪めてゐない像で、六本の腕を思ひ思ひに遊ばせ、形のよい左脚を台座から垂らしてゐる。

僧の説明によると、「お前立」で、本尊は後の厨子に収められてゐて、三十三年毎に公開されるが、同じ姿ながら高さが五・三メートルもあるといふ。台座から宝冠を含めてであらうが、かなり大きい。創建からかなり下つた弘安八年（一二八四）の作とのことだが、創建時と無縁なお姿ではなからう。

祭壇の左右には、さまざまな所縁の品々が展示されてゐた。芭蕉が瀬田唐橋を描き、句を賛した墨絵などから、紫式部が使つたといふ硯、彼女が書写した大般若経《だいはんにやきやう》といつた品々である。ただし、硯はひどく大きい。この寺の僧あたりが使つてゐたものではないか。また、大般若経だが、紫式部がここに籠つて祈念してゐると、想が吹きこぼれるやうに湧き出て来て、あわてて仏前の大般若経を手に取り、裏に書きつけた。その罪を償ふため、六百巻を書写して奉つた一部だといふのである。しかし、その筆使ひは荒く、墨も粗野に黒々としてゐる。

内陣の横奥の襖が　ひどく寸詰まりだつたが、それを開けると、床が一段さがつた部屋で、ひどく明るかつた。花頭窓があつて、文机の前に等身大の人形が座してゐた。十二単衣の裾を大きく広げ、髪を長々と引いてゐる。紫式部といふわけであらう。

藤原道長の娘で、一条天皇の中宮彰子《しやうし》の許に、物語好きの大斎院選子内親王《だいさいゐんせんし》から、めづらしい物語があれば見せて戴きたいと言つてきた。折あしく彰子の手許にはなかつたので、女房として仕へてゐた紫式部を呼び、新しい物語をつくるよう命じた。そこで紫式部は石山寺に籠つた……と、十四世紀中ごろに成立した四辻善成の注釈書『河海抄《かかいせう》』に記されてゐるのに基づいて、拵らへられゐるのだ。

かうして彼女は、これまでにない物語をと、呻吟《しんぎん》、

……通夜してこの事をいのり申すに、をりしも八月十五夜の月、湖水にうつりて心すみわたるまゝに物語の風情空にうかびける

物語の構想が自ずと浮かんで来て、彼女は「わすれぬさきにとて」仏前の大般若経を急ぎ手に採ると、書き出したのだ。それはかうだつた。

……かの須磨は、昔こそ人の住処《すみか》などもあれ、今は、いと里離れ心すごくて、海士《あま》の家だにまれに

須磨の巻の初めである。月光の下、琵琶湖をながめるまま、須磨の海岸へと思ひは到り、かう筆を走らせた、といふのである。確かに光源氏の流謫の地、須磨明石を想ひやるのには、逢坂山を越えた石山寺こそ、格好の地であつたかもしれない。ただし、湧き上がつて来た想念を、一刻も早くといつた様子は、この人形にはまつたくなく、ちんまりと行儀よく座つてゐる。

堂内の空気がふと動く気配がして、襖のかげから女性たちが姿を現はした。三人連れで、いづれも若くないひとであつたが、華やいだものが流れる。僧は、どうぞこちらへと聲を掛けると、あらたまつた様子で説明を始めた。

中身はおほよそ『河海抄』にあるとほりで、十五夜の満月が湖水に映るのを眺めて、といふ下りになると、声を張り上げて語つた。ただし、いまは樹木が茂つて、残念ながらこの花頭窓から琵琶湖は見えませんと締めくくつた。

本堂を出ると、源氏の間の窓の前に立つて確認してみた。すぐ下に硅灰石群とそれを前にした広場があり、幾つもの御堂が見えるが、琵琶湖は、樹木の茂り具合ひに係りなく、見えさうにない。念のためポケットから地図を取り出して確かめると、琵琶湖を背にした南斜面にこの寺は営まれてゐて、この方角に湖はなく、見えるとすれば、門前を横切つて流れる瀬田川である。

本堂横から上へ石段がついてゐて、それを採ると、すぐ経蔵があり、その横に、山の斜面を背にして宝篋印塔《ほうけふいんたう》があつた。珍しく三層の、わたしの背丈より高い立派なもので、一層目の正面には仏像が浮彫りされてゐる。

傍らに立札があつて、「紫式部供養塔」（鎌倉時代）とあつた。

紫式部の供養塔は他にもあるが、この地でとなると特別の意味を持たう。それにしても紫式部は供養しなくてはならないやうなことをしたのだらうか。なにしろ男女の愛憎を、幾世代にもわたつて追ひ続け、かつ、麗しく行き届いた表現力を駆使して、描き出したのである。それゆゑらしい、平安末に編まれた『宝物集《ほうぶつしふ》』の一節には、かうある。

紫式部が虚言を以て源氏物語を造りたる罪によりて、地獄に堕《お》ち……。

虚構をもつてこの世のもろもろの情念を炙り出し、長大な物語を編み上げた罪を、紫式部は問はれたのだ。妄語の罪を犯した者は、『往生要集』によれば等活《とうくわつ》地獄《ぢごく》、黒縄《こくぢよう》地獄《ぢごく》、衆合《しゆうがふ》地獄《ぢごく》、そして叫喚《けふかん》地獄《ぢごく》のさらに下にある、大叫喚地獄へと堕《お》とされる。

ごとし

妄語は第一の火なり、なほ能く大海を焼く、いはんや妄語の人を焼くこと、草木の薪を焼くが

生身を薪のやうに焼かれるのだ。身にまとつた十二単衣の鮮やかな色彩がそのまま炎の色と化すのだが、苦患はそれにとどまらない。

熱鉄の鉗《かなばさみ》を以てその舌を抜き出す。抜き已《をは》ればまた生じ、生ずれば則ちまた抜く。眼を抜くこともまた然り。また、刀を以てその身を削る。刀の甚だ薄く利きこと、剃頭の刀の如し。……皆これ妄語の果報なり。

『絵入り往生要集』（寛政二年・一七九〇刊）からだが、その絵が生々しい。

この責苦に紫式部は耐へかねたのだ。人の夢の中に現はれて、かう哀訴したといふ。

早く源氏物語を破り捨てて一日経を書きて唱ふべし。

『宝物集』からだが、『源氏物語』を一刻も早く破り捨て、わたしのために写経をし、経を唱へ、供

養をしてほしい、と願つたといふのである。供養塔がここを初めとしてあちこちに建てられたのは、なによりもこのためだつた。

『宝物集』の筆者、平康頼《やすより》は、学者の家の出で、後白河院に親しく仕へ、彼もまた今様の優れた歌ひ手であつたが、鹿ケ谷《ししがたに》の事件に連座、俊寛《しゆんかん》らとともに鬼界ケ島に流され、許されて帰京してから、この書の筆を執つた。そのやうな彼がどのやうな思ひで、この一節を記したのだらうか。須磨や明石の海とはまるで異なつた荒々しい南の海原に取り囲まれ、絶望的な日々を送つて来たのだ。そして、その島にはいまなほ俊寛が残されてゐる。それだけに彼は、筆を執る己が身の回りにおぞましい荒波が炎のやうに立つのを感じつづけてゐたのであらう。彼こそ、地獄なるものを最も生々しく知る男であらう。


供養塔の表面を撫ぜてみる。硬くて冷たい。が、人の手で磨かれた滑らかさも持つてゐる。鬼界ケ島《きかいがしま》の岩のやうに、夏になれば太陽に熱く焼け、触れれば「皮肉筋血、悉《ことごと》く皆焼け爛《ただ》る」（『往生要集』）やうなことはない。

ほぼ同じ頃かと思はれるが、平治の乱で非業の死を遂げた信西の息、澄憲《ちようけん》が書いた『源氏一品経《いつぽんきやう》』がある。彼は説法の名人として知られ、唱導《しやうだう》の祖とされる人だが、ある尼が施主となつて源氏供養を行つた際に、依頼されて書いた。その一節、

故謂彼制作之霊　謂此披閲之人　定結輪廻之罪根　悉堕奈落之剣林　故紫式部亡霊　昔託人夢告罪根重

かの『源氏物語』を「制作」した者の亡霊も、それを「披閲」した亡霊も、ともに輪廻《りんね》の罪を得て、地獄の剣林に堕ちて苦しんでゐると、亡き紫式部の霊が、人の夢の中に現はれて告げた、といふのである。

ここで注意を引くのは、読者も作者と同罪とされてゐる点だらう。物語の魅力に誘はれて「披閲」すれば、同じ罪を逃れられない。剣林の責め苦を受けることになつてしまふ、といふのだ。「剣林」は地獄の至る所にあるやうだが、最も有名なのは、邪淫の罪を犯した者の堕ちる衆合地獄のそれである。仰ぎ見れば、樹の上に「好き端正厳飾の婦女」があり、求めて登れば、葉がすべて刃となり、肉を裂き、筋を断つ。その苦患に耐へて、ようやく上に至れば、女は下にあつて、「なんぞ我を抱かざる」と誘ふ。

紫式部も読者も、ともどもかういふ目にあはされてゐる、といふのだ。一品経によれば、数多くある物語のなかでも『源氏物語』は、殊のほか言葉うるはしく、空事をむねとしながらそれと気付かせず、貴賤男女の別なく「懐春の思ひ」を抱かしめると、糾弾する。

如何なる仏か、判別し難い浮彫の像の頬のあたりを指先で触れ、立ち上がつた。

硅灰石群のすぐ上、多宝塔へ上がる石段の下に出た。立体的に構成されたこの寺院の、ちやうど中央に設けられたバルコニー―でも立つたやうな具合であつた。見回すと、眼下すぐに聖なる岩石群が、荒々しさを内に沈めたまま、静かにうづくまつて、周囲の堂塔を明るく浮かびあがらせてゐる。

紫式部が犯した罪として、康頼は「虚言」を言ふに留まつたが、澄憲は新たに「綺語」を持ち出してゐる。「綺語」とは、中村哲編『仏教語大辞典』に拠れば、まづ「口から出まかせのいいかげんな言葉。ざれごと」とある。ここへ来る途、バスの中でわたしと少年が交はした会話も立派にさうであらう。

続けて、「無意味な無利益な、飾つたことば。あやばかりつける不真実なことば」とある。多分、この「飾つた」「あや」のある点が肝心なのであらう。空事を扱ひながら空事と気付かせず、「懐春の思ひ」を抱くところへと誘ふのである。さうして千年たつてもなほ人々のこころを搦めとり続ける。紫式部が紡ぎ出した言葉と、わたしと少年の会話との決定的な違ひである。泡のやうな言葉と、眼下の岩のやうに長大な歳月を越えて存続し続ける言葉との違ひである。だから、地獄に堕ちるべき「十悪」――殺生《せつしやう》、偸盗《ちゆうたう》、邪淫、妄語、綺語、悪口《あつく》、両舌《りやうぜつ》、貪欲《とんよく》、瞋恚《しんに》、愚痴――の一つに数へられなくてはならないのだ。

かうして「綺語」なる言葉が、「妄語」や「両舌」と独立して登場して来たのだ。さうして中世を通じて文芸、芸能全般において、盛んに問題にされるやうになつた。綾ある、麗しい言葉を操り、人の心を魅する所業の罪深さを意識するやうになつたのである。

石段を上がる。背後の岩石群から一歩一歩と離れていくのだが、逆にその明るさの中へと、入つていくやうな感覚がある。

上は意外に広い平地で、樹木に囲まれて、多宝塔が建つてゐた。一層目は三間四方で、二層目は思ひ切りすぼまつて丸く、白い漆喰の滑らかに塗られた亀腹《かめばら》がどこかなまめかしい。そこに高欄がめぐらされ、四隅から複雑な斗栱《ときやう》が差し出て、跳ね上がつた檜皮葺の屋根を支へてゐる。現存する多宝塔のなかで最も古く、美しいとされてゐるのも、道理だと眺める。

源氏の間で説明を一緒に聞いた女性三人が、石段を上がつて来た。

真中の白髪まじりの女性を、両側から介添へするやうにして、ゆっくりゆっくりである。少し足が不自由らしい。しかし、癖のない髪を束ね、小さい顔を一層小さく見せ、白い肌の品の良い顔立ちを引き締めてゐる。そして、沈んだ藍色の絹とも見える柔らかな生地の服に、無造作に首に巻いた紫のスカーフがよく似合つてゐる。

登り終へ、やや年下の両側の二人が離れると、ひとり真直ぐ立ち、多宝塔を見上げた。

澄憲が行つた源氏供養の施主は、このやうなひとだつたかもしれないなと思ふ。『源氏一品経』には「大施主禅定比丘尼」と記されてゐるが、身分高く、教養も図抜けたひとであつた。室町時代末あたりの物語『源氏供養物語』となると、准后宮となつてゐる。

孝標女は『源氏物語』をやつと手にいれると、几帳のうちに臥して日夜を忘れて読みふけり、その挙句、うたたねの夢に「いと清げなる僧」が現はれ、「法華経五の巻をとく習へ」と言ふのを聞いた。このとき十四歳であつた彼女は注意を払はなかつたが、成長してさまざまな出来事に出会ふとともに、その夢が思ひ出され、あれこれと悩むこととなつた……。『源氏一品経』の尼も『源氏供養物語』などの尼も、この孝標女のやうな女たちのなかから立ち現はれて来た存在であらう。

> 心をしづめて念仏を申せば、源氏の事が心にかかりて、あはれ、その巻には、なにといふ事の、ありし物をなど、おもふことの、ふとうかみて、心みだれ候へば、つみふかさも、あまりに、あさましくて……

『源氏供養草子』の尼は、安居院《あぐゐ》法印《ほうゐん》聖覚（澄憲の子）を訪ねて、顔をあからめながら、かう訴へるのである。髪をおろし、形を改め、念仏を唱へてゐても、源氏のさまざまな場面が次から次と浮かんで来て心を乱されて、まことに恥ずかしい、と。

描かれてゐるのは、あくまで絵空事である。そのことを重々承知してはゐるのだが、それが現実のことのやうに生々しく付きまとつてくるのだ。いや、現実のことなら、年月が過ぎれば間違ひなく過去となる。が、物語となると、絵空事なるがゆゑに、過去となることなく、いつまでもうつゝであるかのやうに、果てしなくまとひついてくる。そこには、自分の密かな夢まで織り込まれてゐるだけに、なほさら深く喰ひ入つて、消えることがない。

綺語の罪は、かういふところに成立するのであらう。夢中になつて読み耽れば読み耽るほど、読む者と書く者の罪はともに深まるのであり、読む者の見る夢のなかに、苦悩する紫式部が現はれてくる……。

多宝塔の右手で繁みが切れてゐたので、そちらへ行くと、手摺が設けられ、遠い風景が望まれた。その左端から先へ短い橋が架かり、藁屋根に高欄を巡らしただけの所縁ありげな建物が、宙に浮くやうに在つた。立ち入ることは出来ないが、月見亭と額が上がつてゐる。説明が出てゐて、「保元年中、後白河法皇行幸ノ時始メテ建之已後幾度修繕ス」とあつた。保元年中といふ記述を信ずれば、法皇とあるが後白河院はまだ天皇の位にあり、身辺には澄憲の父で聖覚の祖父、信西がゐたはずある。また、やがて『宝物集』の著者となる康頼も、天皇に従つて、ここに立つてゐたと考へてよからう。

手摺の向うは崖で、眼下が瀬田川だつた。そして左手にはバスでくぐつて来た高速道路と東海道新幹線の橋が架かり、それに半ば隠れて瀬田唐橋が見えた。少年が言つたやうに丹塗でないことが確認できる。

その先に自動車路、鉄道、遠くもう一本、細く弧を描いた橋が見え、向うに琵琶湖が霞んでゐる。月見亭からなら、この風景が一層よく見えたはずである。

欄干に立よりて湖水、はるかに見渡せば、三千世界は目の前に尽き……げに面白や水の面。

浄瑠璃『源氏供養』からである。紫式部が八月十五日の月光の下に、あたりを眺めやるのだが、琵琶湖も、埋め立てが行はれてゐなかつたから、遥かに近かつた。そのつづき、

ここは所も中津国、讃仏乗の縁ふかき、名にしあふみの、潮の漫々として際もなく、天も浸れて、照る月の波間に、光輝けばいとど心も澄み渡り、しばらく水想観に入ぬれば忽ちに、自然智をさとり得て、つくるべき物語心の上にうかびたり。

しかし、如何に近かつたとしても、北に位置する琵琶湖の湖面に月が映るのを眺められるはずはない。眺めたとすれば、眼下の瀬田川である。それも部屋を出て、このあたりに立つてである。さうして、水面に輝く月を眺め入ると、浄土の瑠璃の大地が見えて来て、描くべき物語世界が浮んで来た……。

ふしぎや夢ともなく現《うつつ》ともいざ白波の月影に、ものこそうつり見えけらし。

掛詞といふ修辞法は、今日ではまつたく顧みられないが、ここでは夢とうつゝの境が、その掛詞、知《し》ら（ず）と白《しら》（波）とによつて、やすやすと踏み越えられてゐるのを認めることができよう。そして、

写しとめんと心付、料紙とる間もあらばこそ、読み残したる大般若経をうらがへし、筆に任せて写しける。

すでに見て来てゐるやうに、『河海抄』そのままである。さうして光源氏が須磨へと向け京の邸を出る場面から、三味線に載せて須磨の巻が語られる。

先刻の女性三人が、姿を見せた。真中のひとの歩みに合せてであらう、ゆつくりした歩みで、なにやら壊れやすい大事なものを、ともに抱へ持つてゐるかのやうである。

わたしは右へ移り、琵琶湖がよく見える場所を譲つて、正面の三上山や、右手の信楽の山々を眺めた。手摺のところまでやつて来た三人は、わたしに軽く会釈すると、そこに開けた風景に目を奪はれた様子であつた。

と、謡を口づさむ声が聞こえた。

恥づかしながら弱々と

いかにも女性らしい、しかし落ち着いた声色であつた。それを受けて、やや甲高く、

あはれ胡蝶《こてふ》の

最初の女性の声ながら打つて変つた強い調子で、

ひと遊び

謡曲『源氏供養』の一節であつた。安居院の無名の僧が石山寺へやつて来ると、里の女が呼び止め、『源氏物語』の供養を願つて消える。そこで僧が懇ろに供養すると、紫の薄衣をまとつた女人が影のごとく現はれ、供養を受けた喜びを述べて、僧が所望するままに舞ひ始める、その折の詞である。

紫匂ふ袂《たもと》かな。

こちら側に立つ女性であつた。年嵩の真中のひとがシテの紫式部役、向う側がワキの僧侶役、こちら側が地謡役を勤めてゐるのだつた。

三人は、声をあはせて軽く笑ふ。

そして、地謡役のひとがわたしの方を見ると、つまらぬことを伺ふやうですが、ここで紫式部が実際に『源氏物語』を書いたと考へてよろしいのですか、と訊ねた。ほつそりした、唇に明るい紅を心持ち強く引いたひとであつた。

わたしは返答に窮したが、この石山寺で実際に書いたかどうかはともかく、来たことがあるのは確かだらうと思ひます。まだ多宝塔も月見亭もありませんでしたが、このあたりに立つて、この風景を眺めただらうと、いまも勝手に想像してゐたところです、と答へた。

女性たちはそれぞれ軽く頷く。その様子に誘はれて、先程は能『源氏供養』の一節を謡つておられましたね、と言つた。

と、真中の年嵩のひとが柔らかな表情を消して、一瞬、わたしを強く見据ゑるやうにしてから、ゆつくりと微笑み、

「わたしたち、源氏物語に狂はされた女なのですよ」

と、言つた。

その言葉に、三人の顔をまぢまぢと見ずにおれなかつた。

真中のひとは、改めて微笑の輪をひろげて、

「地獄からこの世に現はれた亡霊だとでもお考へになってゐるみたいですね」

わたしは慌てて否定したが、そのまま引き下がるわけにもいかず、皆さんは、紫式部が地獄に堕ちるやうな罪を犯したとお考へですか、と問うてみた。

真中のひとは、即座に、無表情な声で、

「言葉ひとつでひとを狂はせる罪は、重うございますわ」

さう答へ、つづけて、

「私など、『源氏物語』を読まなかつた方がどんなによかつたらう、と思ふことしばしばですの。読んだばかりに、厄介で辛い、捻じれたひととひとの、自分と自分の、こころとこころの係りへと導き込まれてしまつて、抜け出せなくなる。それも、さうした自分の姿を、ありありと照らし出す鏡を、終始、傍らから突き付けられてゐるやうな具合ひですね」

両横のふたりが彼女を見る。

「ですから、あのひとが地獄に堕ちなくては不公平といふものでございませう。いくら懇ろに供養を受け、一旦は救はれても、あのひとはすぐに堕ちるはずです。現にわたしたちのやうな読者が、後か

ら後から現はれて、絶えることがありませんから。わたしたちのやうな読者とともに、あのひとは繰り返し繰り返し堕ちるのですよ。平安の昔から千年、ずつと続いて来てゐることですわ」

両側のふたりを交互に見やつて、さらに言葉を継いだ。

「紫式部が張りめぐらした狂言綺語《きやうげんきご》の罠にはまりますと、この世であつてこの世でない世界へと、知らぬ間に誘はれてしまふのですよ。さうして、その奇妙な宙吊りにされた境で、人がこの世で経験するはずのさまざまな思ひを味はふのです。それもこの世ではあり得ない克明さと豊かさをもつて。そのやうなことは、多分、人には許されてゐないのです。だけれども、紫式部の企みに満ちた言葉は、やすやすとわたくしどもを誘ひ、連れて行き、味あはせるのです。さうして一旦、われに返ると、そこから確実に、堕ちる。夢は覚めなくてはならないのですもの。さうして、この現実世界といふ地獄のただなかへ。味はつたものが雅びであればあるほど、闇と荒々しさを加へたこの卑しい現実のただなかへと、深く深く堕ちるのです。ただし、そのとき、わたしたちは一人ではありません。光源氏をはじめ、藤壺や夕顔や六條御息所や浮舟や、さういつた人たちをしつかり抱きしめたまま。わたしたちは決して彼ら、彼女らを離しはしません。ですから、彼らも、あの人も、わたしたちと一緒に堕ちるのです。彼らが地獄に堕ちるから、わたしたちも地獄に化したこの世に堕ちるのではありません。わたしたちが彼らを道連れにして堕ちるのです」

聖覚を訪ねた女性は、「あまりに、あさましくて」と、『源氏物語』に囚われた自分について語つたが、この女性たちもまた、さうした思ひのうちに身を置いてゐるのだ。

しかし、中世にあつて、紫式部はひとびとに仏の教へを悟らせる方便として書いたとも、言はれてゐる。すでに引用した『源氏一品経』にもかういふ一節がある、「昔白楽天発願、以狂言綺語之謬、為転法輪之縁」。白楽天が発願したやうに、「狂言綺語」の過ちをそのまま仏の教へを讃へるものに替へ、その教へを広める手立てにしよう、と願つたと言ふのだ。この願ひが、じつは源氏供養を成り立たせる思想となつてゐるはずなのである。

紫式部がこの物語を書いたのは、観音の計らひによるばかりか、じつは紫式部自身が観音の化身であつた、といふ伝承があり、謡曲『源氏供養』には石山観音が紫式部となつて現はれたと、書かれてゐますと、わたしとしては言はずにをれなかつた。すると、そのひとは紫のスカーフを整へながら、あつさり観音化身説を認めて、かう言つた。

「わたしどもと一緒に繰り返し地獄へ堕ちてくださるのですもの。きつと観音さまの化身に違ひありませんわ」

長い編成の列車が、瀬田川の新幹線の鉄橋を音もなく流れていくのが見えた。距離は、音を容易に消してしまふ。

ふと思いついたやうに、真中のひとが言つた。

「わたしたち、ときどき『源氏物語』の登場人物になつたつもりになつて、遊ぶことがあるんですよ」

そして、左右のひとを交互に見てから、

「あなたは葵上、そちらは夕顔、わたしは六條御息所、といつた具合ひにね。年甲斐もないとお笑ひくださいまし」

物語の受容の歴史は、作中人物を中心とするかたちで動いてきた。謡曲『源氏供養』にしてもさうで、シテの亡霊の紫式部はかう言ふ、「光源氏の御跡を、弔ふ法の力にて、われも浮かなん」と。すなわち、まづ物語の主人公の光源氏が救済され、それに与るかたちで、作者の自分も救はれることを期待するといふのである。ただし、そこに読者の姿はない。浄瑠璃になると、この状況は一段と進んでゐて、地獄で責め苦を受けるのは、紫式部でも読者でもなく、光源氏そのひとひとりで、彼を苛むのは、鬼ではなく、彼が関係した女たちである。

このひとたちもかうした流れの外にゐるわけではないのかもしれないと思ふとともに、このひとたちが夕顔や六條御息所となって、光源氏を追ひ回し、苛むさまを想ひうかべるべきなのかなとも思ふ。

浄瑠璃の語るところはかうだ。

　女の思ひにくるしやな、みやす所いつのみや、藤壺夕顔若紫。あなたへ寄ればこなたの恨み、あら、いかがはせん恨めしやなふ、是いかなる因果ぞと泣かせ給ふぞあはれなり。

江戸時代に入って間もなく、歌舞伎や浄瑠璃は、観客席から独立した空間として、舞台を設定するやうになるが、あるいはそれと並行した現象かもしれない。遍歴の僧も紫式部の亡霊も姿を消して、作中人物ばかりとなる

かうしたわたしの思ひを見透したやうに、真中のひとが言った。

「どのやうな物語でも、読むひとが、この人物はわたしにそつくりだ、あちらのひとはあのひとと似てゐる、などと思ふことがなくては、紙の上に記されたただの言葉にすぎませんでしよう？　千年も前のこの物語をわたしたちが正しく理解してゐるなどとは、決して思つてゐません。しかし、少なくともわたしたちが、わたしたちの身をもつて、物語の世界に入り込んでいかなくては、物語は、決

して生命を持たない――さう考へてゐますの。ことばで創られたものは、どのやうな名作でも、さういふものですわ」

バスの中で少年が口にした言葉が、耳の底に甦つた。

「からはからでもからつぽ色。なんの色もついてゐないの」

言葉自体は、なんの色もついてゐない、からつぽ色なのだ。月の光の領域のものなのである。綺語がもつぱら空事にかかはるのも、あるいはそれゆゑではないのか。さうしてここに『源氏物語』といふ千年近くも絶えることなく続いてゐる空つぽ色の巧まれた言葉の流れがあり、それに触れた人々が、その時その時で、自らの生でもつてさまざまに彩り、実体を与へて来たのだ。

「わたしたち、自分の愚かさ、卑しさ、そして闇を抱へたまま、『源氏物語』のなかへ自分を投げ込んで、時折、遊ぶのですわ。それがわたしたちの源氏供養なのです」

さう語る人の面が、『源氏物語』への執心を聖覚に語つた尼のやうに、血が差してくる気配であつた。

夢の中なる舞の袖　現《うつ》ゝに返す由《よし》もがな

わたしは謡曲『源氏供養』の一節を、思はず口づさんだ。「あはれ胡蝶の、ひと遊び」に続き、「紫匂ふ袂かな」に先立つ地謡の詞章である。その二つの詞章を結んで、この詞章とともに舞の袖が翻るとき、物語といふ夢のなかで女たちが見せる美しい姿を、うつゝに見ることができるのだ。それこそ麗しい「胡蝶のひと遊び」に違ひあるまい。

が、わたしが口にした詞章には、現実にしたくとも出来ないとの嘆きの気持が強くあることにも気づいた。つまらないことを口にしてしまつたと悔やんだが、三人ともに、静かに頷いてゐる。現実になし難いと認めながらも、なほも「ひと遊び」しようとする思ひを、各自、自分のなかで強めてゐるのだらう。ゆつくりと頷きを繰り返すたびに、曖昧で柔らかな表情が、三人の顔に等しくひろがつていく。

この場で「現に返す由」を持たないのは、彼女たちでなく、じつはわたしなのだと、思ひ至つた。失礼しました、とわたしは頭をさげた。そして、その「遊び」を見たいとの思ひが突き上げてきたが、丁寧に応じる三人が顔を上げないうちに背を向けた。

そして、多宝塔の傍らまで戻つて、水煙の上の、まだらに雲がひろがる空を見上げた。さうしてゐると、かすかに声が聞こえるやうに思つた。

「わたしは空蝉です」

「わたしは夕顔です」

「わたしは朧月夜です」

どのひとがどの名を名乗つてゐるのか、戻つて確かめたくなつたが、石段を降りる。

ちやうど正面下に、硅灰石群があつた。地底から熱く溶けた、花崗岩になるべき鉱物組成の岩漿が上昇して来て、すでに固まつてゐた石灰岩に貫入して、接触変成作用を起こし、形成された岩である。石灰岩は柔らかく脆いが、生まれ変はつたこの岩石は、硬く、白い輝きを持つ。

月がこの岩を照らすと、どうであらう。青白く輝いて、源氏の間にゐる紫式部が、湖面に反射する光だと思つたとしても、不思議はないのかもしれない。

作品を読むとは、この接触変成作用のやうなものかもしれない、と思つた。読者はそれぞれに熱い岩漿を抱へ持つが、それが作者の書きつけた紙の上の文字に貫入することによつて、輝かしくも確かななにものかに変はる。

岩の傍らまで降りると、触れてみる。岩肌は稠密で滑らかだが、いたるところ、小さく凹んでゐて、そこに硬貨が嵌め込まれてゐた。十円、五十円、そして、百円硬貨もある。これら硬貨がぴつたりと嵌まる大きさの凹みが点々とあるのだ。本尊への賽銭のつもりであらう。いや、岩そのもの、接触変成といふ不思議な作用そのものへの手向けかもしれない。

岩の正面へ回り、改めて佇む。さうして一巡りして来たこの立体的に構成された寺院の在りやうを見回したが、この岩の下から、再び灼熱の岩漿が上がつて来ることがないだらうかと、考へた。目の前で岩が見る見るうちに熱せられ、赤く変色、炎を噴き出し、溶けて崩れ、周りに炎の嘴の鳥が舞ひ、炎の口を裂けんばかりにあけた野干が狂ひ出す。さうして変成作用が進行する。

と、正面の多宝塔に至る石段の上に、紫のスカーフを首に巻いたあのひとが、立つてゐるのが見えた。ちやうど硅灰岩の上に小さく浮かんだ立像のやうに。

（海燕、平成2年10月号）

弱法師《よろぼし》

緑にとろんと淀んだ面に、黒い点があちこちに浮かんでゐて、かすかに水脈を引いて動いてゐる。亀の頭だつた。わたしが立つてゐる手前には、藻や紙屑が吹き寄せられてゐるが、そこにも首を突き出して泳いでゐる。

「あれ、死んでゐる」

横で声がしたと思ふと、池の傍を足早に向ふへ行くひとがある。断髪にした老女で、背を曲げ、黒いスラックスにゴム靴を履き、長い柄の雨傘を脇に抱へてゐる。

視線を水面に戻すと、少し先に白い腹を見せて亀が浮いてゐた。

老女は、池の中央に渡された石の橋を渡る。反りを持たず、擬宝珠を戴いた石柱の間々には、模様を浮き彫りにした石板が嵌め込まれてゐて、その上に硬い清潔な線が横一線に見えるのは、この橋の中央に据ゑられた石舞台のものだろう。それと欄干の間を彼女は脇目もふらず渡つていく。

いまでも毎年四月の聖霊会《しやうりやうゑ》では、この舞台で舞楽が演じられてゐるが、四天王寺舞楽の歴史は古い。聖徳太子による創建時、百済から渡来した楽人が伝へたのに始まり、今日までほぼそのまま伝へられてゐるといふ。

老女は、橋を渡り切つて、正面の、朱色の醒めた六時堂の階段をあがる。わたしも石橋のほうへ行く。

亀の池とも蓮池とも呼ばれるこの池は、石垣で矩形にきちんと整へられ、大きなプールでもあるかのやうに六時堂の前に横たはつてゐるのだが、石橋で均等に二分されてをり、左右それぞれの真ん中に、いまでは亀に占拠された小島がある。わが国では珍しい左右対称の幾何学的構成になつてゐるのだ。浄土曼荼羅《じやうどまんだら》などに描かれてゐる、浄土のイメージに基づいてゐるのだらう。

石舞台はわたしの腹あたりの高さで、幅が約十メートル、奥行はその倍ほどだらうか。周りに寄進者の名が刻まれてゐる。重要文化財なので上に乗らないでください、と注意書きが出てゐる。

もう四十数年前になるが、ここで舞楽が演じられたのを見たことがある。多分、敗戦後間もない聖霊会であつたらう。四隅に立てられた柱の尖端に真赤な薬玉《くすだま》がつき、そこに飾りの付いた串が幾本も刺さつた華美な舞台で、明るい柿色の衣装の少年が、背の虹のやうな彩の羽根をひらひらさせながら緩やかに舞つてゐたのを覚えてゐる。

六時堂の木の階段を上がり、香台の横に立つて、改めて石舞台を眺めた。

池の対岸には、こじんまりした鐘楼が一対、位置してゐる。その後には講堂が背を向けて在り、屋根越しに、金堂の沓《くつ》のやうな形の金色の鴟尾《しび》が覗いてゐて、さらにその先、水煙を空に突き立てるやうにして聳える五重塔の最上階が見えた。いはゆる四天王寺様式により、仁王門から五重塔、金堂、講堂と南から北へ一線に配列され、回廊によつて囲まれてゐるのを、その外の北から見てゐるのだ。

四天王寺の歴史は、この回廊のなかの伽藍を核として、さまざまに展開して来てゐるが、中学生になつたばかりのわたしが聖霊会を見た時、これらの建物はいづれもなかつた。空襲で焼け、石舞台と六時堂だけが残つてゐて、見渡す限り黒くすすけ崩れた礎石や石段ばかりであつた。

さうしたなか、少年たちが舞ふのは『迦陵頻伽《かりようびんが》』であつた。甲高い笙と鉦の音につれて動き、極楽に遊ぶ鳥、迦陵頻伽の姿を見せたのだ。人面で、多彩な羽根を持ち、美声であるといふが、白粉を塗り、紅を刷いて、極度に緩やかな動作で、この世のひとならぬ美しさを示しつづける。

……誠《まこと》に天人も飛来し、龍神も浮かぶ粧《よそほひ》なり。

同じ『迦陵頻伽』であつたかどうか、この石舞台で舞ふ一人の少年の姿を、謡曲『天王寺物狂』はかう称へる。極楽浄土を具現してゐるかと思はれるばかりで、天神も龍神も見にやつて来さうだ、といふのである。その舞手は、河内の高安《たかやす》の長者、通俊《みちとし》の息子、俊徳丸《しゅんとくまる》であつた。

子のないのをただ一つの嘆きの種としてゐた通俊夫妻が、京の清水観音に祈願、やうやく授かつたのがこの俊徳丸で、慈しみ育て、十三歳で四天王寺の聖霊会の舞手に選ばれると、生駒山脈の麓、高安から四天王寺まで河内平野を横切る道をつくり、練習に通はせたといふ。その距離は十数キロもあるから、実際の話とは思はれないが、今日もなほ俊徳道と呼ばれる道が、一部残つてゐる。それほどまでの庇護を受けて、俊徳丸はこの舞台に立つたのだ。幸福と麗しさで輝くばかりであつたらう。

その姿へ、桟敷の奥に隠れ、熱い眼差しを注ぐ美しい姫がゐた。折しも一陣の風が吹き来たつて、松の梢を揺るがしたと思ふと、

御簾《みす》吹き上げ

舞台に見入る姫の姿を、不意に露はにしたのである。その時、舞台の少年はそちらへと目を向けて

ゐた。

互に見えし面影の、是ぞ恋慕の始めなる。

六時堂のなかから、読経の声が聞えて来た。覗くと、仏前に点された灯の前に僧が座し、その傍らにぽつんとひとり座つてゐる姿が見えた。さきほどの老女らしい。蝋燭の灯が盛んに揺らめく。六時堂の段を降り、池の東端を回り、講堂の横へ向ふと、水音が盛んになつた。亀井堂である。中央が通り抜けになつてをり、左側には厨子を中央にして地蔵と馬頭観音《ばとうくわんおん》の石像が立ち、右側は四角く掘り穿たれ、奥の壁から石の大きな亀が半身を突き出し、口から水を吐き出してゐる。その下、楕円形の大きな石鉢には水が溢れ、戒名を書いた経木が幾つも浮かんでゐる。

傍らにエプロン姿の中年の女が先に網のついた棹を手にしてゐて、それでもつて経木を揺すると、掬ひ上げる。

その棹を持つ女の傍らには、白髪まじりの女二人と若い女一人が、それぞれ経木を手にして立つてゐた。

にごりなき亀井の水をむすびあげて心の塵をすすぎるかな

一條天皇の中宮で、出家して上東門院となつた藤原道長の娘彰子《しやうし》が、長元四年（一〇三一）九月に四天王寺を参詣した折りの歌である。当時、この井の水は、金堂の下にある青龍池から流れ出してゐて、飲むと心の汚れを洗ひ清め、慈悲心を呼び起こすとされてゐた。この雅びながら、父の野望の達成に大きな役割を果たした女性が、如何なる汚れを濯がふとしたのだらう。

いまでは飲むことは廃され、自分ではなくて亡きひとの生前の汚れを、経木でもつて清めることに変つてゐる。わたしもこどもの頃、幾度か祖母に連れられて来た。四天王寺へのお参りといへば、最後にはここへ来るものと決まつてゐて、経書堂で経木に書いてもらひ、亀井の水に浸すのである。

年配の女たちは経木を何枚も持ち、若い女は一枚だけである。

舞台に見入つてゐた姫は、河内の隣国、和泉も近木《こぎ》の通俊に劣らぬ長者の娘、乙姫《おとひめ》であつた。彼女もやがて恋ゆゑこのあたりを彷徨ふことになる……。

亀の池の傍らに戻つて先へ行き過ぎようとすると、石舞台の上にうづくまつてゐるひとがゐた。上に乗らないでくださいの表示など目に入らない様子である。傍らに傘が立て掛けられてゐるので、先ほどの老女と知れた。

この舞台にて、稚児《ちご》の舞ひをなされたる、しんとく丸が恋しやな。

姫は、ここにあがつてから嘆くのだ。老女もまた同じ嘆きを嘆いてゐるのだらうか。

恋が生まれたあの晴れやかな日から、間を置かず、すべてが狂ひだしたのだつた。まづ俊徳丸の母が死んだ。子を授けてくださいと清水観音に祈願した際に、母は替はりに自分の命を差し出すと誓つたのだが、喜びに充たされた日々が平穏に過ぎるままに心が緩み、「清水の御本尊さへ、うそをつかせたまふ」といつて笑つた。すると即座に病を得て命を失つたのである。父と子は、嘆き悲しんだが、父はやばやと公家の娘を後妻とし、男の子を産ませた。するとこの新しい母は、俊徳丸を邪魔にして、清水観音に参ると、俊徳丸の命を取るか、さもなくば「人のきらひし違例を授けてたまへ」と呪つた。そのしるしは速やかにあらはれ、彼は「違例」となつてにはかに両眼が潰れた。そこで義母は、そのやうな者を家に置くわけにはいかないと主張、四天王寺に棄てさせたのだ。

その俊徳丸の跡を追つて、姫はこの境内にまでやつて来て、石舞台を目にして恋しさをつのらせた挙句、意を決すると「髪高く結ひ上げ、たもとに小石拾ひ入れ」、石舞台から池へと身を投げようとする……。

わたしは池の傍らを行き過ぎ、鐘楼の横を抜け、講堂の西側の横から続く回廊の外側を歩く。いまもいつた四天王寺様式の配置をとつて、講堂から金堂、五重塔、仁王門と並んでゐるさまが、回廊越しに見える。

それらの建物の様式が、今日の寺院を見慣れた目にはいささか異様である。いづれも屋根が反りを持たない。その代り急傾斜で、軒近くになるとひどく緩くなる、この二つの平面が反りの替りになつてゐる。そして切妻で、鴟尾が乗つてゐながら垂木の鼻には丸い金具が光り、軒や柱は朱に彩られ、壁は白く寺院らしい華麗さを見せてゐる。五重塔のほうは、極端に緩やかな軒の深い屋根ばかりを重ねて、上へと伸びてゐる。

この建物は戦後に再建される際、推古天皇の創建当初の姿に戻すべく企てられ、独得な様式としたもので、俊徳丸や乙姫の知らない佇まひである。多分、反りを持たせる技術がなかつたための工夫であつただらうが、それが清潔さと靭さを感じさせるとともに、わが国の風土に合つてゐるやうに思はせる。

しかし、眺め続けてゐると、なにかしら異質感を覚える。朱塗の柱といひ白壁といひ、意外に無表情なのだ。鉄筋コンクリートだからであらう。柔らか味がないばかりか、歳月が刻み付けるはずのものがない。完成してもう三十年になるのだが、薄つすらと全体に汚れが覆つてゐるだけで、模造の気配が消えてゐない。

四天王寺ほど、火に水に風に繰り返し襲はれ、被害を受けて来た伽藍は少なからう。近年になつてからも、昭和九年（一九三四）の室戸台風で塔が倒壊、金堂は大破し、同十五年にやつと再建されたのも束の間、二十年（一九四五）三月十日早暁には、アメリカ軍の空襲により焼け落ちた。この時の被害は壊滅的であつた。そして、不燃不壊の伽藍を目指して再建されたのである。

回廊横の門が開いてゐた。西重門である。

振り返ると、樹木のほとんどない空地とも見える向ふに、ぽつんと背高な楼門が立つてゐる。西門である。やはり鉄筋コンクリート造だが、屋根は反りを見せた入母屋造で、鴟尾も見慣れたかたちである。遅れて建てられた当初の様式である。

その高欄を巡らした回縁の下に開いた口をとほして、向ふに小さく石鳥居が見え、人々の姿があつた。四天王寺参りの大半の人々は、その鳥居をくぐり、それから西門を抜けてこちらへやつて来るのだ。

縁日になると、今も昔も露天と人とで埋まる。石舞台で舞楽を見るよりも前、空襲を受けるよりも前だつたと思ふが、覗きからくりを見たのはこのあたりであつたらう。露店が賑やかに並んだなかに、絵看板を掲げた小屋があつた。蛇となつた髪を絡ませ合つてゐる女たち、顔は狐となりながら子を抱きしめて筆を銜《くは》へ、障子に墨くろぐろと歌を書き付けてゐる女などが、泥絵具で描かれてゐたのを覚えてゐる。ただし、あの盲目となつた俊徳丸のものがあつたかどうか。絵の描かれた紙片を差し込んだ軸がきしみながら回転しだすと、覗き窓から見える絵がつぎつぎと入れ替はる。それを見ながら、老いた男が竹の鞭で台を叩きながら、潰れた声で語るのを聞くのである。

俊徳丸で思ひ出すのは、道頓堀中座あたりに掲げられてゐた歌舞伎『摂州合邦辻《せつしゅうがつぽうがつじ》』の絵看板である。紫の鉢巻をし、顔の半ばが爛れ、目をつむつた、はかなげな白面の少年である。

西門へ近づいて行くと、横から不意に自転車に乗つた少年が現はれた。中学生ぐらゐだらう。紺のセーターの痩せた背を見せて、向つて行く。

門の基壇は少し高く、石段が二段あり、そこへ板が一枚渡されてゐるが、そこを走り上がる。と、右手を伸ばし、脇の柱に取り付けられた輪宝《りんぽう》を回す。直径四十センチほどの青銅製らしいその輪は少年が消えたあとも、表から差し込む夕日を浴びて、人の掌に馴染んだ表面をきらきら輝かせながら、回り続ける。

狭く限られた門内の空間には西陽が溢れてゐた。かつてここから正面には金箔を押し広げたやうな海が見渡せたのだ。

酉《とり》の時ばかりに、天王寺の西の大門に御車とどめて、波の際なきに西陽の入りゆく折りしも、拝ませ給。

先に引用した歌を彰子が亀井で詠んだ前日（長元四年九月二十八日）のことを記した『栄華物語』の一節で、彼女もここへやつて来てゐたのだ。当時は南北に伸びた上町台地のすぐ下まで、海岸線は迫つてゐた。

眩しさに目を半ば閉ざして、わたしは止まつた宝輪に手をかけ、勢ひをつけて、回した。父道長を失つて三年と九ケ月、四十代も半ばに近い彰子は、ひたすら入日に見入つたらう。さうして臨終の有様を思ひ出すとともに、自らの死も重ねて思ひ浮かべたのではないか。

仏の相好《さうがう》にあらずより外の色を見むとおぼしめさず、
仏法の声に在らずより外の余の声を聞くかんとおぼしめさず、
後生《ごしやう》の事より外の事おぼしめさず。
御目には弥陀如来の相好を見奉らせ給。

『栄華物語』の道長の臨終を叙したところだが、これが当時の理想の臨終のさまであつた。稚児舞を習ひに通つた頃の俊徳丸にしても、しばしここから入日を見た。さうして迦陵頻伽となつて飛ぶ自分の姿を、その輝きのなかに認めもしたのではないか。

この西門から、彼岸の中日、正面にある石鳥居の真ん中に沈む夕日を拝めば、極楽へ行くことができると、わたしは幾度となく祖母から聞かされた。祖母もまた、ここに立ちつくして入日を見たことがあるのだらう。

この伝承は、かなり古く遡るらしい。それに幾つもの要素がからまつてゐる。一つは、仏教で説く日想観である。極楽往生するためには、極楽の有様をありありと思ひ描くことが不可欠だとするところから出て来たもので、限りなく麗しい樹木を、水を、光の溢れるさまを、そして宮殿と仏たちを思ひ描く最初の階梯として、夕日を見詰めるのである。『観無量寿経《くわんむりやうじゆきやう》』によれば、かうである。「想念を起し、正座し、西に向ひて、諦《あき》らかに日を観ずべし。……日没せんと欲して、状、懸鼓《けんく》のごとくなるを見よ。すでに日を見をはらば、目を閉じても開きても、みな、日没のかたちを明了ならしめよ。これを日想となし、名づけて初観といふ」。

いまのわれわれには奇異に思はれる行であるが、極楽を観念でなく、現実として感得することを切実に求めるなら、当然であらう。そして、門と鳥居といふ空間を限定する枠組みが、日を「懸鼓のごとく」明らかに見る助けとなるに違ひない。

また、これは折口信夫が指摘したことが、わが国の古来からの太陽を拝する信仰と日想観が結びついて、急速に広まるとともに、変容を遂げたと考へられる。すなはち、極楽浄土は西に位置するが、夕日はまさしくその極楽へと滑り入つて行くのであり、その入日を見詰め、願を掛ければ、われわれ自身が極楽へ往生するのを確実にすることができる、と。

西門の外へ出ると、石鳥居の向ふ正面をわづか左に逸れて立つビルの屋上に、日がかからうとしてゐた。そして、そのビルの影がわたしの足元に届いてゐる。入日までいま少し時間があるものの、鳥居へと伸びる六、七十メートルの石畳道は、すつかり翳つてゐる。その両側に、祭日でもないのにけふも古ぼけたテントの露店がわずかに出てゐる。そろそろ店仕舞ひにかかるのではないか。

その石畳道を数歩も行かないうちに、わづか反りを持つた石が横一列に並んでゐるのに気づいた。この位置にはかつては小橋が架かつてゐたのだ。寛永年間（一六二四—四四）に描かれた橘守国筆『摂津国四天王寺図』によれば、溝があり、小橋がある。それより三百余年前の『一遍上人絵伝』（徳治二年・一三〇七完成）でも、西門前で説教する一遍に耳を傾ける男女の足元には溝があつて、板切れとも石板ともつかぬものが渡されてゐる。その溝が埋められ、橋がそのまま石畳道に取り込まれてゐるのだ。

そこを越えると、絵図にしたがへば、すぐ左右に堂がある。『一遍上人絵伝』では三間四方の小さな堂だが、『摂津国四天王寺図』になると幅七間、奥行五間もある立派な朱塗の建物で、左は引声堂《いんせいだう》、右は短声堂《たんせいだう》の書入れがある。『摂津名所図会』でも、ずつと下つて昭和九年刊の大阪府学務部編『大阪府史蹟名勝天然記念物』でも、同様の記載がある。

しかし、いまはいづれもない。露店の背後は、左側は低い塀を隔てて墓地で、右側は四天王寺学園の校舎である。わたしの幼いおぼろげな記憶では、左側、露天の背後には古ぼけた堂があり、その床下に入り込んでゐる人の姿があつた……。

高安から俊徳道をたどつて、駄馬の背から俊徳丸が降ろされたのは、多分、その引声堂の傍らであつた。説経では念仏堂となつてゐるが、彰子らの後を襲つて白河院が幾度か参籠、康治年間（一一四二〜四四）には出雲聖人と呼ばれる僧が念仏所を営み、以後、念仏を修する堂が置かれ、鳥羽院となると融通念仏《ゆうづうねんぶつ》（百万遍念仏）を熱心に修し、しばしば籠つた。さうして春秋の彼岸の中日には、このところに何百、何千人、時には万にも及ぶ人々が集まり、一斉に念仏を唱へるやうになつた。そこから引声堂と短声堂が生まれたのだが、引声とは緩やかな曲調、短声とは迫つた曲調で、阿弥陀仏の名号を唱和するのに際して、この二つの異なつた曲調に分かれ、ともに唱へた。その念仏が、このあたり一帯に交響したのだ。

あらいたはしや

説経は、決まり文句を要所で繰り返しながら語るのだが、この時が、わが家を離れて過ごす最初の夜であつた。疲れから横たはると、正体もなく眠つてしまつたが、その様子を供の仲光が眺め、思ひ惑ふ。命じられたとほりこのまま打ち棄てて去るべきか、揺り起こして暇を告げるべきか、逡巡を重ねる。そのあげく、なにも言はず涙ながら空馬の手綱を引いて、去つて行く。

説経が実際にどのやうに語られたか知らないわたしとしては、竹の鞭で台を叩きながら語つてゐた、覗きからくりの男の声を、記憶の底から呼び戻してみるよりほかない。

夜が明け、目覚めた俊徳丸は、仲光を呼ぶ。しかし、応へはない。不審に思ひ、あたりを探れば、金桶、椀、杖、蓑などの品々が手に触れる。そして、自分が置かれた立場と、場所を悟るのだ。

　捨てる所の多いに、天王寺にお捨てあつたよ、曲もなや。

なんとも単調な、それでゐて、年少であつたわたしには不気味に思はれる濁声であつたとしか、思ひ出せない。

寺は寺でも四天王寺であれば、いかなる者であれ、物乞ひをして生きながらへることができるのである。『法然上人絵伝』を見れば、半裸なり蓆《むしろ》を被つた五人の病者が、西門の前で、黒衣の法然上人から食物を与へられてゐる。『一遍上人絵伝』では、まだ木の朱塗りであつた鳥居の許になるが、施しを求める男の姿があり、近くの粗末な小屋でも、施行を受ける男女がゐる。そして、鳥居から西門にかけての横の塀の外には、車付きの箱のやうなものが一列にずらりと並んでゐるが、それらは施行をあてに集まつた人たちが雨風を凌ぐためのものである。

かういふ人たちの間に立ち混じつて生きながらへよと、父も義母も、そして仲光も言ふのか。それにこの寺は、俊徳丸が最も輝かしい一時を持つたところであつた。選りに選つてそのやうなところに、どうして棄てたのか。いつそのこと、千尋の谷にでも突き落してくれればよかつたのだと、恨まずにをれない。

四天王寺学園から女子高校生が十人ほどかたまつて出て来た。そして、石畳道に戻つたわたしの前を、石鳥居のほうへ行く。バレーボールの選手でもあらうか、いづれもすらりと背が高く、きびきびした身のこなしで、プリーツスカートの裾が、気持よく跳ねる。

死なう、と俊徳丸は決心するのだ。

ところが夢の中に清水観音が現はれ、「町屋に袖ごひし、命を繋げ」と命ずる。

説経で最も解りにくいのが、この清水観音といふ存在である。かつては両親の願ひを入れて俊徳丸を誕生させたのにもかかはらず、義母の呪詛をやすやすと聞き入れ、「違例」の苦を与へ、いままた、このお告げでもつてさらに苦を加へるのである。言はれたとほりに蓑笠を身につけ、杖と金桶を持つて町屋を回り袖乞ひをすると、目が見えず、ひもじいままよろめき歩く姿から、「よろぼし」と嘲けられるのだ。この名は、北條高時が田楽に狂つて、「天王寺のやようれぼしを、見ばや」と、天狗たちと舞つた折の歌と係りがあるといはれるが、さうであれば、妖霊星、言ひ換へれば妖しい不吉な化物といふ意にならう。俊徳丸には耐へられなかつた。

それでも足りないのか、清水観音は再び夢枕に現はれ、熊野の湯に入れば「病本復申すぞや。いそぎ入れや」と告げる。そこで熊野を目指すのだが、途中、施しをする有徳のひとがゐると教へられ、立ち寄つたところ、近木庄の乙姫の邸であつた。盲目ゆゑ不覚にも彼女とその一家の者たちに、惨めな姿を曝してしまつたのだ。絶望した俊徳丸は、もう病の癒えることも願はず、その場から四天王寺へと引き返し、今度こそ干死しようと、引声堂の床下に這ひ込む。

あるいはこの時代、観音は、霊力を半ば失つてゐたのかもしれない。祈る者の願ひを聞き入れようと、あちらを立て、こちらを立てして右往左往する。そのため縋る者はいたづらに引き回され、一段と不幸の深みへと落ち込むのだ。この観音の凋落ぶりは、浄瑠璃『摂州合邦辻』になると、さらに進み、俊徳丸を病にする霊力もなくなり、毒酒といふフィジカルな力を借りる。

かうした時代の移り行きに翻弄されながら、俊徳丸は引声堂の床下へ逃げ込んだ、といつてよいかもしれない。

ふと傍らの露店を見ると、釣鐘形の小さな饅頭を並べてゐた。こどものとき幾度か口にしたものである。

「へい、いらつしやい」

閉店準備にかかつてゐた男に声を掛けられ、つい、財布を出した。温かくはなかつたが、柔らかな弾力が包み紙越しに感じられる。

その俊徳丸の跡を追つて姫が行くところが、説経の聞かせどころの一つとなつてゐる。両親を説き伏せ、巡礼の姿となると、「あら夫恋いし」と、まづは熊野を目指すのだ。しかし、いかに尋ね歩かうとも、俊徳丸の姿はない。さうしていまの海南市の南端、万葉集以来の歌枕の藤白峠に到り、消息が知れないのは、川に身を投げたのではないかと疑ひ、引き返すと、屋敷にも寄らず、四天王寺へと急ぐ。さうして金堂、講堂、六時堂、亀井堂と尋ね回るのだが、どこにもゐない。そこで石舞台に上がり、池へ身を投げようとするのである。

が、もう一ヶ所、尋ねてゐないところがあると気づき、引声堂へと赴く。

聖徳太子の没後に尼となつた三夫人の像が祀られてゐたといふから、引声堂は、念仏の修行場であるとともに、女人の信仰を集めてゐたのであらう。鰐口を「ちやうと打ち鳴らし」「願はくば夫のしんとく丸に、尋ね会はせてたまはれ」と、姫は念ずる。すると、

「旅の道者か地下人《ちげにん》か、花殻《はなから》たべ」

と、弱々しい声が聞えた。花殻とは、仏前から下げたものの意で、町屋へ物乞ひに出てゐないことを暗に語つてゐる。

その声に縁を跳んで降り、堂の後に回ると、そこに蓑笠姿の俊徳丸がうづくまつてゐたのだ。

釣鐘饅頭を持つたまま、鳥居へと歩み寄る。

ふた抱へもある、たつぷりした太さの両側の石柱は、内側へ傾くことなく、直立してゐる。そして、十五メートルの高さの笠木とその下の島木は細めで、そのため柱の太さが際立つて見える。永仁二年（一二九四）に忍性《にんしやう》上人が建ててから七百年余も立ち続けてゐるのは、あるいはこの構造ゆゑかもしれない。さうして、この石柱に取りつき、「えいやつ」と掛け声をかけるとともに、足腰のすつかり萎えてゐた厨子王《づしわう》（いふまでもなく説経『山椒太夫』の主人公。追手を逃れると土車でここへやつて来た）が立つた、といふのも成程といふ気持になる。

鳥居をくぐり出て、振り向きざまに頭上を仰ぐ。中央高く扁額が掲げられてゐる。青銅製のそれには、肉太の文字が四行、浮き彫りにされてゐる。

釈迦如来《しやかによらい》
転法輪所《てんぽうりんじよ》
当極楽土《たうごくらくど》
東門中心《とうもんちゆうしん》

聖徳太子の筆とも、小野道風、あるいは弘法大師の筆ともいはれるが、額には銘があつて嘉暦《かりやく》元年（一三二六）とある。これと同じ言葉を記した額は、石鳥居になる以前の、朱塗の木の鳥居にも掲げられてゐた。じつはこの言葉が、平安時代中期以降の四天王寺の歴史をつくつて来たといつてよいかもしれない。

折しも春の彼岸の中日、この石鳥居の傍らで施行がおこなはれてゐた、と謡曲『弱法師』ではなつてゐる。高安の長者、左衛門尉通俊が施主で、讒言《ざんげん》に惑はされて家を追ひ出したひとり子——説経では異母弟がゐたことになつてゐる——を捜し求めてのことであつた。と、杖をついた少年がよろめき出て来る。髪はぼうぼうと伸びて胸に到り、その陰に隠れた面の両眼は、固く閉ざされてゐる。

ワキ　や、これに出でたる乞丐人《こつがいにん》は、いかさま例の弱法師《よろぼし》な。

通俊が思はずかう言ふ。その言葉に少年は、立ち止まつて、

シテ　げにもこの身は盲目の、足弱車《あしよわぐるま》の片端《かたは》ながら、よろめき歩《あり》けば弱法師と、名付け給ふは理《ことわり》や。

なるほど、さ名付けられるべき己が姿だと、深くうなづくのである。その様子に、無残な身上となりながら、いたづらに絶望することなく、精神のさはやかさを保ち続けてゐる様を窺ひ見て、通俊は、捜し求める当のわが子とも知らず、こころ惹かれる。

世阿弥の自筆本によれば、弱法師はひとりでなく、姫が支へてゐる。引声堂で再会した後、俊徳丸を手厚く介護、歩けるやうになると、ともに乞食に出るやうになつた、その様を示してゐる。しかし、この場は元雅《もとまさ》の現行曲のやうに、弱法師ひとりでなくてはならない。

この盲目の少年は、気配から時を察したか、膝をつくと、

シテ　心あてなる日に向ひて、東門《とうもん》を拝み南無阿弥陀仏。

かう言ひ、合掌するのだ。それを聞きとがめた通俊がいふ。

ワキ　や、東門とは謂《いは》れなや、ここは西門石の鳥居よ。

言はでものことを注意すると、少年は即座に、

シテ　あらおろかや天王寺の、西門を出て極楽の、東門に向ふは僻事《ひがごと》か。

西門から西の極楽を望むなら、極楽の東門と向き合ふことになるではないか。それが間違つてゐる

とでも言ふのか、と反問したのである。まことに明解な論理である。生身では与かり得ない領域である以上は、かうした論理を拠り所にしなくてはならない。加へて頭上に掲げられてゐる扁額の言葉が、その根拠ともなつてゐる。

再び扁額を見上げる。

この言葉は、聖徳太子作と伝へられる『御手印縁起』の次の一節に基づく。「是処昔釈迦如来転法輪所」「宝塔金堂相当極楽土東門中心」。この場所は、昔、釈迦如来が法を説き給ふたところであり、かつ、五重塔と金堂は極楽浄土の中心に当る、といふのである。なんとも荒唐無稽な言辞といはなくてはならないが、しかし、末世意識の深まりとともに、浄土信仰と聖徳太子信仰が盛んになつた十一世紀初めにおいて、この言葉は、人々のこころを捉へた。さうして時の権力者、道長以降、白河院、鳥羽院から一般庶民までが、四天王寺の西門に蝟集《ゐしふ》するやうになつたのだ。さうして後白河院となると、しばしばここを訪ね、次の今様《いまやう》を謡つた。

極楽浄土の東門は、難波《なには》の海にぞ対《むか》へたる、転法輪所の西門に、念仏する人参れとて

（『梁塵秘抄』）

その『御手印縁起』だが、朱肉の手形がべたべたと幾つも押され、異様な気配を漂はせてをり、寛《くわん》弘《こう》四年（一〇〇七）、金堂に安置された六重塔の中から発見されたと言ふ。実際は、当時の僧たちが世間の関心を集めるために捏造《ねつざう》したらしいが、その狙ひは見事に当り、やがてその一節が鳥居に掲げられると、西門に加へて鳥居も意味を持ちだし、その二ヶ所が四天王寺における浄土信仰の基軸をな

すやうになつたのである。

すなはち、西門から鳥居のなかに日没を拝めば極楽往生できるといふのが、その産物であつた。初めは西の海の彼方に、ぼんやり極楽を想定してゐたのだが、より具体的に、此岸から赴くわれわれがくぐるべき極楽の東門をイメージし、それを西の海上に想定したのだが、それを徐々に手前へと引き寄せ、岸近くのそこ、さらには石鳥居を出たところ、いや、石鳥居そのものがさうだ、とした。いや、じつは西門がさうだとして、これを極楽門とも呼べば、『御手印縁起』にあるやうに、金堂と五重塔がさうだとも主張された。

このやうになると、此岸と彼岸の係りもこの地に当てはめて考へられるやうになり、その位置は極楽の東門の位置に従つて移動したが、大勢は、西門までが此岸であり、鳥居から先の西が彼岸であり、西門と鳥居の間は此岸と彼岸を結ぶ特別の場所、といふことになつたやうである。

この此岸と彼岸の間にある引声堂に俊徳丸が棄てられたのは、まことに理にかなつてゐたと言はなくてはなるまい。そこはこの世でもあの世でもないところなのである。だから、現世から弾き出された生者が身を置くのにふさはしい。

それとともに、極楽往生を願つてこの世に在る者が施行《せぎやう》をおこなふのにも、まことにふさはしい。此岸に生きながら、彼岸へと手を届かせることの出来る場所なのである。

ところでいま、わたしが立つてゐるのは何処なのであらう。鳥居から数歩、西へ出てゐて、南側には蕎麦屋、北側には仏具店、漢方薬店が並んでゐて、先の大通には無数の車が間断なく走りすぎてゐる。

シテ　阿字門《あじもん》に入つて、

少年は、さらに言ふ。阿字とは、梵語の第一字で、仏教で最も大事なこととの謂ひだが、ここでは極楽往生、すなはち、極楽の東門に入ることを言つてゐるのであらう。西門をくぐり出て引声堂に到り、いまや石鳥居の下にゐるのである。後は……。

ワキ　阿字門を出づる、

道後はかう応ずる。石鳥居を出て、その先へと。
そして、父と子であることも知らぬまま、さらに言葉を重ねる。

シテ　弥陀の御国も、
ワキ　極楽の、
シテ　東門に、向ふ難波の西の海、

この謡曲がつくられた室町時代、すでに海岸線がかなり後退してゐたはずだが、平安時代の信仰、伝承によれば、すぐそこでなくてはならなかつた。実際は台地の崖下から広がる芦原の先が、波打ち際であつた。

海にいる難波の浦の夕日こそ西にさしけるひかりなりけれ　　藤原為家

わたし自身、ここから南一キロ足りない阿倍野の百貨店の屋上から、安治川の河口付近を遠望、晴れた日には、入日の光芒を凝縮したやうな黄金の滴が、黒点となつた船を幾つとなく浮かべてゐるのを見たことがある。

あみだ仏となふる声をかぢにてや苦しき海をこぎはなるらん　源　俊頼

「屏風の絵に、天王寺の西門にて法師の舟に乗りてにしざまにこぎはなれ行くかた書きたる所をよめる」と詞書にあるとほり、この法師は、入水《じゆすい》往生をめざして、念仏を称へつつ、西へと漕ぎ進めてゐるのである。『後拾遺往生伝』には、比叡山のある僧が四天王寺で七日断食、一心に念仏を称へた末、浄衣をつけ、懐に砂を詰め、舟で沖へ出ると身を投げた。すると楽が聞えた、といふ話が記されてゐる。

日が水平線にかかるとき、輝きは一段と映える。

入日の影も舞ふとかや。

まさに西の果て、極楽浄土へ入らんとして、日もまた歓喜に照り輝くのである。さう見たとしても不思議はなからう。

入日の影が窓いちめんに舞を舞つてゐるやうですわ。

家庭裁判所に舞台が設定されてゐる三島由紀夫『近代能楽集』の内の『弱法師』では、調停委員の桜間級子が窓の外の夕日を眺めて、かう言ふのだ。十五年前、空襲を受けて炎上する焔のなかに子を見失つた夫婦と、焔に目を焼かれ浮浪児となつてゐた子を養子にして育てて来た夫婦とが、親権をめぐつて争ひ、喧しく主張を述べたてて退場した後、二組の親に悪意を研ぎ澄ましてゐる当の盲目の二十歳になる俊徳と、美貌の中年の調停委員が向き合ふ。そして、

空は燃えさかる炉のやう……

折りからの夕映えの様子を、級子が口にする。

能舞台では、俊徳丸が「あら面白や」と謡ひ、舞ひ始める。さうしてあたりの風景は盲目になる以前によく見てゐたから、いまも目前にしてゐるに等しいと言つて、夕日を浴びつつ、須磨、明石から淡路、紀の海まで見渡す所作をする。それは、記憶のなかの風景をなぞるのでは決してなく、さきの『観無量寿経』の一節、「目を閉ぢても開きても、みな……明了ならしめよ」との教へを、実践してゐるのであつた。

だからこそ、彼は、

満目青山《ばんぼくせいざん》は心にあり、

と、言ひ、その上で、

おう、見るぞとよ見るぞとよ。

かう言ひ放つて、扇をかざす。

この時、眼前の入日に輝く風景ばかりでなく、極楽往生を約束するところの風景、あるいは極楽の東門の向ふに広がつてゐる、浄土そのものの風景を、見届けてゐるではないか。そして、舞ひ遊ぶ迦陵頻伽の姿も……。

ただし、背広に身を固めた俊徳は、級子にいふ。

あなたは入日だと思つてゐるんでせう。ちがひますよ。あれはね、この世のをはりの風景なんです。

極楽であれ、この世が終はつた後の世界なのである。が、彼は、つづけて、

ごらん、空から百千の火が降つて来る。家といふ家が燃え上る。ビルの窓といふ窓といふ窓が焔を吹き出す。僕にははつきり見えるんだ。

彼岸ではなく、この世の、目を焼かれる直前に見た情景を、言つてゐるのである。

伽藍を振り返ると、すつかり影に覆はれてゐた。先程は足元にあつた影が、西門ばかりか、西重門と回廊、金堂の甍にも及んでゐる。しかし、五重塔の四層階から上は光のなかにあつて、その頂、金

箔を塗つた相輪の台座が、まぶしく輝いてゐる。それをいま、西ではなく、東にわたしは見てゐる。

俊徳は、さらに言ひつのる。

小さな樹も、小笹のしげみも、みんな火の紋章をつけてゐた。……ばかに静かだつた。静かだつたけれど、お寺の鐘のやうに、一つの唸りが反響して、四方から谺を返した。へんな風の唸りのやうな声、みんなでいつせいにお経を読んでゐるやうな声、あれは何だと思ふ？　何だと思ふ？　桜間さん、あれは言葉ぢやない、歌でもない、あれが人間の阿鼻叫喚《あびけいくわん》といふ奴なんだ。

西が東に替はるやうに、極楽が地獄に替はる。そしてまた、生が死に、歓喜が悲嘆に、美が醜にと、逆に入れ替はる……。

しかし、この世に生きる身としては、極楽なり地獄を見届けたとしても、幻を見たのとどれほどの違ひがあるだらうか。

夕日が一際照り輝いた一時が過ぎてしまへば、あとは平坦な日常に呑み込まれてしまふ。金箔の輝きも、見る見るうちに失はれてゆくのだ。俊徳丸は「見るぞとよ」と興奮に駆られて「かなたこなたと歩く」が、それまた一時のことなのだ。道行く人に突き当たり、「転び漂ひ」、杖を取り落とす。そして、尻餅をつく。しよせん盲目の身なのだ。

――げにもまことの弱法師

さう改めて認めなくてはならない。

思へば恥ずかしやな、今は狂ひ候はじ、今よりはさらに狂はじ。

見えたと言つたのも、一時の狂ひにすぎなかつたのだ。それも人々の気紛れな興に応へて演じてみせたのに等しかつた。三島の描く少年にしても、最後は女性調停委員に甘えるよりほかない。

石畳道を西門へと戻りかけると、右側の小さな石柱に「引導石」とあるのに気づいた。横には御影石の低い囲ひの上に、畳一枚ほどのベニヤ板が載せてあり、老女が腰をおろしてゐた。

近づいていくと、老女は待つてゐたやうに板を叩いて、

「お座り」

と言ふ。このベニヤ板の下が引導石らしい。断髪で、傍らに柄の長い雨傘をたてかけてゐたので、亀の池で見かけたひとだと分かつた。かまはぬ身なりで、顔も日焼けしてゐるが、眉が細く、鼻筋がやさしく通つてゐて、若いときの様子がしのばれる。

そんなところに腰を下ろして罰が当りませんか、と言ふと、

「生きてるもんがそばへ寄つたげると、仏はんは喜びなはるんよ」

と答へて、板を叩く。

断るわけにもいかない気持になつて、腰を下ろすと、急にきつい口調になつて、

「この頃の坊主はなに考へてるんやろ、大事な引導石にこないな蓋をしおつて」

そして、引導石のいはれをご承知か、と聞く。首を振ると、

「この石のなかに亡者はんを寝かせ、鐘楼の鐘を三つ撞きますねん。すると、聖徳太子はんが現はれ、善道へ連れて行つてくれはるんですわ」

と、簡潔に説明してくれた。つづけて、

「坊さんの世話いらずで、極楽往生でける言ふんでつさかい、有難い話でんな。天王寺のこのあたりは、昔から家なしがぎやうさん集まるとこで、無縁の亡者はんが毎日出たとこですわ。いまもよく出ます。そやから、無縁はんを、面倒なう葬る思案でつしやろな。いま、そないなことすれば、坊主は食ひ上げですわ。そこで蓋をしてますのや。だけどわては、ここで聖徳太子はんの引導にあづからうと思ふてますねん。坊主の世話なぞいらん。お手軽に向ふへ行きたいのや。それで、ここに座つてますんや」

さう言つて、意外に品のいい笑ひ声を挙げて、手提袋から煙管《きせる》を取り出した。その指は太く荒れてゐた。

「この頃は、花づくりに精出してますねん」

わたしの視線に気づいたのか、さう言ひながら、煙管を詰める。

「わてと御縁のあるおひとは、このごろは亡者はんばつかりで、花がぎやうさんいりますねん」

恥ずかしさうな笑みを浮かべる。そして、ふと耳をすますやうにして、

「さいぜんから鐘が何度も鳴つてんのに、聖徳太子はんがをらしたかどうか、一向にわかりしまへんなあ。この頑丈な蓋のせゐでんな。その替り、あんさんが来はつた、といふわけでんな」

生憎でしたね、とわたしは応じた。

老女はおいしさうに煙管を吸つてから、声を低めて言つた。

「どなたかお探しでつか。境内のあつちやこつちや歩いてはりましたな」

思ひがけない言葉に、わたしは見物してゐるだけだと説明した。

「さうでつか」

不満さうに言ひ、つづけて、

「わてが会ひたいのは、聖徳太子はんぢやなうて、ずつと昔にゐなうなつた子ですわ。もう幾つになつたやろか。生きてをればあんさんぐらゐの年頃でしやろか」

さう言つてわたしの顔を見る。乙姫も通俊もここで俊徳丸に会ふことが出来た。鳥居を抱いて立ち上がつた厨子王も、老いた母に会ふことができた。人間世界の外へ追ひ出されるなり彷徨ひ出たはずなのだが、ここでなら会うふことができるのた。

老女は、ふと視線をそらすと、右手の方を見る。

まう店仕舞ひした露店の向うに、西門が見えるが、その門のなかから、自転車に乗つた少年が現はれたところだつた。先ほど見かけた少年と違ひ、小学生も三、四年生ぐらゐだらうか。

こちらへやつて来るだらうと見てゐると、すぐハンドルを切る。そして、西門の背後へ回り込んでいく。

そしてまた、西門の口から現はれた。そしてまた、ハンドルを切る。

老女は煙管を吸ふのも忘れて、西門から繰り返し現はれ出て来る少年を見つづける。

その少年も、門をくぐり出るたびに、輪宝を回してゐるのだらう。

「あんさんはあの門も、後の金堂も五重塔もコンクリートででけてるのをご存知でつしやろ。燃えんやう、もう決して燃えんやうに、コンクリートにしたさうな。だけど、このお寺はな、聖徳太子はんが建立しはつてから、何回も何回も焼けてきたんや。千五百年も昔から、焼けて焼けて、何十回と、炎になつて来たんや。戦争に負けた年の三月十二日の夜中も、よう燃えたわ。いまでも忘れられへん。よう燃えた。それを、止めにせうなどと、なんちゆうことを考へるんやろ。万物流転。無常や。そないなことも分らへんのかいな、ここの坊主は。炎のなかで、大けな火の車が回りよつた。あの晩も、大けな火の車が唸りながら回つとつたわ」

老女の言葉とともに、わたしの記憶のなかからも現はれて来るものがあつた。河内の寺に学童疎開をしてゐて、その夜は、墓地の一角に掘られた防空壕から首をだして、大阪の夜空が赤く染まるのを見た。

近くで見たのですか、と尋ねると、わたしを見据ゑるやうにして、

「見た、見た、目の前に見たわ。わが家もろとも、わが子もろとも、燃えるのを」

見えるだらう？　あちこちで人間が燃えてゐるのが。

空襲の炎で目を焼かれた少年俊徳の台詞である。

落ちた棟木の下、石材の下、とぢこめられた部屋の中、いたるところにで人間が燃えてゐるのだ。そこかしこに真裸の薔薇いろの屍がころがつてゐる。まるで恥かしさのあまり死んだやうに薔薇いろの、罌粟《けし》いろの、それから後悔のやうに真黒の、色さまざまの裸の屍。

老女の目のなかには、いまなほ屍が燃えてゐるのかもしれない。

「観覧車といふもんがありまつしやろ。こないだ博覧会で見たけど、回つとつた。黄金色に光つて、極楽のやうに、それはそれは綺麗に光つて、回つとつた。あれは、あの時でおしまひ、もう二度とあらへん、そんなことおますか」

と、わたしに問ひかける。

「これまで何回も何回も起つて来たことでつせ。一回きりでなうて、これからも、何回も何回も繰返し起るはずでつしやろ。あの五重塔が大けな火の車になつて、これからも何回も回る。それが摂理といふもんでつしやろ」

さらに言ひつのつた。

「燃えんとあかんのや。繰り返し繰り返し何回でも燃えんとあかんのや。わてのこの枯れた体もな、もうすぐ燃えるんでつせ。さうでつしやろ。燃えて跡かたもなうなる。わての子と一緒でんがな。それと同じ、この寺も、これから何回も燃えるんや」

さうしてまた、西門を見た。相変はらず少年が門から勢ひよく出て来る。

わたしは手に饅頭の包を持つてゐるのに気づいて、手早く開けると、奨めた。

老女は怪訝さうに饅頭を見たが、不意に顔を和ませ、

「へえ、懐かしいもんやの」

さう言つて、ひとつ摘まんだ。そして、吐いた激しい言葉を忘れたやうに、口をもぐもぐさせる。

その顔を見てゐると、遠くから祖母との時間が戻つて来さうに思はれた。境内のどこかで弁当を開いたことがあつたのかもしれない。かすかな水音や念仏の声、竹の鞭で台を叩きながら語る男の単調

な声が、どこからか聞えて来さうである。

さつきは石舞台でなにをしてをられたんです？　と、老女の先程の振舞ひを思ひ出して、尋ねた。

「ふん、見てはつたか」

わたしの顔をまじまじと見て、言葉を継いだ。

「亀を捜しとつたんや。わての子がこまい時に飼つてた亀を、あの池に放したんでの。亀は長生きするいふさかい、まだ元気でゐるやろかと思ふての。お参りするたんびに、あそこから見るんやが、なにせ、うようよをつて、どの亀がわての子の亀やら、わからへん。わからへんけど、元気なのがわての子の亀だと思ふて見るんや」

空の煙管をたて続けに吸つて、

「そやけど、空襲のあと行つてみたら、池一面に、白い腹を上にして、浮いとつたわ。どこから湧いて出たやら、ほんまにぎやうさん。死んだ亀で広い池がびつしりやつた」

さう言つて、一瞬、目をつぶつたが、そさくさと煙管を手提袋にしまふと、雨傘を持つて不意に立ち上がつた。そして、

「さいなら」

さう言ふと、そのまま脇目もふらず、足早に鳥居を出ていく。慌ててわたしも立ち上がらうとしたが、そのまま見送る。

と、自転車の少年が、老女の後を追ふやうにわたしの前を走り抜けて行つた。

二人が消えてから、のろのろと立ち上がると、思ひついて、蓋の端を掴み、持ち上げようとした。が、びくともしない。載せてあるだけでなく、しつかり止めてある。

石鳥居を出ると、大通の向ふは夕闇が濃く、ヘッドライトがまぶしく交差してゐた。

（海燕、平成三年八月号）

『師直の恋』抄

比叡《ひえい》の瀧《たき》

比叡山は、京都の側からは勿論、近江の側からもよく見える。新幹線で京都へ近づいて行くと、湖面がわづかに覗いて見える琵琶湖の向う、比良の険しい山波が静まつたあたりに、まるく盛りあがつてゐるのが、見えて来る。列車は、瀬田川を渡るまで南に向うので、ほとんど右横に位置する。そして、山の頂が二つに分かれてゐるのに気づかう。

逢坂山と東山のトンネルを抜けて、京都駅のプラットホームに降り立つと、いまは駅ビルに遮られてしまつたが、東山の連なりを前景として、やはり峰を二つにしてゐるのが見えた。双子山《ふたごやま》といふ呼び名が古く行はれたやうだが、どういふわけか、比叡の秀麗な姿と言へば、峰ひとつにすつきりと聳えて見える、下鴨あたりからの山容といふことになつてゐる。なるほど、富士山型が基準とすれば、さういふことになるのであらう。しかし、峰が僅かに分かれてまるく盛りあがつてゐる姿もわるくない。と言ふよりも、なにか窺ひ知れぬものが蔵されてゐるやうな思ひに誘はれるのである。飛鳥、藤原時代は、二上山が特別の意味を持つてゐたのも、さうした事情があつたのではないか。

そんなふうに山容に拘つてゐると、比叡の名も、じつはそこから来てゐるのではないか、と考へてみたくなる。二つの峰を持つから「比」の文字を使ひ、「叡」でその秀麗さを現はした、と言ふわけである。ただし、ものの本には、そのやうな説明は見られない。古代にあつては、聖なる山として尊ばれ、呪術的祭祀が執り行はれ、近江側の一角八王子山を神体として営まれたのが日吉大社《ひえ》（かつては日枝大社とも書いた。現に東京などにある社は日枝神社と書く）であつた。その「ひえ」がもとになつて比叡山と記されるやうになつたのだと説く。

この比叡山に登るのは、いまは容易である。京都駅前からバスに乗れば、ほぼ一時間で山頂である。しかし、気象庁が入梅宣言を出した翌日、皮肉にも晴れ上がつた天気に誘はれて、ふとその気になつたわたしは、午後も遅かつたので、タクシーに乗つた。

タクシーは、銀閣寺の先から白川沿ひに、山のなかに入つて行く。いはゆる志賀越え、または山中越えの道である。かつては京都から近江に出る、最も一般的な道であつた。この道は、王朝人にとつては、なによりも春のものであつたらしい。

春はただ雲路を分くる心地して花こそ見えね志賀の山越　藤原道隆

いまは濃い木々の緑の間を、車が右へ左へと曲りつつ、掻き分けるやうにして登つて行く。ところどころ白川砂採取のため崩されて、山肌が剥き出しになつてゐるところがある。道筋は勿論、昔のままではない。しかし、平安朝以来、幾多の人々がたどつた道筋を、どこかでかすめてゐるはずである。白川から十五分ぐらゐで、田の谷峠に着いた。比叡山ドライブ・ウエイの入口である。ここから、ゆるやかな尾根をたどつて、山頂へ到ることになる。

ゲートで料金を払ふとき、志賀峠はどこですか、と尋ねると、老人の職員は、一瞬、けげんな表情を浮かべたが、

「このすぐ上ですわな」

腕を伸ばし、指さすやうにして、教へてくれた。その地を尋ねる人はゐないのだらう。ゲートを出ると、すぐに視界が大きく開け、右手に琵琶湖が見えた。晴れた空のもと、青々と広がつてゐる。そして、その手前には、大津の市街が見下ろされた。

しかし、車を止めることができない。少し先にある展望所まで行く。

そこでは、右手から山腹が張り出し、大津の市街は見えないが、正面から左にかけて思ひ切り展望が開け、青を湛へてゆつたりと横たはる琵琶湖を一望することができた。

その青い広がりを囲んで、緑の山々が連なる。向ひの鈴鹿の山波から遠く伊吹山まで、谷ひとつひとつが濃い蔭を抱いて、それぞれ鎮まつてゐる。京都の市街からほんの僅か登つたところに、このやうな大きな展望が開けてゐるとは、思ひもしないことであつた。

足元から、湖水へ向つてわづかに突き出てゐるのは、唐崎《からさき》である。先端に緑が雫のやうに一点、盛り上がつて見える。白い水尾を引いて行く船が、幾艘もある。

唐崎の松は花より朧にて

芭蕉が詠んだ一つ松が、植ゑ継がれて、いまなほその緑の雫のなかにあるはずである。

その松について、さらに遥か昔、ひとりの少年が唄を口づさんだ。


……

松も一本
葉も一本
志賀唐崎の一つ松

一本寂しく立つてゐるだけでなく、本来二葉である葉も、唐崎の松ばかりは一葉だと、一を強調してゐるのである。真偽のほどは分からないが、実際に昔は一葉だつたと伝へる。

タクシーは尾根道を行く。左手に遠く、京都の市街がちらちらする。白と灰色が犇めき合ふ、右側とは対照的な空間である。正面に、比叡の峰が間違ひなく二つ、大きく迫つて来た。左は四明嶽、右は大比叡嶽である。

大比叡嶽のほうが約十メートル高く、海抜八百四十八メートルである。しかし、その差は分からず、ゆるやかな切れ込みで繋がつてゐる。そして、四明嶽の頂には、空飛ぶ円盤まがひの屋根を持つ展望台があり、なまなましく盛り上がつた緑の上に、いやにはつきり際立つてゐる。

やがて大比叡嶽の右を迂回する道にかかり、車首は琵琶湖へ向いた。フロントガラス一杯に青い空間が広がる。

多分、少年は、一つ松の唄をうたひながら、自分の前に用意されてゐるはずの運命に怯えてゐたのだ。孤独な辛い道をひとり果てまで歩まなくてはならないのではないか、と。

青い空間に身を晒される思ひをしたのも、しかし、ほんの一時で、すぐに山の間へと入り込んだ。そして、坂を少し下がると、延暦寺のバスターミナルであつた。

ここは東塔と呼ばれる延暦寺の中心で、根本中堂や大講堂がある。しかし、けふわたしが行かうとしてゐるのは、西塔である。そのまま進んで、バスターミナルの先のトンネルを抜ける。すると、主峰の北側になつたためか、陽もいくらか弱まり、緑も彩りを薄くしたやうである。

料金所を過ぎると、道の傍らに、猿が十数匹たむろしてゐた。子猿を背中に乗せたり、腹にぶら下げたりしてゐる母猿が、何匹もゐる。見張り役らしい猿が車の方をジロリと見て、避けようともしない。

「づうづうしい奴らですわ」

中年の運転手はさう言ひながら、徐行する。比叡山延暦寺の鎮守で、天台宗の守護神である日吉大社の神、山王権現の使ひが猿だとされてゐるので、いまでも遠慮気味になるのだらうか。

西塔は、そこからすぐであつた。

広い駐車場から、常行堂と法華堂の間を抜け、杉林をだらだらと下つて行くと、窪地の底に平地が広がり、釈迦堂があつた。西塔の中心である。

釈迦堂のほの明るい仏前に進むと、畳の上に正座して合掌してゐる人々があつた。

わたしが膝をつくと、横の女が身を前へ投げ出し、合はせた手を激しく震はせた。さうして身を起したのは、青白い端正な顔立ちのまだ若いひとであつた。彼女は、休む間もなく、また、身を投げ出す。五体投地を行つてゐるのだ。傍らに、五つぐらゐの男の子が、無表情にひつそりと正座してゐる。

出口で、北谷のありかを僧に尋ねた。

比叡山は、三塔十六谷と言ひ、大きくは東塔、西塔、横川の三地区に分かれ、それぞれ谷を持つてゐる。西塔には、北谷、南谷、北尾谷、南尾谷、東谷の五つの谷があるが、かうした細かな分け方は、いまやなかば忘れられてゐる気配で、若い僧からは、はかばかしい返事は返つてこない。ただ、この釈迦堂の背後にある相輪の左側、すなはち北側から、黒谷清龍寺に至るまでの地域を言ふらしいことは分かつた。

相輪は、小高い杉林のなかにあつた。急いで上つて行つたので、ちよつと息が切れた。塔の上に載せる相輪だけを据ゑたかたちのもので、青銅製で十メートルもある大きなものである。その手前を細い道が横切つてゐるが、これが京都側の八瀬と近江側の坂本を結ぶものらしい。

その細い道を左へ、八瀬側へ降りる。

ひどく急だし、いまにも途絶えさうである。しかし、すぐにドライブ・ウエイに出た。西塔から横川へ至る道である。それを横断すると、さらに下つて行く道が杉林に口を開けてゐる。脇に石標が高く立つてゐて、法然上人修行地、黒谷清龍寺とあつた。

杉林はすぐ深くなり、視界は閉ざされた。

ずつと以前、この道をとつて清龍寺へ行き、一泊したことがあるのを思ひ出した。しかし、昼なほ暗い山の深さばかりが記憶にある。そして、その印象のただ中に、いま、入り込んでしまつたやうだ。

思はず立ち止まつて、あたりを見回す。

このやうなところへわたしがやつて来たのは、じつは、一つ松の唄をうたつた少年の歩んだ跡を、多少なりとたどつてみたいと思つてのことなのである。

かれは、美貌の十五歳になる、嵯峨天皇の寵臣二條蔵人清平の御曹司であつた。しかし、思はぬことから、ひとり屋敷をさまよひ出て、加茂の河原に住む細工人の助けを受け、八瀬へと至り、そこから北谷を目指して登つて来る。老杉が聳え、昼でも薄暗いこの険しい細道である。

谷川渡り、岨を行き、草葉草葉を分けて行く。峰はさ渡る猿の声、雉も鳴く、我も涙はほろほろと、説経『愛護の若』からである。やがて日が傾き、薄暗くなつて来るとともに、得体の知れない鳴声が、かれを脅かす。

いまの引用にある「ほろほろ」は、語り手が意識してゐたかどうか判らないが、『玉葉和歌集』に収められてゐる行基の歌を踏まへてゐるのは確かだらう。

山鳥のほろほろとなく聲きけば父かとぞ思ふ母かとぞ思ふ

この説経の主人公愛護の若といふ名は、ひとりの少年の名であるといふよりも、普通名詞ではなからうか。すなはち、愛護されるべき、また、愛護せずにはをれない、さうして深く愛護されて来た少年、と言ふ意味である。もつとも折口信夫は、護法の謂であつて、仏法を護持するために示現する童形の鬼神の変形ではないか、としてゐるが、説経では、子のない夫婦が長谷観音に必死に祈願して、やつと授かつた子なのである。そして、なににも替へ難い宝として慈しみ育て、成長するにつれ、見事な麗しさを体現し、誰からも深く愛され、庇護されたのだ。

しかし、十三歳の折、母親が亡くなつた。そこで父親の清平は、新らしく妻を迎へたが、彼女は義理の息子を一目見るや、たちまち恋に陥つてしまつたのである。少年は、孝心厚く、継母の思ひを頑として受け入れなかつた。さうなると、恋しさ愛しさが憎しみに変はるのに時間はかからなかつた。継母は企みをめぐらし、二條家重代の宝を売り払ひ、その罪を愛護の若になすりつけた。それと知らぬ父親は、怒り狂ひ、かれを後手に縛り、屋敷の庭の桜の古木に吊り下げ、激しい折檻を加へたのだ。

再び歩きだしたが、清龍寺までの中程に、小さな瑠璃堂があり、石積の坊跡があるはずだが、そこまで行けるかどうか。頭上は幾重にも重なる枝に閉ざされ、薄ら明かりのなかに杉の幹ばかりが限りなく立ち並んでゐる。いくら歩いても、ここから抜け出せないやうな気がしてくる。

美しいひとが縛りあげられ、肉体的苦痛と無実の罪に悶え苦しむさまは、歌舞伎の舞台ではお馴染みのものである。たとへば『中将姫古跡の松』雪責めの場などがその典型的なものであらう。もつとも少年ではなく美女となつてゐるが、通底するのは同じで、嗜虐的なエロティシズムの絵巻が展開されるのである。消え入るやうに泣いて無実と苦痛を訴へる、はかなげな美女あるいは美少年と、鞭の一打ちごとに散りかかる雪あるいは桜……。

小鳥の鳴声ひとつ聞えない。しんと静まり返つてゐる。足元に積もつた杉の枯葉が、じつとりと水を含んでゐる。わたしの足は、また止まつてしまつた。

いたはしや若君は……

哀れなるかな若君は……

説経の語り手は、かういふ決り文句を繰り返しながら、この物語を語り進めるのだ。

木から吊された愛護の若の有様を見かねた冥土の母親が、閻魔《えんま》大王に懇願、イタチとなつて駆けつけて来る。そして、縄を喰ひ切り、かれが可愛がつてゐた手白の猿――手首が白い猿、あるいは神の代理の猿の謂か――と一緒になつて、木から降ろすと、比叡山西塔の北谷で阿闍梨となつてゐる伯父を訪ねて行くやうにと言ひ聞かせたのだ。

この亡母の思案が、さらに恐ろしい非運へと少年を押しやる結果になるのだが、さうとは知らず、かれは、母恋しさと、いまは継母の詭計によつて隔てられた父恋しさに駆られて、山路をたどりたどりして来るのだ。

さうして、日もとつぷりと暮れた頃、いまは石積が残るばかりの寺坊の門の前に、袂も濡らしたまま、やうやく立つた。ここには母の縁に繋がる阿闍梨《あじやり》がゐるのだ。彼は、遠慮がちに門を叩く。

振り返ると、わたしの降りて来た道が、意外に上のほうまで伸びてゐて、木立の梢のなかに消えてゐる。かなり下つてしまつた。駐車場まで戻るのは大変である。そろそろ引き返さなくてはと思ひながらも、足を先へやる。

番の僧が門を開けると、闇のなかに一人ぽつねんと、その美しい少年が立つてゐたのだ。贅沢な衣服は乱れ、目は涙に潤み、手首には縄目の痕が痛々しかつた。

取次ぎを受けた阿闍梨は、帝の寵臣のひとり息子の不意の訪問を怪しんだ。時刻も時刻だし、腰車に乗るどころか、供を一人も連れてゐない。身分ある一族の者のすることではない。

それに妖しいばかりの美しさを漂はせてゐると、取次ぎの僧は言ふ。激しい苦悩と悲哀にうちしほれてゐれば、それも当然であらう。「美少年の美とは、不幸に運命づけられた者のみに賦与された特権」だと、稲垣足穂《たるほ》は『少年愛の美学』で書いてゐるが、まさしくその言葉を具体化したかたちで、愛護の若は、比叡の北谷の濃い闇のなかに立つたのだ。

さては、大天狗がこの自分を試みようと姿を変へてやつてきたのだなと、阿闍梨は考へた。

この頃――と言つても、嵯峨天皇の時代ではなく、この物語が成立した室町時代だが、比叡の山中では、稚児愛がおそろしく栄へ、洗練に洗練を重ねてゐた。さうして目も綾な、この世のものとは思はれない麗しい少年が、現実に僧たちを惑はしてゐた。

それに加へて、まことに誘惑的な教へが、秘密の教義として説かれてゐたのである。すなはち、稚児相手に色欲の世界に浸れば浸るほど、山王権現の慈しみに与かり、菩提は確実となる、と。

もともと稚児は、神の依り代で、神聖な存在とされたのだが、女人禁制の山上へ、色欲の対象として持ち込まれた。しかし、さうなつても、かつての意識は残つてゐて、そこに色欲を正当化しようとする欲求がからみ、稚児を神聖化し、観音や文殊菩薩などの化現《けげん》とする考へが現はれて来たのだ。現に鎌倉時代から書かれ始めた稚児と僧の恋物語では、さうなつてゐる。

かうした状況を受けて、いつの頃か分からないが、恵心僧都撰述と称する秘密の書『弘児聖教秘伝』、別名『稚児潅頂《ちごくわんちやう》』が成立した。容易に手にできないので、いまは今東光が小説『稚児』で紹介してゐるところに従ふよりほかないが、稚児は、まづ、天台宗の護法神・山王権現の垂迹《すいじやく》だとする。だから僧たるもの、煩悩の炎を鎮めるのに、女人を相手とすれば罪障となるが、稚児相手ならば、却つて得道の助けになる、と説く。さうして、仏果菩提を早く得ようと願ふ者は、すみやかによき稚児を得て、契りを結ぶべしと奨めるのである。折口信夫が愛護の若に護法童子の変形を見たのも、この教義を念頭に置いてのことであつたかもしれない。いづれにしろ、煩悩に苦しむ僧にとつてこれほどありがたい教へはなく、この書は、さらにその交はりの手順を、密教的秘儀と結び付けて詳細につづつてゐると言ふ。

「門より外へ追ひ出せ」

阿闍梨はかう法師どもに命じた。この処置は、天狗の侮りを受けないためばかりか、一寺を預かる者としても、まことに当を得たものであつたと認めなくてはなるまい。

なにしろ当時は、いまも述べた経緯から山上ではおほぴらに美童をめぐる争ひがおこなはれ、深刻の度を深めてゐたのである。流血沙汰は茶飯事で、寺ごと、一門ごとの衝突に発展しがちであつた。物語の上でのことだが、『秋の夜長物語』では、稚児ひとり行方不明になつたことから、延暦寺と園城寺の大衆が衝突、園城寺も稚児の父の左大臣邸も、ことごとく焼き払はれる事態となつた。だから、見知らぬ美童を引き入れて、争ひの種をつくるやうなことは厳に慎むべきであつたのである。

その命を受けた法師どもは、「我も我もと表へ」走り出て、愛護の若を「さんざん打」ち、いたぶつた。およそ彼らの手に届くはずのない優雅な美少年を、存分に慰んだのだ。さうして門を固く閉ざした。

降りて来た道を、わたしは戻り始めた。せめて瑠璃堂まで、と思つてゐたのだが、さうすると戻りがが大変になるし、もうこの杉林の中に充分ゐたと思はれたからである。

愛護の若は、それから山中をさ迷つた。

杉木立は深く、谷は複雑にもつれ、地理を知らないものが方角を失ふのは、必然であつた。

三日間、迷ひに迷つた。

ゆきては帰り、帰りては行き、しづが苧環《をだまき》繰返し、

降りて来たときと登るときとでは、あたりの様子が違つてゐる。そして、忙しく角を曲がつて行くのだが、そのたびに、見慣れない景色が現はれる。次の角でも次の角でもまたさうで、別の道へ踏み

込んだのではないかとの疑念が生じる。

やうやくの思ひでドライブ・ウエイに戻つたわたしの前を、乗用車が一台、高速で駆け抜けて行つた。思ひがけず志賀峠に迷ひ出た愛護の若は、そこで二人の兄弟に出会つた。彼らもまた、「変化《へんげ》のもの か」と少年を恐れた。衣服は一段と乱れ、顔や手足は汚れてゐたが、天性の美麗さは、少しも損なはれてゐなかつたからである。

しかし、涙ながらに身の上を語ると、粟津《あはづ》から京へ商売のため行かうとしてゐた二人は、耳を傾け、ともに涙を流した。そして、柏の葉に粟飯を盛つて、分け与へた。

このささやかな供応を喜び、兄弟が指さすまま、湖の最南端の瀬田川が流れ出す西側に位置する粟津の地を眺めやつた。その地は、志賀峠からはよく見える。先程わたしも、展望台から、唐崎とともに視界のなかに捉へてゐた。

その兄弟とも別れて、再び独りになつたかれは、「一つ松」の唄をうたつた。さうして、もはや自分は、父のゐる都へ帰ることもかなはなければ、比叡の山に留まることも出来ない身の上だと、思ひ定めたのだ。

そして、京の外へと降りて行く。


散りまがふ花に心の結ぼれて思ひ乱るる志賀の山越え　　慈円

時計を見ると、もう三時も半を回つてゐた。少年の跡を追つて、再び志賀峠へ行き、田の谷峠から近江側へと下つて、志賀の里から唐崎を通り、穴太《あのう》を経由して、最期の地まで行く時間はなささうである。

そちらへ回るのは諦め、東塔のバスターミナルでタクシーを棄てると、坂本へ降りるケーブルの乗場へ急いだ。

乗場は、琵琶湖側へ張り出した短い尾根の先に位置してゐて、途中で振り返ると、谷一つ隔てて甍をならべる東塔一帯が見渡せた。

窪地にある根本中堂は見えないが、法華総持院、阿弥陀堂、大講堂などの大きな建物が幾棟も並んでゐる。まことに壮大で、下から上がつて来てこれを目にすれば、誰も驚かずにをれまい。

乗場からは、琵琶湖が望まれた。深みを増した青一色である。そのなかにぽつんと浮いてゐる緑の塊は、沖島である。

大袈裟にガクンと車体を揺らすと、ケーブルカーは下り始めた。比較的ゆるやかな傾斜の軌道である。やがてトンネルになり、くぐり抜けると、正面から右手にかけて琵琶湖になつた。

この下の坂本から少し南へ戻つたところに、穴太の里がある。倭建命《やまとたけるのみこと》の父、景行天皇が死を控へて宮を営んだところと、『日本書紀』には出てゐる。そして、中世も末なると、石積み衆の根拠地として栄えたから、当時、水運を利用して集められた巨石があちこちに堆く積み上げられてゐたらう。「村中に大石など甚多し」と、『近江名所図会』にもある。

小さな男の子の頭が、前のほうの席に見えた。釈迦堂で母親と一緒にゐるのを見かけた子らしい。ガラス窓に顔をくつつけるやうにして、外の景色を見てゐる。

この穴太の里にかかると、早桃の実がなつてゐるのが、愛護の若の目にとまつた。五日前、京の邸で父から折檻を受けた折には桜が咲いてゐたから、季節が合はないが、説教や浄瑠璃では、かういふことはしばしば起る。愛護の若は、思はず手を伸ばし、実をもぎ取る。そして、口に入れた。
と、傍らの農家から姥が飛び出してきて、

「我だに取らぬこの桃を、いたづら稚児の来る」

さう激しく叱ると、忌み嫌はれる病者の杖をとつて、いきなり打つた。最近、歴史学では、杖とか棒とかが持つ意味が問題にされてゐるが、どうもこの杖で打たれることは、はなはだしい恥辱であつたらしい。愛護の若は、麻畑の中へ逃げ込んだ。しかし、風が吹いて、その姿を露はにしてしまつた。姥は、麻まで荒らすのかと、さらに怒りをつのらせ、「ちやうちやうと」打ち据ゑる。

湖岸の波打ち際が、間近になつて来た。静かな水面を透かして、白い砂が帯になつて見える。それがそのまま、一本松の唐崎へと繋がつてゐる。

家の中には息子がゐて、姥の様子を見てゐた、と浄瑠璃『愛護若塒箱《あいごのわかねぐらのばこ》』ではなつてゐる。息子は、貧苦ゆゑにこころならずも瓜畑を荒らし、村人の制裁を受け、身動きできなくなつてゐた。そのため姥は、村の禁じる桃を採つた少年がなほさら憎かつたのだ。ところが息子は、二條清平の家来で、母が打擲《やうちやく》してゐるのは主君の若君、愛護の若だと気づいて驚き、制止しようとするが、体が動かない……。

元禄以降になると、こんなふうにさまざまな理由を新たに持ち出して、合理的に説明づけながら、姥の愛護の若打擲は、浄瑠璃や歌舞伎で盛んに扱はれる。なぜか父親の屋敷の桜から吊るされての折檻よりも、こちらの方が烈しい。その浄瑠璃だが、元禄八年（一六九五）頃上演の『都富士』を初めとして、いま挙げた紀海音の『愛護若塒箱』、辰松幸助の『愛護若都の富士』、近松半二の『愛護若名歌勝鬨《めいかかちどき》』などがつづく。歌舞伎では、元禄十四年、江戸山村座上演の『愛護十二段』から、『女帝愛護若』『あいごの若近江八景』『初冠《うひかうぶり》愛子の若』などが挙げられる。
愛護の若は、屈辱に怒り震へた。さうして、かう言ふのだ。

「六太の里に桃なるな。麻はまくとも苧《を》になるな」

これ以降、この地では、桃は花をつけても実はならず、麻をまいても苧にならないやうになつた、と伝へる。空腹を覚え、目にとまつたイチヂクの木に近寄つたところ、実がなつてゐなかつたので、イエスも同じやうな言葉を吐いた。

「今より後いつまでも実を結ばざれ」

するとたちまちイチヂクの木は枯れた（『聖書』マタイ伝第二十一章）。ここで神の子イエスは、イチヂクに欺かれ、無力さを露呈した末に、呪ひを発して、改めてその力を誇示してみせたのである。愛護の若にしても、多分、さうであらう。長谷観音の申し子で、やがて神となる身でありながら、老女には抵抗できなかつたのである。
いかなる理由からか、かうしたことが神として顕現するのに、東西ともに大事な意味を持つらしい。
軌道の分岐点を通過したらしく、また、ガクンと揺れ、車体が軋んだ。さうして下るにつれ、琵琶湖の青い広がりが折り畳まれ、遠い水平線にとなつて行く。

坂本駅の階段になつたホームへ出ると、前を首筋の細い男の子が降りて行く。細い腕を伸ばして、傍らの女が肩に掛けたバッグの紐を握つてゐる。煩さうに女は薄い肩を動かすが、離さない。

そのまま改札口を抜け、母子は早い足取りで坂を下りにかかつたが、バッグが女の肩から滑り落ちた。男の子は、すかさずスカートの裾を握る。と、スカートが捲れ、脚が現はれた。立ち止まつた女は、邪険に子の手をもぎ離す。するとまた、バッグの紐を掴む。

わたしはその二人の後に従ふかたちになつたが、陽の下で見る女は、白いブラウスに水色のスカートといふこざつぱりした服装をしてゐる。が、暮らしの疲れは覆ふべくもない。

最初の角でわたしは立ち止まり、そのまま真直ぐ下りて行く母子を見送つてから、左へ折れる。日吉大社は、すぐであつた。

大鳥居の前に立つと、正面彼方に湖が見える。そして、それへ向かつて広い道が真直ぐ伸び、松の大木の並木がつづいてゐる。その両側には、巨石を交へて築かれた塀をもつ寺院が並んでゐる。城郭建築を手がけた穴太の石工たちの仕事だけに、日本離れした雄大さがある。

愛護の若がここまでやつて来たとき、この巨石の塀があつたかどうか。この地は、京の都を控へた水上交通の基地として、早くから重要な位置を占め、延暦寺の門前町となり、山上の膨大な施設の補給基地として繁栄するばかりでなく、有力な山上寺院の里坊が営まれるやうになつてゐたのである。

大鳥居をくぐり、参道をすすんだ。

まづ、大宮橋である。大宮川の澄んだ流れを大きく跨いでゐるが、右手下流すぐに、やはり石造りの橋が二つ並んで架かつてゐる。それらと併せて日吉三橋と総称されるが、いづれも巨石を組合はせた、まことに力強い造りである。天正十七年（一五八九）、豊臣秀吉が寄進したと伝へられる。

　その大宮橋を渡つて、なだらかな坂をなほもあがつていくと、山型破風の付いた山王鳥居である。朱色が両側の木々の緑に映えて、美しい。

　やがて右手に丹塗りの楼門が現はれた。西本宮である。

　日吉大社には、本殿が二つあり、一つがここで、大和の三輪山から招請した大己貴神《おほなむちのかみ》を祀る。天智天皇の時代のことと言ふから、都が近江に移された時であらう。もう一つ、一番下流の石橋を渡つて右へ進めば、先に触れた八王子山を背にした東本宮で、比叡山の地主神の大山咋神《おほやまぐひのかみ》を祀る。これらが、延暦寺が開かれるに際して、寺とその宗派天台宗の守護神とされ、山王権現と呼ばれるやうになつたのだが、本地垂迹思想にもとづいて、さまざまな神が数多く取り込まれ、やがて百八にも及ぶ社が境内に営まれるやうになつた。その動きとともに、複雑な神学を発達させ、山王一実神道となつた。先に触れた稚児潅頂は、その神学と天台宗の教学の枝葉が織り出したものであらう。

　楼門を入らず、前を流れる大宮川のほうへ行く。屋根付きの小橋が高々と架かつてゐる。波止土濃《なみとめどの》である。大津からは琵琶湖上をやつて来た大己貴神がここで姿を消し、この地に鎮まることを示したと伝へられてゐる。

　そのすぐ上に、粗末な木橋があつた。それを渡り、川沿ひを溯る。

　欅の大木が鬱蒼と幾本となく茂り、川が山側へと向きを変へるあたりに、川へ向つて桟敷が設けられ、古風な二階家があつた。人気はないが、桟敷の柱などに貼紙があつて、おでん、お酒、ジュースなどと墨で書かれてゐる。桜か紅葉の季節には賑はふのであらう。

　川原は広く、巨大な石が幾つとなく転がつてゐて、その右手奥が瀧であつた。

瀧といつても、落差は二メートル足らず、一際巨大な石が三つ並んで居座り、その間から二つに分かれて水が落ちてゐるのだ。滝壺といふべき深みもないが、水音は強く、重く響く。

飛龍ケ瀧であつた。膳所藩士寒川辰清の『近江国輿地志略』（享保十九年・一七三四に完成）には、「瀧高さ二丈ばかり」とあるから、その頃は、いまよりほんの少しは高かつたのだ。それから、二百年ほども逆上るかと思はれる、この説経の成立時はどうであつたらう。

愛護の若がやつて来たとき、遅咲きの桜がいまを盛りと咲いてゐた。

早桃の季節から後戻りするが、いまは拘るまい。二條の屋敷の桜の下から、山上での苦難をへて、ここへとやつて来たのだ。そして、この情景のただなかに、かれは、ひとり佇む。

と、風が起つて、さかんに花が散つた。志賀の山越えで慈円が詠んだやうに、「思ひ乱るる」こころそのままに、枝々が大きく揺れ、乱れ散る。

すると、どうしたことか蕾が一房、たもとに落ちかかつた。

愛護の若は、はたと合点して、つぶやく。


「散りたる花は母上様。咲きたる花は父上様。つぼみし花は愛護なり」


母はすでに死に、父は嵯峨帝の寵臣として栄えてゐるが、自分は蕾のまま果てるべきなのだと、自分の運命を読み取つたのである。

実際、母の死以後、かれの身の上に起つたことは、ただ一つのことを指差してゐると、受け取るほかなかつたらう。義母の道ならぬ恋と憎しみに始まり、ありとあらゆる事柄が、かれに辛く当たり、追ひ立てた。父も伯父の阿闍梨も穴太の姥も、そして、比叡山の縺れに縺れた道も、穴太の早桃も麻も風も、さうである。わづかに救ひの手を差し伸べてくれたのは、非力なひとたちばかりであつた。これまでかれ一身に惜しみなく注がれてゐた愛護の情は、一度に失はれたのだ。さうして唐崎の一つ松が暗示したとほりの、孤独な身となつたのだが、そのかれの上に、いま、一房の蕾が名指すやうに落ちて来たのである。

悲劇の終局は、恐ろしく速やかに進行する。愛護の若は、即座に意を決する。さうして、

「恨みのことが書きたやな」

かう呟いてあたりを見回はし、筆墨となるべきものがないと知ると、左手の指を食ひ破るのだ。そして、岩の窪みに血を溜め、柳の枝先を浸すと、小袖にこれまでの経緯と、一首の歌を書き付けた。

神蔵《かみくら》やきりうが瀧へ身を投ぐる語り伝へよ杉の群立ち

「神蔵」は西本宮の奥山の名だが、最期に臨んで、語り伝へてくれよと、杉木立ばかりに依頼してゐるのである。すなはち、傍らには、手白の猿はもとより、イタチと化して助けに来てくれた亡母も、誰もゐない。シェイクスピアの悲劇などでは、結末で、語り伝へる人物たちが賑やかに登場するが、ここには誰もゐないのだ。もつとも杉木立は、単なる樹木ではなく、神性を備へてゐると考へるべきかもしれないが。

書き終へると、愛護の若は、西に向つて静かに手をあはせ、念仏を唱へる。さうして、ひつそりと瀧へ身を投げたのだ。

石伝ひに瀧の傍まで行つてみた。落ちる水は、浅く石を沈めた水面を叩いてゐる。飛沫はあまり遠くまで飛んで来ない。そして、すぐに白砂の上の透明な流れに変はる。

稚児物語の代表作『秋の夜長物語』の主人公梅若も、西に向つて念仏を唱へ、水中へと身を投げた。美しい少年の死は、おほよそ入水死と決まつてゐたのであらうか。ただし、梅若は、勢多の唐橋から満々と水を湛へた瀬田川へであり、愛護の若はどうであつたか。

川原に転がる石の大きさを見ると、それらを転がして来た巨大なエネルギーを、この流れが持つてゐるのは確かである。さきほど渡つた石橋も、じつはこの大宮川の氾濫によつて落ち、十年ほど前に復旧されたと聞く。が、それは氾濫した折のことで、現在は、體を水に浸けることもできない。が、愛護の若は、水底に沈んでむなしくなつた。


愛護の若の最期の体、世の中の物の哀れはこれなりとて、皆感ぜぬ者こそなかりけれ。


この決り文句で、この物語は幕を降ろす、さう思はれるのだが、じつは一段と恐るべき破局が、ここでぬつと顔を出す。愛護の若の投身は、その序曲に過ぎないと言つてよいかもしれない。

まづ、瀧の傍らを通りかかつた僧が、杉の小枝に小袖が掛けられてゐるを見つけ、山上に急報する。その小袖に二條清平の紋が付いてゐたため、すぐさま清平の許へ運ばれたが、そこには血文字で文がながながと記されてゐた。それを読んで、父親は一切の事情を知つた。

「我が子返せ」

清平は、烈しく泣き、「愛護がかたき」と妻を簀巻きにすると、鴨川と桂川の合流点の淵に沈めさせ、飛龍ケ瀧に駆けつけるのだ。すると、それまで波間に浮かんでゐた愛護の若の死体が、急に沈む。伯父の阿闍梨も、大勢の弟子を連れてやつて来て、急ぎ護摩壇《ごまだん》を築くと、一心不乱に祈る。

すると、水の面が激しく波立ち始め、空から墨のやうな黒雲が垂れ下がつて来ると、不意に水中から大蛇が現はれる。恐るべき巨体で、十六丈（約五十五メートル）もあるかと思はれたが、その頭上には愛護の若の死体が載つてゐた。さうして、その身をくねらせ、屈めると、若の死骸を護摩壇に置き、長い舌をひらめかせ、かう語つた。

「あゝ、恥づかしや、かりそめに思ひをかけ」

大蛇は、じつは義理の母であつた。簀巻きにされ淵に沈められたのを幸ひに、大蛇に変身、水脈をたどつて一気に瀧の底まで行つたのだ。さうして、

「ついには一念遂げてあり」

胸を焦がした当の相手の愛護の若を、思ふままに抱き締め、愛撫し、道ならぬ恋情を満たした、と言ふのである。清平の下した罰は、まんまと利用されたのだ。

が、かの女は、なほ無念の思ひを込めて、かう言ひ継ぐ。

「阿闍梨の行力強くして、ただ今死骸を返すなり。我が跡問ひてたびたまへ」

そして、忽然と水の底へ消える。

義理の息子への邪恋は、浄瑠璃『摂州合邦辻』で扱はれてゐるが、もともとこの浄瑠璃は、説経『弱法師《よろぼし》』に拠りながら、『愛護の若』の設定を取り入れてゐるのである。ただし、女主人公の玉手御前は、大蛇に変身もせず、美しい女の姿のまま、「恋路の闇に迷」ひ、「道も法も聞く耳持たぬ」と、恋情の果てまで突走らうとする。その替はり、俊徳のほうが毒酒によつて見るも無残な面貌に変はる。変身する者が、入れ替はつてゐるのだ。そして、彼女は、恋の一念は遂げ得ないまま、義理の親心ばかりを示して、死んで行くが、簀巻きにされた継母の方は、思ひを残しながらも、情は遂げおほせるのだ。

しかし、このやうなことがあつてよいものだらうか。父に対して孝たらんと必死に努めた愛護の若の思ひは、やすやすと踏みにじられてしまつたのである。もしかしたら、女が蛇体に化するとき、善悪にかかはりなく、あらゆる望みがかなふのかもしれない。

これだけでも十分恐ろしい破局と言つてよいと思ふが、じつはまだ先がある。

自らの不覚を思ひ知らされた父親は、息子の死骸をひしと抱くと、不意に立ち上がり、

「いつまでありてかひあらじ。我も共にゆかん」

さう言ふと、瀧に飛び込む。

すると、その跡を阿闍梨が追ふ。

事態はこれにとどまらない。つづいて弟子たちが、いつの間にか駆けつけた穴太の姥が、そして、粟津の兄弟も、細工人の夫婦も、手白の猿も、瀧へと身を投じるのだ。そして、総勢百八人――正確には百七人に一匹だらう――に達したのだ。

しかし、目の前では、白砂の上の浅い透明な水の流れのなかを、葉脈ばかりになつた枯葉がゆつくりと転がつて行く。大蛇に美少年、それに百八人を呑み込んだ瀧壷は、この白砂の下に埋まつてゐるのだらうか。

瀧を落とす石をよじ登る。

簡単に上がることが出来た。木漏れ陽を落とす林の奥から、流れはゆつたりと出て来てゐる。そして、左の岸には、狭いながら庭が造られてゐた。植込があちこちにあり、幼い梅や松が植ゑられ、小道がついてゐる。

息子を完膚無きまで若い妻に奪はれた父親としては、死ぬよりほかなかつたかもしれないが、阿闍梨にとつて愛護の若は、既に棄てたこの世の縁に繋がる少年に過ぎない。弟子たちとなると、およそ関係がない。あるとすれば、三日前、師の命をよいことにさんざん凌辱を加へたことだが、それを気に病むやうな者たちではなからう。細工人や粟津の兄弟になると、行きずりながら無償の好意を恵んだ人たちで、死ぬべき理由は、まつたくない。

しかし、かうした人たちが、一斉に自死したのである。

もうずいぶん以前だが、南米のガイアナで、九百十四人もの人たちが集団自殺したし、韓国の工場の寮では、三十二人がやはり集団自殺した。わが国では、昭和六十一年に、和歌山の海岸で女性ばかり七人が自殺したことが記憶にある。それ以後、アメリカでも、新興宗教の一団が大量に自死してゐる。

西本宮の前まで戻つたが、このまま帰る気持になれず、楼門をくぐつた。

白木造の典雅な大きい舞台型の拝殿がある。その向うの本殿は、やはり白木造だが、欄干が丹塗で、長押や軒や床板の鼻に贅沢な飾金具が取り付けられてゐる。日吉造と称される独特な様式で、不思議な豪華さを出してゐる。

日吉大社では認めないし、『近江国輿地志略』にも「笑べし、あとかたもなき虚言」とあるが、あのやうな死に方をした愛護の若が、ここに山王権現として祀られたと、説経は説くのである。そして、四月の申の日には、延暦寺と三井寺、それに坂本と周辺の村々が、日吉山王荒祭――西本宮の申の神事――を盛大に執り行うやうになつた、と記すのである。

西本宮の祭神は、先にも触れたやうに大己貴神である。そして、日吉山王荒祭では、その大己貴神が三輪からこの地へとやつて来た道筋を、輿がたどるのだが、船に乗せ、まづ唐崎の沖へ赴き、そこで粟津の信者の供応を受け、それから唐崎に上陸して、還御する。

この道筋は、愛護の若の物語が語るものと、ある部分では重なる。だから、まつたく無縁だとは考へにくい。やはりどこかで、繋がつてゐるのだ。

本殿の背後には、山が迫り、桧の巨木が幾本となく聳えてゐる。その山が、先の歌にも出て来た神蔵山である。

この山中に、神蔵ケ瀧と呼ばれる瀧があると言ふ話を思ひ出した。そして、じつはその瀧に、愛護の若は身を投げた、と言ふ伝承も別にあるらしい。

右手の受付に、やや年かさの神官がゐたので、尋ねると、山へ少し入つたところにその瀧が在ります、と丁寧に答へてくれる。歩けば、三、四十分はかかるでしよう。もう五時で、わたしの勤務も終はりますので、なんなら車でご案内しませうか、と親切に言つてくれた。

社務所の前で待つてゐると、出て来た小型車から首を出したのは、ポロシャツ姿になつた、先程の神官だつた。

鳥居を抜け出し、わたしがやつて来た道を戻る。母子を見送つた角を曲り、ケーブルの駅前を通過、軌道の下をくぐり、舗装されてゐない道を勢ひよく登る。車一台がやつと通れる道幅である。神官の運転ぶりは着実で、深い谷を右側にして、山肌に沿つて忙しく曲折して行く。

その運転の腕とは違つて、口の方は重い。「この道は横川に通じてゐるんです」とか、「信長が焼き打ちする前まで、これから行く瀧の側近くに、神宮寺があつたやうです」などと、独り言でも言ふやうに、ぽつりぽつり話してくれる。

ほどなくブレーキを踏み、指さす方を仰ぎ見ると、すぐ目の前、深い谷を隔てた山腹に、大きな岩が断ち切られたやうに高くそそり立つてゐた。

「衣掛岩です」

神官が言ふ。

車を出て目を凝らすと、岩の上には赤松が一本、幹をくねらせてゐて、その横に、人ほどの背丈の尖つた石が、突き刺さつたやうに立つてゐる。下を見て、わたしは思はず後ずさりした。足元から三、四十メートルはありさうな遥か下で、水が白く砕けてゐるのだ。

「神蔵ケ瀧です」

神官は言ふ。

落差がどのぐらゐか、なにしろ真上からなので、よく分からない。右に左に移動してみたが、樹木に妨げられて見えなくなる。

「あの岩の上から、坂本の女につれなくされた叡山の僧が、身を投げた、といふことです」

さう神官は言つて、かう付け加へた。

「愛護の若といふ少年も、あそこからだつた、と聞いてゐます。いくらなんでも、飛龍ケ瀧では死ねませんからね」

風が起つて、あたりの木々の葉を一斉に翻した。激しい水音があがつて来る。

まづ少年が、あの高みから飛び、つづいて百七人と猿一匹が、つぎつぎと身を躍らせた、とでも言ふのであらうか。

神官が声を高くした。

「伝教大師が修行された、といふ言ひ伝へもあります」

確かにこの地なら、いくらでも伝承があるだらう。わが国で最も早く開けた地域のひとつで、東本宮の後の八王子山には、太古の大掛かりな祭祀跡があるし、近江京はすぐそこで、藤原京や平城京、そして平安京と密接な係はりを持つて来た。いまわたしが立つてゐるこの道にしてから、先程神官が説明してくれたやうに、横川に通じてゐるし、少し下がると西塔への近道がある。さうして谷合にわづか琵琶湖が見えてゐるが、この湖は、東海、北陸への最も重要な交通路であつた。

それらの道をとほつて、聖なる麗しい少年が、背負ひ切れぬほどの愛——父母の愛ばかりか、義理の母の恐ろしい邪恋や山法師の欲情も背負はされて、独り、ここまでやつて来たのだ。

そして、無垢ゆゑに無限の恨みを呑んで、死んだ。

無限の恨みを呑んで死ぬことによつて神となつた例は、幾つもある。その典型が菅原道真だが、愛護の若も、じつはそのひとりであつたのではないか。百七人と猿一匹が後追ひしたのも、その恨みが、膨大な供犠を要求したからであらう。そして、そのことがそのまま、この新たな神が獲得した霊的な力の強大さを示してゐるのだ。もう穴太の姥に打ち据ゑられ、蛇体となつた義母に思ふままにされるやうな存在ではなくなつてゐるのだ。

もつとも、道真の恨みと霊力は国家に係はるが、愛護の若は、仏法の霊場比叡山の守護を専らとする。その点で、折口信夫が言ふやうに、出身はなにほどか護法童子であるかもしれない。そこに、山上の稚児の姿も加へてゐよう。さうして、すでに比叡山の守護神となつてゐた大己貴神に寄り添ふかたちとなつたのだ。多分、この時代、古い神だけでは力不足になつてゐたのである。

が、それから数百年、明治の神仏分離、廃仏毀釈によつて、この少年神は追はれた。いま、どこにゐるのであらう。

水音が一段と激しく上がつて来た。風が勢ひをまして、吹き千切られた木の葉が、小鳥の群のやうに宙へ昇つて行く。衣掛岩の上で風が舞つてゐるのだ。

（海燕、平成五年三月号）

師直《もろなほ》の恋《こひ》——原「忠臣蔵」

一

窓から差し入る陽が、空つぽのコーヒー茶碗とガラスコップ、横に投げ出された薄つぺらな文庫本を照らしてゐる。先程からわたしは、当てのない散策に倦んで、この席に座り込んでゐるのだ。

店の中には、アタッシュケースを横に置いた、紺の背広の男が、スポーツ新聞を読んでゐるだけで、カウンターにゐた女の子も奥に入つてしまひ、ひつそりしてゐる。

文庫本を引き寄せ、開いてみた。

最初のページの真ん中に、すでに何度も眺めた活字がある。

……執事高武蔵守師直《しつじかうのむさしのかみもろなを》。御膝元《おんひざもと》に人を見下す権柄眼《けんぺいまなこ》。

この男、高師直《かうのもろなほ》の、じつは暦応四年（一三四一）秋の邸の在り場所を、捜しあぐねてゐるのである。『太平記』を繰れば、貞和四年（一三四八）には、今出川一條にあつた故護良親王《もりよししんわう》の母親の邸を召し上げて、美麗な屋敷を構へたことが知られる。いまでも比較的大きな住宅が並んでゐるが、そのあたりも歩いて来た。今出川通に面したこの店からわづか南へ下つたところである。それより七年前には、どこに居を構へてゐたのだらう。現在の御所の御苑の一角に位置してゐた足利尊氏《あしかがたかうぢ》の邸内でもあつたらうか。調べもつけないまま、とにかくそれらしいところを歩いてみようと、出掛けて来たのだが、勿論、それでなにかが分かるといふことにはならない。御所やその周辺を、いたづらにうろうろしただけである。

いま手にしてゐる文庫本の浄瑠璃『仮名手本忠臣蔵《かなでほんちゆうしんぐら》』（寛延元年・一七四八年初演）は、ここ京都ではなく、鎌倉の鶴岡八幡宮の社前で幕をあける。

舞台中央の上段に、足利尊氏の代参、弟の直義《ただよし》が腰を据ゑ、傍らに鎌倉在任の高師直が険しい目であたりを睨み回してゐる。そして、供応役として、桃井播磨守《はりまのかみ》の弟若狭助安近《やすちか》と伯耆国《はうきのくに》の城主鹽冶《ゑんや》判官高定《はんぐはんたかさだ》が控へてゐる。華やかで、ものものしい序幕だ。

しかし、京のこのあたりにあつた邸では、師直が風邪をこじらせ、伏せつてゐる。

すでに北畠顕家《きたばたけあきいへ》も新田義貞《につたよしさだ》も、そして、後醍醐天皇《ごだいごてんわう》も亡い。しかし、南朝側の動きはなほをさまらず、足利氏内部でも分裂の気運が濃く、開設されて日の浅い幕府の執事として、師直は、繁忙をきはめてゐたのだが、ここ数日、蟄居《ちつきよ》を余儀なくされて、ひどく機嫌が悪い。

鶴岡八幡宮社前の高師直は、じつは江戸時代も元禄のひと、吉良上野介義央《きらかうづけのすけよしなか》であり、傍らに畏《かしこ》まる鹽冶判官高定は、赤穂の大名浅野内匠頭長矩《たくみのかみながのり》なのである。そして、その師直は、判官の妻顔世《かほよ》に横恋慕し、「権柄眼」で睨み回しながら、密かに言ひ寄る機会を窺つてゐる。

京の師直は、さうした企みとはまだ無縁で、ひたすら機嫌が悪いだけである。その主人を側近の者たちが持て余し、あれこれ思案した末、琵琶法師を呼び寄せ、『平家物語』を語らせた。先刻から、その声が聞えてゐる……。

『太平記』巻第二十一の「鹽冶判官讒死事《ザンシ》」の発端である。その師直の様子なりと、いま少し具体的に思ひ描いてみたいと考へ、邸の場所を捜し歩いたのだが、なにしろいまから三百年ほど前の元禄、いや、六百六十年ほども前の南北朝のことなのである。

当時、評判の高かつた真一と覚一が、技を競ふやうにして、弾じ、唄つてゐる。


……ミメ貌《カタチ》絵ニ書《カクトモ》共筆モ難及程《オヨビガタキホド》ナルガ、金翠《キンスイ》ノ粧《ヨソホヒ》ヲ飾リ、桃顔ノ媚ヲ含デ並居《ナミヰ》タレバ、

南北朝の暦応四年よりさらに二百年ほど逆上つた時代の清涼殿でのことである。孫廂に控へた源氏の武将、頼政《よりまさ》が顔を上げると、目の前には、後宮の美女が十二人、同じ装ひをし、同じやうに媚を含んで、如何なる画家の絵筆も及ばぬ麗しさを見せて、居並んでゐた……。

窓越しに、電気店や中華そば屋、不動産屋などが建ち並び、その前を車が次々と走り過ぎて行くのが見える。店の前の今出川通を東へ百メートルほど行けば、烏丸通《からすまどほり》との交差点で、御所がある。紫宸殿《ししんでん》が大きく聳え、その傍らに清涼殿が位置してゐる。

その紫宸殿の屋根に、久寿元年（一一五四）の頃と思はれるが、夜毎、怪鳥鵺《ぬえ》が現はれて幼い帝（近衛天皇であらう）を悩ませるといふ怪異が起つたのだ。源頼政は、弓でもつてその鵺を射止め、見事退治した。それを時の院（鳥羽院であらう）がいたくお喜びになり、恩賞として頼政の恋ひ焦がれる菖蒲《あやめ》の前を与へようと仰せ出されたのだが、武士の進出を快く思つてゐなかつた公家たちは一計をめぐらし、後宮の美女十二人のなかから過たず当の菖蒲の前を頼政が選び出したなら、と条件をつけたので

ある。頼政は、じつはこれまで菖蒲の前を目にしたことがなかつた。見たことがないのに恋するとは奇妙だが、この時代、話に聞くだけで恋ひ焦がれるのが一般であつたし、後宮の女と武士では身分の隔たりが大きく、顔を合はせる機会などあるはずもなかつたのだ。

この点を突いて、公家たちは、頼政を笑ひものにしようと企んだのである。

南北朝の時代、武士はかつてとは違ひ、大きな権勢を持つに至つてゐた。しかし、まだまだ成り上がり者の位置に押し止められてゐたのである。さうして、その彼らを代表する存在として、昔から頼政がゐた。

真一と覚一は、語りすすめる。

頼政心彌《イヨイヨ》迷ヒ目ウツロイテ、何《イズレ》ヲ菖蒲《アヤメ》ト可引《ヒクベキ》心地モ無《ナカ》リケリ。

一座の者たちは、しんとして聞き入つた。

頼政が、念願の美女を獲得できるか、公家から恥辱を受けることになるか、その瀬戸際に立たされてゐるのだ。

草臥《くたび》れた紺の背広の男が、新聞をがさがささせる。車の音が気になつた。しかし、男はすぐに別のページの間に顔を埋める。

この一段は、現行の『平家物語』流布本にないが、当時は、武士の間で大変人気があつたらしい。なにしろ彼らは、頼政に自分を重ねて聞いたからである。師直もまたさうで、枕を押し退け、耳をそばだてた。

……頼政は、こころ惑ひながらも公家たちの企みを見抜き、歌を詠んだ。「五月雨《サミダレ》ニ澤辺ノ真薦《マコモ》水越テ何《イズレ》菖蒲ト引《ヒキ》ゾ煩《ワズラ》フ」。いづれも劣らぬ美しい方々ばかりで、恋する方を選び出すことさへわたしには出来ませぬと言ふのだが、さうすることによつて、居並ぶ女たちの面目を立て、かつ、選り抜きの美女を揃へた宮廷の隆盛ぶりも、同時に讃へたのである。この所を得た当意即妙ぶりに、関白は感激、立ち上がると自ら菖蒲の前の袖を引き、「是コソ汝ガ宿ノ妻ヨ」と頼政に手渡した。

簾中《レンチユウ》庭上諸共《モロトモ》ニ、声ヲ上ゲテゾ感ジケル

京の師直の邸の有様である。頼政は、武勇だけでなく歌の道でも朝廷の社交術でも力量を示し、後宮の美女を獲得、公家たちの鼻を明かしたのである。なかでも師直は、殊のほか感じ入つた様子であつた。

この琵琶が果てた後、一族郎党の主だつた者たちが、師直を囲んで談笑したが、誰ともなく、美女を賜るのは有難いが、頂戴するのなら領地のほうがよいな、と言ひ出した。

と、師直がきつとなり、険しい目をさらに険しくして皆々を見回し、かう言つた。

「御辺《ゴヘン》達ハ無下ニ不当ナル事ヲ云物哉。アヤメホドノ傾城《ケイセイ》ニハ、国ノ十箇国許《バカリ》、所領ノ二三十箇所也トモ、カヘテコソ給《タマハ》ラメ」

師直は、誰よりもすぐれて実利しか認めない男のはずであつた。そして、油断ならない権謀術数と情け容赦のない勇猛ぶりでもつて、いまや武士の頂点の一角に立つに至つてゐるのである。それがどうして、美女ひとりを、領国十ヶ国、所領二三十ヶ所と引き換へてもよいなどと言ひ出すのか。皆々は怪訝《けげん》な面持ちで、師直の顔を見た。

師直は、心底から腹立たしげに、睨み返す。

多分、病床の徒然にあつて、自分がこれまでいかに陰惨な権謀術数と血塗れの死闘のなかに身を置いて来たか、思ひ返してゐたのであらう。極度の不機嫌に陥つたのも、それゆゑであつたに違ひない。さうした折も折、菖蒲の前と頼政の物語を聞き、この暗澹たる思ひを晴らすのは、優雅の極みの美女だと思ひ至つた……。

先程から眺めてゐるのだが、正面の壁にはヨーロッパの古い絨毯《じゆうたん》の写真を使つた大判のカレンダーが貼られてゐて、貴婦人とその前に跪く騎士の姿が、くすんだ色調で織り出されてゐる。その貴婦人のブロンドの髪は豊かに波打ち、肩の線はあくまでなだらかで、緋色の衣装に覆はれた胸は豊かに迫り出してゐるが、顔は輪郭ばかりで、目鼻がはつきりしない。騎士は、剣を腰にして深く膝を折り、与へられた手に唇を寄せ、女の顔を仰ぎ見ようともしないでゐる。

この騎士が下げてゐる剣も、血をたつぷり吸つてゐるのだ。さういふ騎士であつてこそ、貴婦人はいよいよ気高く麗しく、彼の前で輝くのである。白い手の公家たちの前ではない。

しかし、現実の自分はどうか？

師直は、かう自問したのではないか。頼政の時代から約二百年、武家の権勢は比べるべくもなく強大になり、公家たちを圧倒、自ら領国十ヶ国、所領二三十ヶ所も手にするばかりか、その棟梁に準ずる位置にあるのにもかかはらず、実際は暗澹たる思ひにいたづらに沈んでゐるのだ。一刻も早く、その美女を手に入れるべきではないのか？
　このやうに師直の思案が焦点を結ぼうとする時、不意に障子が開いて、機械仕掛けの神よろしく、雅びな恋の手だれの取り持ち役が登場して来るのだ。その都合のよさが、物語の展開には不可欠らしい。もと公家の邸に仕へ、いまは師直の邸に身を寄せてゐる侍従《じじゆう》といふ中年の女で、障子の間から滑り出ると、ひどく笑つて、

「昔ノ菖蒲ノ前ハ、サマデ美人ニテハ無リケルトコソ覚《オボエ》テ候ヘ」

楊貴妃は、千人万人のなかにあつても際立つたと聞くが、わづか十二人で、いづれとも分からなかつたとは、たいした美人でなかつた証拠ではありませんか、と侍従は、冷水を浴びせかけるのだ。さうして、すかさずかうつづける。

「先帝ノ御外戚早田宮《ハヤタノミヤ》ノ御女《オンムスメ》、弘徽殿《コウキデン》ノ西ノ台《タイ》ナンドヲ御覧ゼラレテハ、日本国・唐土・天竺ニカヘサセ給ハンズルヤ」

菖蒲の前など比べものにならない、日本全国どころか唐《から》、天竺《てんぢく》をひつくるめて取り替へてもよい絶世の美女が、現にゐらつしやいます、と言ふのだ。先帝とは、後嵯峨天皇のことで、その第一子は鎌倉幕府六代将軍職に就いた宗尊《むなたか》親王だが、その子、出家して真覚と称したのが早田宮である。その早田宮の娘に、後醍醐天皇の後宮に入り、弘徽殿《こきでん》の西の対にゐたひとが、当の美女のなかの美女である

と、名指した。

この瞬間、師直は、これこそ自分の女だ、と思つたのだ。そして、はるか後年、吉良上野介に名前を貸すまでになる事態へと、踏み込んで行くことになつたのである。

店の奥から女の子が出てきて、わたしの前のコップに水を注いだ。勢ひよく満たされるとともに、微細な水滴がコップの表面を覆ひ、霧が固まつたやうな円柱になつた。

そのテーブルの上を影が掠める。窓の外を見ると、自転車に乗つた男が通り過ぎたところだつた。黒つぽいジャンパーの、若くはない後姿が見える。

多分ここには、頼政と違ひ、師直は天下を狙つてゐたといふ事情が大きく働いてゐたかもしれない。いまでこそ尊氏、直義の下に身を置いてゐるものの、その二人がどうにかなれば、天下は自ずと転げ込んで来ると考へてもよい地位に、彼はゐたのである。もつとも身分はさほど高くはなかつたが、下克上こそ時代の趨勢であり、その時代の趨勢を代表する存在が、彼であつた。そのやうな男にとつて、天皇の血と鎌倉幕府の将軍の血を併せ受けた女がいかにふさはしいか、言ふまでもなからう。それに、菖蒲の前をはるかに凌駕《りようが》した、万国に例のない美しさを備へ、かつ、宿敵・後醍醐天皇の寵愛を受けてゐたとなると、一段と血は騒ぐ。さういふ女を、自分こそ、自由にしなくてはならない、と。

コップの水を飲み干すと、文庫本をポケットに入れ、店を出た。この男の恋の行方を追はうと、改めてこころを決めたのだ。

しかし、どちらへ足を向ければよいのか？　この地上に、行かなくてはならない場所が、どこにあるのだらう？

二

わたしは、今出川と烏丸通の交差点に立つた。

ちやうど筋向ひが、御所の北東の角である。石垣を低く積んだ土手がめぐらされ、樹木が茂つてゐる。その内側へ入れば、小砂利が敷き詰められた空間が広がり、高い築土塀の向うに、檜皮葺きの紫宸殿の屋根を眺めることができるはずである。わたしの横を若い女が擦り抜けて、信号が点滅し始めた横断路を渡つて行く。萌黄色の上着に、焦茶の短いスカートをはき、長めの髪を柔らかく揺らしながら。ブックバンドで本をまとめて下げてゐるから、近くの大学の学生だらう。

小走りになつたその脚は、きりつと締まつて、いかにも伸びやかだ。

素足にて……玉も欺く薄化粧。

鶴岡八幡の社前の白砂を踏んで、鹽冶判官の妻が登場する場面が浮かぶ。鎌倉の執事の師直は、その傍らへすり寄つて行くが、京の邸の師直は、侍従の弁舌におとなしく耳を傾ける。

萌黄色の上着の娘は、さらに先の今出川通を横断して、御所の方へ行くのが見える。

鹽冶殿の御内室かほよ殿。

鶴岡八幡宮の社前の師直は、かう彼女に声を掛ける。かほよは顔世とも書くが、これは杜若《かきつばた》の別名、顔佳花による。杜若と言へば、菖蒲と美しさを競ふ花だから、頼政のあの物語に出てくる菖蒲の前と姉妹と言つてもよい美貌の女、と言ふことでもあらう。京では、早田宮の姫とか鹽冶判官の妻とばかりで、名は出ない。それだけ閨の奥深くに秘められた女人なのである。

侍従は、薄い唇を忙しく動かして、『源氏物語』や長恨歌《ちょうこんか》、また、『古今集』を初めとする勅撰集の恋歌の数々、それから四季の花々を引き合ひに出して、早田宮の姫の美貌ぶりを縷々と述べたてた。さうして、いやが上にも師直の関心をあふり立てたところで、ふいと立ち上がり、出て行かうとした。師直は慌ててその裾を捉へる。

これも侍従の手管であつた。侍従は、公家に長年仕へてゐたから、公家同様、新興の武士を快く思はず、折あらばその無骨な者たちを不案内な恋の領域へ引きずり込み、鼻面を引き回してやらうと考へてゐたのである。さうしたこととは露知らず、師直は、うかうかと早田宮の姫への取り持ちを侍従に懇願するのである。

座りなほした侍従は、いかにも腹立たしげに、その早田宮の姫が、最近、「田舎人ノ妻」となつたことを告げた。

師直は驚くが、その顔を見やりながら、侍従はつづける。この「田舎人」との婚礼のため、姫は宮廷育ちの雅びさをすつかりなくしてしまはれたらうと思つてゐたのですが、先日、邸に伺つたところ、かつての「春待遠ニ有シ若木ノ花」よりも、遥かに「色深ク匂ヒ有」るご様子でした。折から差し入る月の光のもと、御簾を高く掲げさせ、琵琶を掻き鳴らしてをられたのですが、そのお姿は、なんとも艶やかで、道心堅固な「何ナル笙《しやう》ノ岩屋ノ聖ナリトモ、心迷ハデアラジ」と、女のわたしにも「目モアヤニ覚」えたことです、と語る。

さうして、かう言ひ添へる。いづれ高貴な方か、権勢すぐれた方の伴侶となられるとばかり思つてをりましたのに、「結《ムスビ》ノ神」の悪戯か、聟は「鳩ノ鳴ク様」に籠り、「添臥《ソヒブシ》」も「コハコハシ」く武張つた「田舎人」の、出雲の鹽冶判官に、帝がお与へなされたのは、なんとも悔しいかぎりです、と。

姫の婿となつた「田舎人」とは、鹽冶判官高貞と知れたが、彼は佐々木高綱の弟義清の血を引く、れつきとした鎌倉幕府の御家人であり、代々出雲の守護を勤めるとともに、いまや隠岐の守護に加へ、佐々木氏本貫の地、近江の国守も兼ねるに至つてゐた。赤穂五万三千五百石の大名浅野内匠頭長矩などとは桁が違ふ。それに彼は、元弘三年（一三三三）、後醍醐天皇が隠岐を脱出、船上山《せんじやうさん》で兵を挙げた時、いち早く駆け付け、京への還幸に際しては華々しく先導役を勤めるなどして、中央に地歩を築き、建武の中興の瓦解後も、複雑極まる集合離散の渦を巧みに泳ぎ抜いて、近く行はれる越前攻めでは、兵船三百艘を率ゐて加はる手筈になつてゐたのである。そのことは、師直もよくよく承知してゐた。

それに加へこの時代、兵船は、単なる軍事力ではなく、強力な交易の手段であり、判官は、宍道《しんじ》湖《こ》から中海、そして美保関から隠岐《おき》にかけてすでに勢力圏に収めた上、今回の出撃を機に、日本海側一帯へと拡げる勢ひを示してゐたのである。この勢ひをもつてすれば、朝鮮半島や大陸との交易を盛んにするのは火を見るより明らかであつた。現に判官は、『太平記』巻第十三に記されてゐるやうに、海外から得たと思はれる恐るべき駿馬《しゆんめ》を天皇に献上、朝野の耳目を驚かせたことがあつた。出雲に産する良質な砂鉄をもつてすれば、海外の珍しい物産を手に入れるのは容易であつたのである。

このやうにして、いま一段と大きな力を手に入れようとしてゐる端倪《たんげい》すべからざる武将が、鹽冶判官であつた。そして、頼政以来とも言ふべき麗しい女、早田宮の姫を恩賞として既に手にしてゐたのである。

「くどいてくどいてくどき抜く」

社前の師直は、判官の妻を目前にして、から高言するが、京の師直も、耳にするばかりながら、激しくこころを高ぶらせる。当の女も、その夫も、相手として不足はない。奪ひ取るなら、徹底して一切を奪ひ取るべきなのだ。

「違例《キレイ》ハヤガテナオリタル心チシナガラ、又アラヌ病ノ付《ツキ》タル身ニ成《ナツ》テ候ゾヤ」

風邪はなほつたが、今度は恋の病に取り付かれてしまつた、と訴へる。さうして師直は、急いで小袖を十重整へさせると、沈香の香木の枕を添へて、侍従へ押しやるのだ。

信号に従つて烏丸通を東側へ渡り、その足で、女子大生の跡を追つて御所側へ渡らうとしたが、そちらへ行くと、高い築土塀のため紫宸殿の屋根が見えにくくなる恐れがあるのに気づき、そのまま真直ぐ今出川通の北側の歩道を進む。

通を隔てた御所側の生垣の奥には、木々が高く繁つて、視線を遮る。しかし、色づいた木々の間をとほして、桧皮葺の反りを持つた大きな屋根が、わずかに望まれた。

立ち止まつて眺めた。

あの屋根の下なりその周辺には、天皇や院が恩賞として授けた美女たちが幾人となくゐたのだ。そして、頼政以来、多くの武将たちは武将たちで、いまわたしがしてゐるやうに遠くから眺めやりながら、賜るべき美女を思ひ描いたのだ。

後醍醐天皇から美女を賜つたのは、鹽冶判官ひとりでなかつた。新田義貞は勾当内侍《こうたうのないし》を、隠岐脱出を手引きした富士名判官義綱は身辺に仕へる女官をと、それぞれに賜つた。しかし、彼らは、忠勤一筋に励んだ末、いづれもすでに命を落としてゐたのだ。これが、天皇から美女を賜つた者のたどるべき運命であつたのかもしれない。頼政からして、以仁王《もちひとわう》の令旨《りやうじ》を奉じて兵を挙げ、宇治に果てた。が、鹽冶判官ばかりは、いまなほ健在で、威勢を示してゐるのだ。そのやうなことがいつまで可能か、思ひ知らせてやる、と師直は考へたらう。

鹽冶判官の屋敷は、鷹司西洞院《たかつかさにしのとうゐん》にあつた。府庁の裏に近いあたりだから、先の喫茶店の少し西を南へ下ればよい。この場所から歩いても六、七分の距離である。師直の邸がどこにあつたか判然としないものの、同じやうなものであつたらう。

それからと言ふもの、侍従は、この二つの邸の間を幾度となく往復した。

しかし、恋の領域へ迷ひ込んで来た新参者を哀れみ、嘲笑してゐたのも当初のことで、やがて勝手が違ふのに気づかないわけにいかなかつた。なにしろ師直は、一途に逸り立ち、王朝風の恋のルールなど無視してかからうとする。それに対する早田宮の姫も、負けず劣らずの難物であつた。皇族の出でありながら、恋の駆け引きを喜ばず、武家風に貞淑の徳に身を固め、言葉を尽くして説いてみても、耳をかさない。

　ア、貴殿の奥方はきつい貞女でござる。

『仮名手本忠臣蔵』の師直も、かう嘆く。

向ひにバス停留所があり、五、六人が待つてゐたが、そのなかに、先程の萌黄色の上着の女子大生がゐるのに気づいた。あちらのバスに乗れば、今出川通を西へ行き、西陣、北野天満宮をへて、北野白梅町に至るのだ……。

恋する師直を追つて進むべきなのは、そちらの方角ではないかと、思ひ当つた。まづは萌黄色の上着の娘を導き手とするのがよいらしい。

交差点まで戻つて、横断すると、丁度、バスが来た。

後部の入口から乗り込み、すぐのところの座席に腰を下ろす。萌黄色の上着の娘は、前のほうで吊り革を持つて立つてゐる。その手からブックバンドに括られた本がぶら下がつてゐて、表紙が見えた。『徒然草』であつた。

その筆者兼好は師直と同時代人である。そればかりか、かなり密接な交渉を持つた。有職故実の相談にしばしば与かつたし、『太平記』では、当の鹽冶判官の妻宛て恋文の代筆をしたと言ふことになつてゐる。『太平記絵巻』を開くと、鉢巻をした師直の前で、僧衣の兼好が神妙に筆を動かしてゐる姿を見ることができる。

バスは、烏丸通を横断し、先程までゐた喫茶店の前を過ぎる。アタッシュケースの男は、まだ新聞を読みつづけてゐるだらうか、と考へる。

やがて侍従の仲立ちでは埒があかぬと見てとつた師直が、兼好を呼び寄せた。公家の奥向き仕込みの手練手管ではなくて、恋の有職故実《いうそくこじつ》に詳しい兼好の筆の力を頼つたのだ。

「義もわきまへぬ無道もの、鹽冶が妻の艶書を某《ソレガシ》に書けと申せしは」と、近松作の浄瑠璃『兼好法師物見車』（宝永七年・一七一〇の前半に初演か）では、兼好は腹の中で怒りながら筆を執り、艶言をつらねる代はり、「貞女の道の教訓をこまごま」と記したとあるが、室町時代では、文人が権力者の代筆をするのは当り前であつた。それに兼好は、なにしろ「色好まざらん男は、いとさうざうしく、玉の巵《さかづき》の底なき心地ぞすべき」と考へるやうな男であつた。言はれるまま宮廷の雅びな恋のやりとりに適つた、表が紅、裏が青の、香を濃く薫きしめた薄い紙を選んで、「言ヲ尽シテ」つづつたのである。

崇徳院を祀る白峯神宮の前を過ぎ、堀川通を横切る。ビルとビルの間の広々とした通の彼方に、北山が見えた。

しかし、兼好の王朝の伝統に則つた見事な艶書も、早田宮の姫にはまつたく通じなかつた。見るも汚らはしいと封も切らず、庭に投げ棄てられてしまつたのである。いかなる名文であれ、読まれなくては、いかんともなし得ない。

「物ノ用ニ立《タタ》ヌ物ハ手書《テカキ》也ケリ」

報告を受けると、師直は吐き捨てるやうに言つた、と言ふ。さうして今度は、武士でありながら歌に巧みで、機転の利く実際家の薬師寺次郎左衛門公義《きんよし》──『仮名手本忠臣蔵』では無情な敵役の一人になる──に相談を持ちかける。兼好は、いとも簡単に見返られたのである。そして、『太平記』の書き手も、公義が一計を案じて、内容は拒否に変はりないものの、鹽冶判官の妻から返事を引き出し、師直を喜ばせ、黄金造の太刀を褒賞として得たことを記して、「兼好ガ不祥、公義ガ高運、栄枯一時ニ時ヲカヘタリ」と書く。

バスが動かなくなつた。交通渋滞にひつかかつたのだ。

仕方なく窓の外を眺めたが、横に小さな赤煉瓦の古いビルがあり、信用金庫西陣支店と看板が出てゐる。その前を、小柄で髪が薄く、黒つぽいジャンパーにジインズのズボンの男が、自転車で通つて行く。

さきほど喫茶店の窓から見かけた自転車の男に似てゐるなと思つて、注意して見ると、女ものの赤い鼻緒の下駄を突つ掛けてゐる。いまどき下駄を履いてゐるのも珍しいが、男女の違ひもあまり意に留めない男らしい。

彼が横道へ折れるまで見送つたが、織物の街として知られるよりもはるか以前、西陣と呼ばれるよりも前、このあたりには零細な陰陽師《おんみようじ》や雑芸者、説教師などが集まり住んでゐたことを思ひ出した。そのなかには、『太平記』を語り歩き、「名匠」と称へられるとともに、筆を執つて書いた小嶋法師と言ふ人物がゐたらしい。備前岡山の児島半島を霊場とする修験道の行者の流れに繋がる、「およそ卑賎の器」（『洞院公定日記』）の身の上であつたと言ふが、もしかしたらその小嶋法師は、いま目にした、赤い鼻緒の下駄を突つ掛けて、京の街を自転車で走り回るやうな男だつたのではないか、と考へる。

そして、その彼が、師直の恋の行く手も、兼好とのやりとりも、じつと見てゐたのではないか。

動かないバスに倦んだ様子で、萌黄色の上着の娘は長めの髪の陰からわづかに横顔を覗かせ、ぼんやりと外を眺めてゐる。吊革を持つ手からは、依然としてブックバンドが垂れ、その先には、『徒然草』の本が揺れてゐる。

『太平記』のこの章を、小嶋法師なりその仲間が執筆したかどうかは分からないが、兼好に対してひどく意地が悪いのは、どうしてであらう。小嶋は「およそ卑賎の器」であつたのに対して、兼好は有力な神官の家の出で、和歌に優れ、有職故実に詳しく、伝統的教養を豊かに持つてゐた。そして、僧形となりながら、色恋にかかはるのをやめようとしなかつた。そのことが、小嶋法師のやうな人間には気に入らなかつたのかもしれない。

やつと動いて、式子内親王の墳墓のある般舟院陵の前を過ぎる。そして、次に止まつたのは、北野天満宮前であつた。大鳥居から奥へと濃い緑の松並木がつづいてゐる。

ここに祀られてゐる菅原道真も、兼好と同様、「手書」の一人であつた、と言つてよからう。さうして、藤原時平あたりから、「物ノ用ニ立ヌ」と罵られたのではないか。

権力であれ女であれ、わが手に掴み取らうとする、自らの力を信ずる者は、いつの時代でも「手書」をさんざんに利用した末、役にたたぬとなると手荒く撥ね除ける。「手書」としては、撥ね除けられ、辛うじて身を置き得たところで、なほも筆を執る。あるいはそここそが、本来の「手書」の身を置く場所なのかもしれないのだ。さういふふうに小嶋は、最初から心得てゐた者だらう。そこがまた、兼好と違つてゐたところに違ひあるまい。

北野白梅町に着くと、乗客のほとんどが降りた。気が付いたとき、萌黄色の上着の娘の姿もなかつた。ここで今出川通は終はり、バスは南へ転じて、西大路通を下る。

わたしも下車して、遅れながら人の流れについて行くと、古風な映画館のやうな建物の前へ導かれた。京福電鉄北野線の始発駅で、ここから嵯峨野の奥、嵐山へ向ふ。

その嵐山への途中、兼好が庵を結んだところとして知られる双ケ岡《ならびがおか》の傍らを通る。その双ケ岡は、師直の恋とも無縁ではない。

けふの目的地は、そこにしようと決めて、乗場へ行つた。ところが、市街電車型の車両なのに改札口があつたので、切符売場へ引き返したが、どの駅まで買へばよいか分からない。路線図を見上げてゐると、ベルが鳴り、電車は出て行つた。

切符を手にしたまま、わたしは無人になつた建物のなかを、所在のないまま歩き回つた。ガランとしてゐて、スクリーンと座席が取り払はれた大きな映画館のやうである。

壁にポスターが貼り巡らされてゐて、映画や演劇、紅葉見物などの旅行案内を、見るともなく見て行くと、先程、喫茶店で眺めた西陣の織元のカレンダーがあつた。

横の映画の広告では半裸体の男女が抱き合つてゐるが、こちらでは、相変はらず男はうやうやしく跪き、面を伏せ、女の顔を仰ぎ見ようともしてゐない。

また、京の師直も、女の顔をちらと見ることもかなはないままにゐるのである。公義の計ひで返事は手にしたものの、事態は一向に進展せず、黄金造の太刀も無駄に終はつたのだ。さうして、いかなる行動に出ることもかなわず、ひとり煩悶しつづける。

これほどこの男にとつて似つかはしくない在り様もあるまい。権力への野望も萎え萎み、「アラヌ病」へとますます沈んで行く……。

愛する男は、愛する女の前で、すべて色蒼ざめねばならぬ。

ヨーロッパ中世も十二世紀――まさしく頼政の生きたのと同時代――フランスで騎士たちが作り、守つたと言ふ「恋愛規則」の一項を思ひ出された。もしかしたら、その文字が、このポスターのどこかに書き込まれてゐるのではあるまいかと、改めて丹念に見る。

師直こそ、いよいよ「色蒼ざめ」、立ちすくみつづけるのだ。

三

等持寺、龍安寺道、妙心寺と、電車は小さな駅に止まつて行く。やがて前方左側に、円い小山が二つ並んで現はれた。そして、すぐ家並に隠れた。

御室《おむろ》駅で降りる。

静かな住宅街で、フラワーハウスと看板を出した白づくめの店だけが、ひどく目立つ。

北へ行けば仁和寺だが、反対の南側へ道を採る。

すぐ突き当り、左へ折れると、十字路である。そこを、今度は右へ折れて、再び南に進みむと、西側、家々の屋根の上に、さきほど電車の中から見た、小山の片方が見えた。

苔の細道ふみわけて、ここやかしこと見給へば……

浄瑠璃『つれづれ草』（延宝九年・一六八一、宇治加賀掾正本刊）では、兼好法師を恋ひ慕つて、ひとりの姫があたりを見やりながら、そろそろとやつて来る。

そのつづき、

住み荒らしたる草の戸の、庭は木の葉に埋もるる、筧《かけひ》の雫ならではつゆ訪なふものもなし。閼伽《あか》棚《だな》に菊紅葉など折り散らしたる……

『徒然草』第十一段の文章をほぼなぞるやうにしながら、綴られてゐる。しかし、いま両側に並んでゐるのは、およそ草庵といふにはほど遠い、コンクリートやブロックの塀をめぐらした家々である。「まはりをきびしく囲ひたりしこそ、少しことさめて」と、兼好は言つてゐるが。

この姫は後宇多法皇の娘、菅宮《すがのみや》であつた。美男でこころ利いた北面の侍、左兵衛佐《さひやうゑのすけ》兼好――「かねよし」と読む――に恋したが、侍女の侍従――師直の恋の橋渡し役を勤める女と同名――も、また、彼にこころを奪はれ、女主人の恋の仲立ちをするどころか、邪魔立てを重ねた。その挙句、貴船詣《きふねまうで》をして蛇体と化し、兼好と主の姫宮を悩ませた。さうしたことがあつて女の執念の恐ろしさを知つた兼好が出家、文字は同じながら「けんかう」と名を改め、ここ双ケ岡の麓に隠れた。かうなつては、もはや弟子にでもしてもらふよりほかあるまいと、菅宮は、訪ねて行くのである……。近松作と考へられて来てはゐるが、疑念の持たれる作である。

歩んでいくに従ひ、前の小山の背後に隠れてゐたもう一つの小山が現はれて来た。

岩せかるゝ遣水《やりみづ》の音きよらかに。さら〳〵と人かよふとも知らざれば……

こちらは近松作であることが確実な『兼好法師物見車』(宝永七年・一七一〇)で、同じ後宇多法皇の娘で、名は卿宮《きやうのみや》といふ姫が、やはりやつて来るのである。たいへんな美貌で、それゆゑに高師直が激しく恋慕、頻く言ひ寄つたため、左兵衛佐兼好が「弁舌の女」侍従を使つて、師直のこころを鹽冶判官の妻へと向けさせた。その結果、兼好は、鹽冶判官の妻宛の艶書を代筆しなければならない羽目になる。そこで、前節で触れたやうに、腹を立てながらも「貞女の道」の心得を書き記したうへ、世を捨て、双ヶ岡に隠れて庵を結んだ。その庵へと、この姫宮も訪ねて行くのである。

同じ法皇の娘であれば、姉妹と言ふことになるはずだが、まつたく別の物語世界から、この二人はやつて来る。

やがて右手に、こじんまりとした寺があつた。

低い石垣の上に生垣があり、石段を数段上がると、格子戸の入つた山門である。長泉寺と、脇に寺号が表札のやうに出てをり、右の石柱には、兼好法師旧跡と筆太に刻まれてゐる。

門のなかは、手入れの行き届いた小体な庭で、不思議なことに正面の御堂への通路がない。その造りに戸惑つたが、右手の庫裡から入るらしい。

庫裡の玄関のベルを押す。

本を広げて座す兼好法師像に、兼好法師自筆と称する和歌の巻物、貞享五年（一六八八）の奥書のある『徒然草』の写本などが、この寺に伝はつてゐると聞く。それらを見せてもらへるなら、見たいなと考へる。

しかし、庫裡の内はことりともしない。

立ち尽くしたまま、あたりを見てゐると、どことなく優しげな気配である。いまは尼寺になつてゐるのだ。

請じ入れられた菅宮が、ふと棚を見ると、冊子が置かれてゐて、手に取ると、『徒然草』であった……。

卿宮のほうは、紙帳のなかで「筆持ちながら大あくび」をしてゐる兼好の姿を見る……。

幾度ベルを押しても応へはなく、戸に手を掛けてみたが、鍵が下りてゐた。

この地に兼好が隠棲したのは、いつのことか不明だが、『徒然草』を書き上げたのは、いま追つてゐる出来事の時点、暦応四年（一三四一）より少なくとも五、六年ほど前のことであつたと、いまでは考へられてゐるやうである。だから、菅宮が棚に『徒然草』を見付けたのは当然だ、といふことになる。それに対して、卿宮が、まだ『徒然草』を書きあぐねてゐる兼好を見たのは、時を取り違へたことになりさうである。それとも、世に知られぬ続稿を書かうとでもしてゐたのだらうか。

庵主は留守らしい。

諦めて、南側の墓地へ回つた。

ビニールバケツが幾つも伏せられてゐる閼伽《あか》棚の脇を抜けると、門前と同じく兼好法師旧跡と記した石柱があり、その背後に生垣に囲はれた一角があつた。

内へ踏み込むと、左奥に一対の花立があり、白と黄の菊が活けられてゐた。今朝も詣でたひとがあるのだ。

その花を前にして、緑がかつた六十センチほどの高さの自然石が据ゑられ、滑らかな表面に、兼好法師とばかり、浅く刻まれてゐる。

このやうなところにおいででしたか、と声をかけるやうな気持で、眺めた。

墓碑そのものはかなり新しい。

右横に、小振りな一メートル足らずの石柱が立ち、前面に小さな文字が刻まれてゐたので、屈んで読む。

ならびのをかに無常所まうけてかたはらにさくらをうゑさすとて

『兼好法師歌集』に見える歌の詞書である。そして、左横面にその歌が記されてゐた。

ちぎりをく花とならびのをかのべにあはれいくよの春をすぐさむ

この双ヶ岡に自分の墓を作り、傍らに桜を植ゑて、すつかり死仕度を整へ、さあ、これから幾年か、花とともに心ゆくまで春を過ごさう、と言つてゐるのだ。桜の花の下での死を実現させた西行法師にあやかるだけでなく、それまで桜の花とともに過ごす幾春かを、存分に楽しまうと言ふのである。石柱の裏を覗くと、明治二十二年（一八八九）六月建立とあつた。

傍らに一抱へに余る木がある。樹皮はごつごつと黒ずんで表面を覆ひ、枝はなく、幹ばかりの枯木と見えながら、頂あたりわづか放射するやうに小枝が出てゐる。すでに葉がなく、なんの木ともよくは分からないが、やはり桜であらう。しかし、これでは花をつけることがほとんどないのではないか。「あはれいくよ」の世は、とうに尽きてしまつたのだ。

もつとも兼好自身が選び定めた「無常所」は、岡の反対側、西麓にあつた。それを江戸時代の初め、この寺内へ移したことが『都名所図会』（安永九年・一七八〇刊）にも出てゐる。貞享年間（一六八四〜八）に、この寺の住職らが、兼好法師の旧跡として双ヶ岡を喧伝したと言ふから、その準備期のことであらう。

それから三百二十年近く、兼好はここに眠りつづけてゐる……。

さうした住職らの努力の甲斐あつてか、江戸時代に入ると、兼好法師の人気はにはかに高まつて、庶民の間にまでひろまり、浄瑠璃『つれづれ草』が語られ、近松が『兼好法師物見車』を書き、絵本や草子などでも盛んに採り上げた。そして、粋な遁世者の典型的な存在となつたのだ。
手を伸ばして、石の上の「法師」の文字を撫ぜる。
遁世前だが、卿宮が戯れめかして兼好にすがり付き、かう囁く。

「一もみに揉《も》まれたいぞ」

と、彼は飛びすさつて、

「罪なくて配所の月を見せ給はんとのお心か」

『兼好法師物見車』からだが、左兵衛佐であつた兼好にとつて後宇多法皇の娘は、主の一人で、わりない仲ともなれば流罪に処せられる、と肝に銘じてゐたのだ。そのことは、宮廷人として大事な心得であつたが、男としてはどうか。高位の女とわりない関係になつて、咎めを受けるのを恐れるとは、情けない色男、と言つてもよからう。在原業平は、天皇の妃となるべき権力者の娘や、伊勢神宮に奉仕する聖なる斎宮と大胆不敵にも通じたし、光源氏は、父の更衣を犯した。さういふことが、兼好には出来なかつた。それればかりか、恋慕する師直と鞘当てするのを恐れたのかもしれない。
——「色好まざらん男は、いとさうざうしく」とあなたはお書きだが、あなた自身は、品高く麗しい女を前にして、われを忘れることがなかつた。所詮、女の前で「色蒼ざめる」ことを知らない男だつたのですね？

必ずしも兼好自身が選んだ「無常所」そのままでないと承知すれば、却つて気軽に、かうした問ひを無遠慮に投げかけることができた。

――結局のところ、あなたは、「恋」を「迷妄」として捉へてをられる。さうすることによつて、あなたは、美女と本当に向き合ふことをせず、安全で、かつ適度に女色を楽しむところに、身を置いたのではないですか？

――だからあなたは、師直に、「物ノ用ニ立ヌ物ハ手書也ケリ」と、罵られたのではありませんか？その師直だが、ますます深く恋の淵に落ち込み、蒼ざめ、身動きならなくなつてゐた。

生垣の外へ出る。そして、墓地の奥へと足を向けた。

建て混んだ家の裏を通りかかると、一軒のなかから、水を飲むらしい人の気配がして、コップを置く固い音がした。つづいて、男の深い吐息が聞える。彼もまた、恋に思ひ屈する者なのか？

墓地は意外に広かつた。

さまざまな形の墓石が並んでゐる。多くは昭和のものだが、五十年もたてば、色が変はつたり苔むしたりしてゐる。石もまた容易に歳月によつて変質するのだ。

そのくすんだ墓石の列のなかに、研かれ艶の消えてゐない尖つた御影石の墓があつた。側面に昭和十年十月、支那事変於上海公路戦死、二十一歳、と刻まれてゐた。

兼好の没年は不明だが、八十歳ぐらゐまで生存したらしい。南北朝の戦乱が全土に荒れ狂つた時代にもかかはらず、彼は天寿を全うしたのだ。それに対して師直はどうであつたか？

墓地の真中、少し高くなつてゐるところへ上がる。

ちやうど真西の正面、すぐそこに、誂へたやうに二つの円い岡が、左右対照に並んで見えた。いづれも樹木に覆はれ、ところどころに紅葉を見せながら、なだらかに形よく横たはつてゐる。

その姿かたちを眺めてゐると、自分がいま立つてゐるのが墓地であるのを忘れて、二つの岡がそのまま若い母親の健やかな乳房でもあるかのやうに思はれてくる。そして、遠い記憶の底へ垂鉛を降ろすやうにすると、母親の膝に抱かれた幼子だつたわたしの見上げた風景と重なつて来る……。

この地を「無常所」として兼好が選んだのは、これが理由だつたのではないか、と思つた。兼好は、母親のことは語つてゐない。しかし、幼い折、父との印象的な問答を書き留めてゐて、その父の傍らには、勿論、母親が控へてゐたはずである。周囲を見回すと、背後には、襁褓や幼い者たちの下着が賑やかに翻つてゐた。先ほど傍を通つてきた民家の屋根の上には、物干場がずらりと並んでゐる。吐息が漏れて来たのは、そのなかのどの家だつたらう？

山門を出て、来たほうへ小戻りして、最初の路地のやうな細い道を岡側へと入る。

道は、すぐ登りになつたと思ふと、小公園に出た。「名勝雙ヶ岡」と刻んだ太い石柱が立つてゐる。

木々は葉を落とし、秋の陽が溢れてゐる。

ベンチが幾つも置かれ、左奥の方では、黄色いセーターの女が整つた白い横顔を見せ、編物をしてゐた。傍らの籠には赤と紺の毛糸玉を入れて、ほつそりした指を動かしてゐる。手のなかの編物は、まだ小さい。

女が顔をあげる。その視線の先に、幼児が屈み込んで、棒切れで地面を引掻くやうにしてゐた。まだ襁褓がとれないのか、膨らんだ尻のあたりがいかにも不安定だ。

この時、鹽冶判官の妻は、三歳と五歳の男の子の母親であつた。そればかりか、じつは懐妊してゐた。前後の事情から考へて、六ケ月にはなつてゐたはずである。

陽を浴びてゐる若い母親と幼児の背後には、低い生垣が延び、墓地の裏に当る広場の方までうねつてゐる。そちらにも人影がなく、晴れた秋の午後の穏やかさが満ちてゐる。

女を驚かさないやうに、わたしは生垣の外に沿つて、そちらの方へゆつくりと歩いた。髪を結い上げ、美しい襟足を見せてゐるのに、つい目を引かれる。

近づく手立てがどうしても掴めないまま、師直は、再び侍従を呼び寄せるよりほかなかつた。そして、頭をたれ、かう弱々しく嘆いたのである。

「詮《セン》ナキ人ノ妻故ニ、空《ムナシ》ク成《ナラ》ンズル悲シサヨ」

侍従が思はず身を寄せ、慰めようとすると、不意に顔をあげ、目を怒らせて、

「必《カナラズ》侍従殿ヲツレ進《マキラセ》テ、死出《シデ》ノ山三途《サンズ》ノ河ヲバ越《コエ》ンズルゾ」

これに侍従は戦慄した。師直は、いかなる戦場においてよりも、手厳しく追ひ詰められてゐたのだ。かうなると、なにをするか分からない。

女の背後を過ぎて、先へと進むと、生垣と別れてふたつの岡の間へと入り込んで行く小道があつた。どうしたものかと立ち止まり、振り向く。女は、無心に編棒を動かしてゐる。平穏そのものの風景である。

侍従は、必死に思案を巡らした。そして、ある企みを思ひついた。頼政と同じく、師直は、当の鹽

治判官の妻の姿を見たことがなく、侍従が語るまま、ひたすら美しく思ひ描き、胸を焦がして来てゐるのである。鳥羽院の公家たちのやうに、そこを突けばよい。

——姿を見もしないで恋ひ焦がれるとは、御前様らしくありません。本当にお気に召す女人かどうか、ご自分の目で、しかと確かめたら如何でせう。

さう説いて、言つた。

「ヨソナガラ先其様《マズ》ヲ見セ進《マキラ》セ候ハン」

これに師直は、狂喜した。

しかし侍従は、いままた師直に冷水を浴びせようと企んだのである。腹の膨らみが目につきだした判官妻の、化粧もしてゐないしどけない姿を覗き見させようと言ふのだ。『伊勢物語』にも、構はぬ姿で飯を盛る女の姿を覗き見たばかりに、通はなくなつた男の話があるではないか。

生垣を離れて、岡の間へ入り込んで行く小道を採つた。

平坦なまま、林のなかになり、歩みにつれ、岡の斜面が両側から近付いて来る。落葉を降り積もらせて、柔らかく隆起してゐるのが見える。

『太平記』天正本には、「女房ノ姿ニ出立セテ、我身ノ知人の体ニテ」とあるから、侍従は、自分の朋輩とでも言つたふうな女の身なりを師直にさせ、鷹司西洞院の鹽冶邸へ引き入れたのである。さうして師直は、裏手の一間で息を殺して待つた。

この場面は、『仮名手本忠臣蔵』を初めとする浄瑠璃、歌舞伎には取り入れられてゐない。『古事記』

以来、『伊勢物語』や『源氏物語』に『好色一代男』等々と、覗き見が盛んに扱はれて来てゐるのに、どうしてなのか？　あるいは、舞台で取り上げるのを憚からせる何かがあるのか？　もつとも幕末以後、菊池容斎、渡辺省亭が大幅の絵に描いてゐる。

侍従が合図するので、師直は、障子の隙間から覗いたのだ。と、目の前に女の姿があつた。湯からあがつたばかりで、ほんのりと上気し、紅梅の衣の上に、雪のやうな真つ白な絹の小袖ばかりを着て、やわらかな身体の線をあらはし、濡れ髪を黒々と引いてゐる。褄をとる袖のわずかに揺れるまま、薫き籠められた香がこちらへ流れて来る。

一瞬、湯上がりの肌の温みを含んだ甘い香を胸一杯に吸ひ込んだ思ひであつた。

と、同時に師直は、「心タドタドシク」なり、目も見えなくなつた。いま一度、その姿を、と必死に願へば願ふほど見えず、「其人ハ何クニカ有ルラン」と惑ひ慌てるばかりとなつた。そして、

　物ノ怪《ケ》ノ付《ツキ》タル様ニ、ワナワナト振ヒ

流布本からである。

右「一の岡」、左「二の岡」と標識が出てゐる。

立ち止まつて、左右を見る。左右それぞれ五、六メートルほど隔たつて斜面がこんもりと盛り上つてゐる。わたしはちやうど二つの岡の間に立つてゐるのだつた。

侍従はあわてて外へ連れ出した。と、師直はその場に突つ伏し、息も絶え絶えの有様となつた。

覗き見から、かくまで烈しい衝撃を受けた男がゐただらうか。愛しい女の正体が、鰐であつたり大

蛇であつたりして、驚きあきれた男たちは、神話の時代に多い。しかし、これほどまで取り乱しはしなかつたのではないか。また、「色蒼ざめる」ことを必須の条件と心得たヨーロッパ中世の騎士たちにしても、かうまではならなかつたらう。

久米仙人が空から墜落した折、ちらつと目にした女の様子を、兼好は想像をめぐらしてかう描いてゐる、「手足はだへなどの、きよらに肥えあぶらづきたらんは……」（『徒然草』第八段）。判官の妻は、懐妊してゐたがゆゑに、却つて「きよらに肥えあぶらづき」、艶やかさを増し、両の乳房も豊かに充溢してゐた。

侍従の計算は、裏目に出たのだ。

左右の岡をを見比べた。両の斜面に、同じやうに小道が付いて、上へあがつてゐる。いづれへ登つたものか、考へた。そして、やはり一の岡を選ぶのが順当だらうと思ひ、右へ行く。ほとんど直登なので、小道は意外に急であつた。

ところどころ粘土質の土が露出してゐて、滑りさうになる。小松が多いが、樫などもまざつてゐる。そして、下草はほとんど枯れてゐて、撫でつけたやうになつてゐる。

それからと言ふもの、師直は、ひたすら「恋ノ病ニ臥沈ミ、物狂シキ事ヲノミ、寝テモ醒テモ云」ふやうになつてしまつた、と語られる。さうなると侍従は、師直を笑ひ者にするどころか、恐ろしくなつて、姿をくらました。

息が少しはずんでくる。

羊歯が群生してゐる一帯を抜けると、やがて足元は砂地になり、ゆるやかになつた。

唯一の恋の指南役侍従に去られて、師直は、いよいよもつてなすすべがなくなつた。怒り狂ひ、侍従を捜しに捜し回つた。さうして、やうやく見付けると、怒りにまかせて手討ちにしたと、『兼好法師物見車』ではなつてゐる。

弁舌ひとつで恋の領域へ引き出した報ひとしては、苛酷に過ぎた。いや、恋が激するとき、さうしたところまで行つてしまふのだらう。さうと知らない侍従の父親は、娘が師直様のお邸から駕籠で帰つて来たと喜び、迎へに出て駕籠の戸を開けると、「血みどろの女の首ころころとまろび出にける」といふ事態に遇ふのだ。そのことが呑み込めず、「首の落ちるも知らぬほど酔ふといふことがあるものか。醒めたら首が付きもせふ。酔ひを醒ましてくれよう」と、娘の骸を撫でさすり、「うろたへなげく」のである。

頂のすぐ下に出た。

頂は、そこばかり円く叩き固めたやうになつてゐて、草も木も生へてゐず、幾何学的と言つてよい曲線を剥出しにしてゐる。

雙ヶ岡1号墳と脇に掲示が出てゐた。両袖式横穴式石室の円墳で、六世紀後半から七世紀初頭にかけての、豪族の首長の墓であらうと説明が加へられてゐる。

岡全体を乳房に譬へるなら、まさしくこれが乳首にあたる。円く突起してゐるのだ。

這ふやうにしてそこへ上がる。礫を加へた硬い粘土の表面である。

北から西にかけて、広々と見渡すことができた。

北側すぐ眼下は、仁和寺の山門である。さうして、濃い緑がむらむらと拡がる木立のあいだに、御堂や五重塔が散らばつてゐる。『徒然草』に仁和寺が出てくるのも、なるほどと思はれた。ほんの近所だつたのである。

西は、太秦《うづまさ》から嵯峨にかけて眺めることができた。

斎宮の、野宮におはします有様こそ、やさしく、面白き事の限りとは覚えしか。

若い折のことを回想して、兼好はかう書いたが、その野宮も、この西側の視界のどこかにあるはずである。当時の斎宮は、後宇多天皇の皇女壮子であつた。「面白き事の限り」とあれば、あれこれ想像したくなるのも当然だらう。同じ後宇多天皇の皇女萱宮や卿宮と兼好の色恋ひ話が語られるやうになつたのも、このあたりから出たことかもしれない。

嵯峨野の向うには、丹波との境の山々が青く連なつてゐる。

侍従を亡きものとした以上、恋の領域においても自力で対処するよりほかないと、師直は、決心しなければならなかつた。しかし、さう決心したところで、いかに行動すべきか、明らかなるわけではない。激しく恋情を燃え立たせれば燃え立たせるほど、ますますもつて方途を失ふ。

狭い円墳の上を、滑り落ちないやうに注意しながら、足踏みして小さく回つたが、登つてきた南と東側は、樹木で閉ざされ、京の中心部は見えない。

その方途を失つたただなかで、この男が考へ出したのが、宮廷の恋愛の規則から大きく逸脱したものであつたのは、必然であらう。

只《タダ》理不尽ニ推寄《オシヨセ》テ、奪取《ウバヒトラ》バヤ。

まづは、かう考へた。

しかし、さすがに「暫《シバラク》スベキ様アリト按《アン》ジ返」したと、西源院本にはある。『太平記』には異本が多く、流布本以外に四十数本もあるとのことだが、その中で西源院本は、最もよく古態を残してゐるものである。

次いで、狡賢く手堅い手立てをとることに思ひ至つた。それは奇しくも、水浴の後、身体を拭ふバド・シェバを覗き見て心を騒がせたダビデが採つた同じ手立てであつた。すなはち、その夫ウリヤを無謀な戦闘へと追ひやり、亡きものとすること（『旧約聖書』サムエル記下一一）で、「千に一つ、生きて帰る様はない」北国の戦場へと、『兼好法師物見車』の師直も、鹽冶判官を送り出さうと企む。

円墳から滑り降りた。

そして、どこか視界の開けてゐるところがないかと、円墳の裾を歩いてみる。しかし、意外に木々は厚く生ひ繁つてゐて、隙間もない。

ダビデは、企みどほり彼女の夫ウリヤを戦場で死なせ、まんまとバド・シェバを自分のものとした。しかし、師直には、鹽冶判官が戦場に赴き、首尾よく死ぬのを待つだけの余裕がなかつた。彼の妻を一刻も早く抱きたいと切望したのだ。

そこで将軍足利尊氏に、鹽冶判官高貞は陰謀を企ててゐる、と訴へた。執事として係はる幕府の組織の力でもつて、一気に葬る途を、師直は選んだのである。

東側にゆるやかな階段がつくられてゐたので、そちらを下りることにする。登りとは違ひ、なんとも歩きやすい。

しかし、尊氏は、すぐにはその訴へを受け入れなかつた。鹽冶判官を失ふことは、幕府にとつて少なからぬ痛手であつたからである。が、師直の動向を察知した鹽冶判官が、先に動いた。

暦応四年（一三四一）三月二十四日の早暁、狩装束に身を固め、手にそれぞれ鷹を据ゑた武士三十余人が、鷹司西洞院の屋敷をひそかに出ると、まだ薄暗い京の街を西へと急いだ。当時、狩猟場として船岡山の西南にひろがる蓮台野が知られてをり、そこへでも出掛ける体であつた。そして、西陣を横切り、北野天満宮の前にさしかかつた。さきほどバスでわたしの通つてきた道筋である。

狩猟場へ行くなら、このあたりから北へと向はなくてはならない。そこで、南へと転じたのだ。

　ヲヲかうすると抜討に。真向へ切付る。

悪口雑言に耐へられなくなつた松の廊下の鹽冶判官が、思はず鞘から太刀を滑り出させたやうに、京の判官は、自らの領国、出雲を目指したのである。それが早計であつたかどうか。「本国ニ逃下テ旗ヲ挙《アゲ》、一族ヲ促《モヨホシ》テ、師直ガ為ニ命ヲ捨ン」と、決意したのだ。

その方向を転じたあたりは、この双ケ岡から東へ、二キロに足らないから、もしも兼好が、その日の暁、そちらに展望の開けたあたりに足を運んでゐたなら、列をつくり急ぐ人々の姿が遠望できただらう。

一方、妻と幼い子二人は、一時間ほど遅れて、物詣の装ひをし、八幡六郎ら鹽冶一族に繋がる者たち二十余人に守られ、輿に乗つて出発した。物詣となると、さう早く出立するわけにいかなかつたのであらう。

判官一行は、なほも狩猟へ行く体を保ちつつ、山城盆地の西の端を南へと進み、いまの向日市寺戸まで来ると、足を早めて山崎へと一気に下り、京への別れを告げる暇もなく、淀の流れを離れて、西国街道をとつた。

妻と子らは、真つすぐ西へと進み、夫らの後を追はずに双ヶ岡の傍らを過ぎる。


蟻の如くに集まりて、東西に急ぎ、南北に走る人……


第七十四段は、かう書き起されてゐるが、そこには鹽冶一族の二つに別れての慌ただしい姿も織り込まれてゐるかもしれないのである。

妻と子らは丹波路を採る。西国街道はほぼ平坦だが、こちらは、まづ老ノ坂である。嵯峨野の向うに眺めた青い山々のなかへと分け入つて行くのだ。

この逃亡は、時間との勝負であつた。いかに早く出雲へ帰り着き、戦闘態勢を整へることができるかどうかである。

しかし、後に残された高貞の四番目の弟、四郎左衛門貞泰が、この不意の出立を知ると、逸早く師直に報じた。それとともに、鹽冶判官高貞の幕府に対する「陰謀」は、動かぬものとなつてしまつた。

佐々木近江守高貞、企陰謀所逃下也、不日可令誅伐之状如件、
暦応四年三月二十四日

これに左兵衛督直義の花押のある文書が、今日でも数通残つてゐるが、幕府からはすぐさま誅伐の

命令が発せられた。『太平記』は、その日を二十七日としてゐるが、この文書によつて、誤りだと分かる。

そして、名だたる武将たち、それも山陽、山陰に勢力を張る者たちが急遽呼び出された。山名伊豆守時氏に桃井播磨守直常、大平出雲守である。

山名時氏は、当時、因幡の守護職にあり、後に但馬から石見までの十一国に勢力を広げ、三代将軍義満のときには、評定衆に列するに到るし、桃井直常は、若狭、越中などの守護であつたが、やがて直義に従つて尊氏と争ひ、幾度か尊氏を追ひ詰めることになる。いづれも百戦錬磨の武将たちである。

普段の出仕の装束でやつて来た時氏は、命令を受けると、その場にゐた師直の手の者の鎧をひつたくり、馬に飛び乗つて、息子師義らとともに西国街道へと駆け出した。

直常と大平もまた、従ふ中間に、乗換への馬を連れて後を追へ、とばかり命ずると、丹波路を走つた。

降りていく道の先に、岡の裾ばかりが見えてきた。せめて墓地か洗濯物を翻してゐる家々が見えないかと窺つたが、枝を落とし幹だけになつたあたりに視界は限られてゐる。

白い道が見えて来た。そこに、人影があつた。和服のでつぷりした男で、わたし以上にゆつくりと移動してゐる。

この岡へ、兼好を捜しにやつて来る人があつたのが思ひ出された。まづは、すでに触れた菅宮、次いで卿宮である。それから、娘を殺され、いまや狂気した侍従の父親である。村の悪童たちに付き纏はれ、囃したてられながら。

その侍女の父親の姿に、卿宮は涙を流し、兼好は苦悩する。なにしろ卿宮を師直の手から救はうと兼好が計らつた結果が、かういふことになつたのだ。

頭を垂れて、兼好は呟く。

狂人とてな厭《いと》ひ給ひそ。人間の境涯いづれか狂気にあらざるや。

つづけて、

……昨日は嘆き今日は笑み。朝《あした》に怒り夕《ゆふべ》に愛し。財《たから》に繋がれ名にからまれ露のいのちを危ぶむは。みな狂人にあらざるや。

と、不意に顔をあげて、遁世者はかう言ふ。

下の道の男は、足が不自由なやうである。杖をつき、一足ごとに身体を左右に大きく揺らしながら、ゆつくりゆつくり歩を運んでゐる。わたしもそれに半ばあはせるやうにして、一段々々、降りる。

兼好がつくる草紙つれぐ草の大意を得たり。あの物ぐるひを我師とたのみ書きつらねん。

『兼好法師物見車』の終はり近い一節である。この浄瑠璃は、『徒然草』の執筆動機を主題にするとともに、ここでは明らかに『徒然草』序段を踏まへてゐる。ただし、「あやしうこそものぐるほしけれ」には、周知のとほり狂人の意味はない。しかし、さうではあつても、日常の枠を外れ、一種狂的な状態へとさまよひ出た、と言ふ点に違ひはなからう。娘の死にあつて父親が正気の外へ踏みだしたやうに、筆を走らせ言葉をつづるといふ行為をとほして、兼好も現実と別の次元へと出てしまつたのだ。さうして、大あくびをおさめ、『徒然草』を書き出す決心をした……、といふことになるのだらうか。

兼好は「色蒼ざめる」ことを知らない男であつたかもしれないが、文を書く男として歩みとほさなくてはならぬ道を、先へと確実に突き進んだのは疑ひない。

道に降り切ると、右手向うに和服の肥つた老人の後姿があつた。なほも身体を左右に揺すつてゐる。その傍らには、先程わたしが岡の間へ入り込むべく通り過ぎた生垣がある。

そちらへと近付いていく間に、老人は、生垣のなかに入り、ベンチに腰を下ろした。

その先のベンチでは、先刻と少しも変はらず、黄色いセーターの女が編物をしてゐた。軽く俯いた首筋から肩にかけてのなだらかなの線が、柔らかく美しい。男の子は飽きもせず地面を棒切れで引つ掻いてゐる。

老人がゐなかつたなら、時間が少しも経過しなかつたやうに思つたらう。

つづいてやつて来る者がある。赤糸威《あかいとおどし》の鎧の武者で、鹽冶判官の家来八幡六郎である。彼は、主人の妻子を擁して丹波へ向つたはずだが、近松の浄瑠璃では、ここ双ヶ岡へとやつて来るのだ。背に判官の妻を負つてゐる。師直に讒訴《ざんそ》された判官は、申し開きのため鎌倉を目指して東へと走つたものの、師直に追ひ付かれ、「上意」と偽られ腹を切つてしまつた。そこで、密かにここまで落ちのびて来た、と言ふのである。『太平記』から離れて、随分自由につくられてゐるのだ。

手前にもう一つ、ベンチがあつたので、わたしも腰を下ろす。陽に暖められた木肌が快い。

その主従の後から、師直の手の者「直兜《ひたかぶと》百騎」ばかりが、どつと襲ひかかつて来る。

この場に百騎もの鎧兜の侍が押し寄せて来たらどうなるだらうと、見回した。奥がちよつとした広場になつてゐるものの、十騎と入り込めまい。それらがぶつかり合ひ、揉み合ひ、われわれなど一たまりもなく踏み潰されるだらう。

さうして激しく繰り広げられる乱戦のただなかへ、兼好も跳び込んで行く。なにしろ『兼好法師物見車』では、かつて北面の武士であつたことになつてゐるのだ。

いや、彼は、これまでの彼ではない。『徒然草』を書いた男なのである。振り回すのは、だから太刀ではなく、机である。さうして言ふ、

「此机で書いたはつれ〴〵草、今はきやつをきれ〴〵草」

「物ノ用ニ立ヌ物ハ手書也」と決め付けた師直の手勢に対して、まさしく「手書」として応戦するのだ。これも「もの狂ひ」を通過することによつて、可能になつたのであらう。

かういふふうにして兼好が助太刀する八幡六郎は、じつは大星由良之助《おほほしゆらのすけ》なのである。『兼好法師物見車』の「跡追《あとおひ》」として、近松が引き続き書いた『碁盤太平記《ごばんたいへいき》』（宝永七年・一七一〇）には、「初めの名は八幡六郎。今は大星由良之助」と、はつきり出てゐる。だから、兼好と大星由良之助、さらに言へば大石内蔵助が、ともに力を合はせて師直にして吉良上野介の軍勢相手に奮戦する情景が、この双ヶ岡の麓で繰り広げられることになるのだ。

近松は大掛かりでナンセンスな場面が大好きな作家であつた。操り人形の人間離れした動きとともに、奔放に狂つてみせる。

この場へ正気に戻つた侍従の父親も、百姓らしく鍬を持つて加はる。そして、畑でも打つやうに、追手の大将の「頭より、背骨まで打ちたて〳〵」、微塵に砕いてしまふ。

兼好の好んだ無常所も耕し尽くしてしまひさうな勢ひだ。

男の子が、時折、意味もわからぬ聲をあげる。

女の手のなかの編物は、ハンカチほどの大きさになつてゐた。あたりには明るい秋の陽が変はらず満ちてゐる。

この浄瑠璃『兼好法師物見車』の筆をとつてゐた当時の近松は、じつはもう一つ、隠れた狙ひを抱いてゐたらしい。後に忠臣蔵と呼ばれることになる一連の事件を、本格的に浄瑠璃に仕組むための機会を窺ひながら、その用意を整へて置かうとしたのである。

この事件が舞台化されたのは早く、元禄十四年（一七〇一）三月十四日、江戸城松の廊下で刃傷事件が起つた直後にさかのぼるやうである。江戸の村山座で、上演中だつた小栗判官の狂言のなかに、即座に採り入れられた。そして、翌年十二月十四日（正確には十五日早暁）に討入があると、今度は中村座が、曽我兄弟の仇討に仕組んだ。ただし、いづれも幕府から禁じられた。そのため舞台化には、幕府の方針を見極めることが必要条件となつたのだが、事件当時の将軍綱吉が宝永六年（一七〇九）一月に没し、大赦がおこなはれ、赤穂浪士の遺族たちも許されて、翌年、内匠頭の弟の大学が安房国に知行地を貰ひ、浅野家の復興が一応なる成行となつた。

かういふ情勢の変化を睨みつつ、近松は、この年、兼好法師を主人公として、彼が師直の艶書を代筆したといふ『太平記』の一逸話を捉へて、書いたのが『兼好法師物見車』であつた。この工夫が、やがて『仮名手本忠臣蔵』を生み出すことへと繋がるのだ。

男の子がこちらを振り向いた。いつの間にか現はれた老人とわたしの存在がめづらしいのだらう。澄んだ目を大きく張つて、まじまじと見る。不意に棒切れを投げ捨てると、母親のほうへ走つて行き、膝の上によぢ登らうとする。

首筋から、わたしが見るともなく眺めてゐた線が消え、それとともに、先程からなにを思ひ出してゐたかに、気が付いた。レンブラントの描いたバド・シェバのそれである。水浴を終へたばかりの豊満な躰をもてあますやうにしながら、侍女に足を拭はせ、髪を巻き上げた顔をやや伏せ、すんなりとした襟足を際立たせてゐる。そして、重ねた膝の上に置かれた右手には、編物ではなくダビデからの手紙が握られてゐる。その手紙を投げ棄てなかつたがゆゑに、彼女は、ソロモンの母となり、鹽冶判官の妻は、投げ棄てたがゆゑに、必死の思ひで一族郎党とともに逃走しなくてはならなくなるのだ。

男の子の頭の上には、セーターに包まれた母親の二つの隆起がある。膝によぢ登ると、その片方の隆起を遠慮なく掴んで立ち、こちらを見た。

多分、この用心深さゆゑに、近松は、歌舞伎での吾妻三八作『鬼鹿毛無佐志鐙《おにかげむさしあぶみ》』(宝永七年六月上演)に一歩遅れて、『碁盤太平記』を竹本座に出すことになつたのだらう。しかし、吾妻三八の場合、踏へたのは小栗判官《おぐりはんぐわん》物であつた。だから赤穂の城主浅野内匠頭長矩は小栗判官であり、その妻瑤泉院《やうせんゐん》は照手姫で、吉良上野介義央は照手姫の父親横山左衛門となつた。この設定では、師直なり吉良上野介の、判官の妻への横恋慕は成立しない。だから、判官への悪口雑言は単なる婿いぢめにとどまる。以後も紀海音らが、小栗判官物をベースに書いたものの、やはり決定的な成功を収めるに至らなかつたのは、このあたりに原因があるのだらう。やはり横恋慕を強引に押し通す男が、正面切つて登場しなくてはならなかつたのだ。

母親が立ち上がつた。

編物に編針、毛糸玉と籠に収め、セーターの裾を整へると、籠の把手に腕を通し、男の子を抱きあげる。そして、素肌の美しい脚を見せて、わたしの前を横切て行く。

かすかに香水の匂ひがした。蘭奢待《らんじやたい》でもあらうか？

近所に住んでゐるのなら、長泉寺の庵主の動静を知つてゐるかもしれないと気づき、声をかけようとした。が、顔世御前を呼び止める舞台の師直の姿が浮かび、思ひとどまつた。

姿が見えなくなつてから、母子のゐたベンチのほうへ行つた。ベンチの前の地面には、男の子がつけた線が乱雑に引かれてゐる。

傍らに小枝が落ちてゐた。男の子が握つてゐたものである。拾ふと、わたしは身を屈め、男の子の描いた線をなぞつてみた。

男の子が描いた、気紛れに跳ね回る線をたどるのは、意外にむづかしい。すぐに重つたるい線に変はつてしまふ。新しい狂言をつくるとなると、よく知られた物語なり狂言の設定、筋などを借りることが、浄瑠璃や歌舞伎ではよく行はれたが、忠臣蔵の場合は、曽我狂言か小栗判官物、また『太平記』か『水滸伝』、と言ふふうにして競ひ合つた。そのなかで近松は、早々に『太平記』を使ふ道筋をつけたのだが、その線が伸びて、吉良上野介は師直となつたのである。

少しむきになつて、なほもなぞりつづけてゐると、小枝を持つてゐた男の子の手が掴んだ母親の胸の隆起が浮かんで来た。それとともに、師直が覗き見た判官の妻の乳房とも墓地から眺めた双ケ岡の姿ともつかぬ形が重なつて見えて来るやうに思はれた。

ふと横を見ると、杖の握りに顎を乗せて老人が、先程と同じ姿勢で、こちらへ視線を注いでゐる。

四

翌朝、京都から東海道線下りの快速電車に乗つた。

西へ向ふ電車は、やがて南へ緩やかにカーブして、向日町から山崎駅にかかる。天王山が右側から張りだして来る。その山腹に、寺の屋根がちらつと見えた。宝積寺である。かつて栄へた名刹だ。

山名時氏《ときうぢ》らの一党がこの門前まで追つてきたとき、後から呼ぶ者があつた。師直の文を持参したから、待つてくれ、と言ふのだ。何事だらうと馬を止めると、あまり急いで走つてきたから、息が切れて、そこまで行けぬ。こちらまで来てほしいと、三町ばかり向うで言ふ。

時氏は馬から降りて、若党五騎を、その男のところまで走らせた。すると、男は、につこり笑つて、じつは師直の使ひといふのは偽りで、鹽冶判官の身内の者だ。都落ちを知らず、お供することができなかつた。ここで主人のため命を捨て、冥土で報告する、と言ふやいなや、刀を抜いて切り掛かつた。

梵舜本《ぼんしゆんほん》では、この男は、時氏らが鹽冶判官一行に追ひ迫つたさらに先の場所に現はれ、扇で差し招く。そして、若党らが駆け戻つても、「人伝ニ申スベキ事ニ非ズ」と、時氏まで呼び寄せる。そして、につこり笑つて刀を抜く。

若党たちは、さつと四方に散り、矢を射掛けた。さんざんに射掛けると、

其ノ矢、蓑《ミノ》ノ毛ノ如ク身ニ立《リチ》タレ

梵舜本からである。そのやうな姿になつても、男は「走リ懸リ走リ懸リ、切リ回」つた。たちどころに三騎が切り落とされ、数々の者たちが手傷を負つた。荒れ狂ふ蓑の化物のやうな武者に、一瞬の

うちに手酷くやられたのだ。と、不意に動きを止めたその者は、刃を己が身に突き立て、「腹十文字ニ掻切テ南枕ニ臥《フセ》ニケリ」。

流布本では、これほどのめざましい武勇は見せない。三人に手傷を負はせたところで、二太刀を浴びせられ、最早これまでと、自ら「腹カキ破《ヤブッ》テ」死ぬのである。

山崎から西国街道は、山沿ひに西へと向ふ。猪を追つた早野勘平が、闇夜に定九郎を撃ち殺し、義父と間違へ、切腹に到る舞台である。

しかし、電車は、南へ進む。

淀川を渡ると、大阪駅に入る。それから、再び下流で淀川を渡り、西へと向ふ。さうして、兵庫川――やがて、師直が無残な最期の一撃を受ける場所――を越えて西宮になると、再び西国街道と平行する。

神戸湊川まで十八里(七十二キロ)、時氏は、四時間も走りづめに走つた。そして、馬を休める必要から、夜はそこに留まつた。

しかし、十四歳の息子、右衛門佐師義《もろよし》は、「馬強カラン人々ハ我ニ同ジ給へ」と叫ぶと、なほも鞭を当てた。十二騎がその後に従つた。

電車は、須磨から海岸を走る。

須磨、舞子、そして明石と、師義ら十三騎も、闇のなか、砂浜に波が白く砕けるのを左に見ながら、ひたすら馬を駆けさせた。

京都からおほよそ一時間半で、加古川駅であつた。

駅前には、真新しい百貨店が聳え、ひどくモダンな商店街になつてゐた。御影石の細かな角石を敷き詰め、並木がつづき、店々は、これまでの個人商店とは思へない明るさに溢れてゐる。

その商店街を南へ抜けると、国道二号線である。

車の量が多い。トラックなど大型車両が目立つ。

低層ながら、しつかりした造りの建物が両側に並んでゐるが、新しい装ひの商店街を見て来たばかりなので、どこかくすんで感じられる。

その国道の歩道を西へと歩いた。

威嚇的な騒音をたてて、大型トラックが間断なく走り過ぎて行く。

この街道筋は、時代によつて多少は移動したやうだが、あまり大きく変はつてゐないはずである。鹽冶判官の一行も、追跡する山名師義らも、このあたりを駆けて行つたのに違ひない。そして、江戸城松の廊下での急変を告げる赤穂城への早打ちの使者も、主君内匠頭長矩切腹の報を告げる第二の使者も、やはりここを駆けて行つた。

足にまかせて十数分も行くと、道は除々に登りになり、堤防の上へ出た。

視界が不意に開け、空しか見えない彼方へと幅広い橋が真つすぐに伸び、次々と走り過ぎていく車を載せ、微かに鳴つてゐる。

あたりが白む頃、師義らはここに達したのだ。

見下ろすと、堤防の斜面は中程からコンクリートで固められ、岸には波消しブロックが置かれてゐる。激しい水流が襲ふことがあるのだらう。しかし、いまは穏やかな水面がつつましやかに広がつて、遥か向うの中州の手前に、瀬波の皺がわづかに見える。

対岸は、そのさらに向うで、堤防の上を動いてゐる自動車も小さい。

夜モハヤホノボノト明ケレバ、遠方人《オチカタビト》ノ袖見ユル、河瀬ノ霧ノ絶間ヨリ、向《ムカウ》ノ方ヲ見渡シケレバ……

当時、堤防が高く築かれてゐなかつたが、師義は、馬上から見晴るかしたのである。と、

旅人トハ覚ヌ騎馬ノ客三十騎計《バカリ》、馬ノ足シドロニ聞ヘテ、我先ニト馬ノ足ヲ早メテ行人アリ。

「袖見ユル」距離だから、いかに遠目が効いたとしても、中州のあたりであらう。その「騎馬ノ客」こそ、鹽冶判官の一行と見てとつて、師義は聲を張り上げる。

「馬ヲ早メラレ候人々ハ、鹽冶殿ト見奉ルハ僻目《ヒガメ》カ」

わたしの傍らを擦り抜けるやうにして、自転車が三台、人影のない橋上の歩道へ出て行つた。いづれも若い女たちだ。ハンドルの前の籠を買物で一杯にしてゐる。

つづけて、かれは言ふ。

「将軍ヲ敵ニ思ヒ、我等ヲ追手ニ受テ、何《イズ》クマデカ落ラレヌベキ。踏留《フミトドマツ》テ尋常ニ討死シテ、此長河ノ流《ナガレ》ニ名ヲ残サレ候カシ」。

わたしも橋を渡りはじめる。

右手の川上には、電車の鉄橋が見えるが、川下には、橋はない。そして、秋の穏やかな青空を川面が映してゐる。

この呼はばる声によつて、鹽冶判官の一行は、いまや師直だけが相手ではなく、足利幕府そのものが相手となつてしまつたこと、そして、討手の先鋒が、勇猛な山名一党であることを知つたのだ。最悪の事態となつたと認めざるを得なかつた。

中州の向うも、穏やかな水面が広がつてゐた。そこにわづかに水脈を引いて動いて行くものがある。よく見ると鴨であつた。三羽そろつて動いてゐる。

この流れを、鹽冶判官の一行は急いで渡つた。なにがなんでも判官を逃げのびさせなくてはならなかつたのである。

渡りながら判官の弟六郎が、郎党に向つて言ひ渡した。ここでは自分が直属の手下とともに討死する。だからお前たちは、この先、道の要所々々で手分けして迎へ討ち、矢を射かけるなり切り結ぶなりして、追つ手の足を止めよ。そして、一間一寸なりと遠く、判官殿を落とし奉れ。決して一度に討死するな。

流れから堤防まで、幅五、六十メートルほど草がきれいに刈り取られ、小道のうねる緑地になつてゐる。あちこちにベンチが置かれてゐる。

あるいは、このあたりで、鹽冶六郎ら七騎と、師義の率ゐる十二騎が、ぶつかつたのかもしれない。

兵《つはもの》の道（は）……兵尽き、矢窮りて、つひに敵に降《くだ》らず、死をやすくして後、始めて名を顕はすべき道なり。

兼好も『徒然草』八十段にかう書いてゐるが、この時代、「討死」し、「名」を残すのが武士に定められた道だと、彼らは承知し、機会さへあればよろこんで命を投げ出す覚悟をつけてゐた。なにが、きつぱりとさうさせてゐたのか？　今の世のわれわれのかうした疑問とは無縁に、七人が岸に残ると、決死の迎撃の態勢を敷いた。

師義らは一団となつて川を渡る。

兜を伏せ、鎧の袖をしつかりと重ね、飛沫を高く跳ね上げて、突き進む。真正面からさんざんに矢が飛んで来るが、それを掻い潜り掻い潜りして、遮二無二に進むのだ。

まづ師義が、岸へと「颯《サツ》ト懸上《カケアガ》」つた。

鹽冶六郎が駆け寄ると、切り掛かる。二度三度、そして、七度八度と、二人は刃を交はす。勝負はつかない。そこへ師義の手の者が割つて入つた。が、簡単に切り捨てられた。

その切り捨てた者の止めをささうとしたとき、師義の太刀が六郎の上に振り降された。

橋を渡りきる。

そして、車の多い堤防上の道を横断すると、草で覆はれた斜面を右手へと横切るやうにして降りていく小道をとつた。

降り切つてなほも堤防沿ひに少し行くと、建ち並んだ家の間に、ちやうど一軒分ほどの空間があつて、奥に古びた大師堂があつた。その境内に入つたすぐの右側に、上屋に守られて、わたしの背丈を越す石碑がある。

香台には線香が一本、立てられ、あるかなきかの細い煙をあげてゐる。両側の花立に、白、黄、紫の菊が活けられてゐる。

「七騎塚表」

碑面の上部にさうあり、細かな文字が刻まれてゐた。

……弟六郎従至播州加古川駅見勢急與親従六人反闘而死

六郎が討たれると、残りの「反闘」する六騎も、つぎつぎと切り伏せられてしまつたのだ。師義らは、そのあちこちに散らばつた死体から首を斬り落とすと、街道の傍らに曝らした。そして、慌ただしく馬に鞭を入れた。

人倫に遠く、禽獣に近き振舞、

兼好は、先の文をかうつづける。

碑の傍らの説明板に、こんなことが書かれてゐた。地元の人たちが、この七人の死を悼み、それぞれ塚を築いて手厚く葬つた。その塚は、寛延二年（一七四九）七月の洪水のため、一基が流されたのを初めとして、次々と失はれたため、文化十年（一八一三）に、この碑を立てた。もとは橋のすぐ袂にあつたが、河川改修のため、現在地に移された、と。

加古川橋を戻る。

正午前の陽が、川岸の草々の根元まで、光を届かせてゐて、川面は、青空をひろびろと浮かべてゐる。鴨はゐなかつた。

川下の遠くに、四角い巨大なビルが、幾棟も見え、煙突から空高く蒸気を噴き吹き上げてゐる。海岸の工場であらう。

『徒然草』の文章は、さらに先があつて、

　その家にあらずは、好みて益なきことなり。

すなはち、武家の出でもないものが、武をもてあそんではならないと締め括つてゐるのである。「禽獣に近き振舞」をする、異形の存在だと武家を冷たく突き放しながらも、兼好は、その存在を現実として認め、受け入れてゐたのである。自分が「用ニ立ヌ」「手書」であるやうに、武士たちは「人倫に遠い」存在なのだ、と。そして、如何に「禽獣に近き」存在であらうとも、政治の中心に座つてゐる限り、彼らと交渉を持たずにゐるわけにはいかない。そのことを兼好は、はつきり自覚してゐた。だからこそ、師直の許にも出入りし、儀式に着用する衣服の相談にも乗つたし、艶書の代筆もした。しかし、あくまで文雅の道に身を置く「手書」としてであり、武家の真似は決してしなかつた。真似をしても、文机を持つてであつた……。

かういふ身の処し方は、小嶋法師らの認め得るところではなかつたらう。が、兼好は、さういふところに腰を据ゑ、武士なり武士が動かしてゐる時代を見てゐたのだ。多分、女を見るのと同じく、冷たくも熱くもない眼差しで。

堤防からさらに少し戻つたところで、南側へ折れる。

と、すぐに寺があり、広い墓地の間に参道が延びて、称名寺と扁額を掲げた山門があつた。それをくぐると、正面奥に、やや小振りだが、洗練された趣の本堂があり、左に二層の塔、右には唐破風の玄関を備へた庫裏があつた。

本堂のほうへ進みかけたが、左手に、立派な宝篋印塔があつた。

「七騎供養塔」

かう刻まれてゐた。そして、やはり菊の花が供へられてゐる。

加古川を挟んで西と東で、いまなほこの七人は手厚く弔はれてゐるのだ。

塔身の正面中央には、智勇院殿とあり、その下に六人の戒名が並び、基壇の部分には、左面から裏を経て右面へと、建立の経緯が漢文で記されてゐる。

大意を記せば、かうである。……供養塔の建立を発願した人は、加古川の小石一つ一つに法華経の一字々々を記して八包も用意したものの、果たさずに没した。そこで有志があとを継ぎ、書き終へた石を埋め、塔をたて完成させた。事件から四百余年、主のために殉じたのは、この七騎ばかりではないが、いまなほ忘れられずにゐるのは異とすべきであらう、とあり、文政三年歳在庚辰（一八二〇）春三月と記し、芸国頼襄撰併書とある。頼襄とは、言ふまでもなく、頼山陽のことである。

『太平記』の片隅に、数行記されただけの戦闘だが、こんなふうにして人々は記憶にとどめつづけて来てゐるのである。過たず、彼ら七人は、「名」を残したのだ。「禽獣に近き振舞」ではあつたが、決して「禽獣の振舞」そのものではなかつた。しかし、その「名」とは如何なるものであらう？

加古川駅へ引き返すと、再び西へ行く電車に乗つた。

先程の橋を左側に見て、川を越え、宝殿《ほうでん》、曾根と過ぎ、三つ目の御着《ごちやく》駅を出ると、すぐ山側に寺があつた。牛堂山国分寺だが、その手前の空地が、旧播磨国分寺跡である。

ここまで逃げて来ると、馬は疲れ果てて動かなくなつた。そこで鹽冶判官らは馬を捨て、山陽道から外れた。

電車の方は、それからまた、鉄橋を渡る。市川である。加古川の三分の二ほどの河幅だが、それでも大きい。

その鉄橋上に開けた展望のなか、山側に、遠く姫路城が望まれた。白鷺城とも呼ばれる純白の天守閣の華麗さは、ここからも明らかに知られる。

一行は、この川の上流を渡り、天守閣が築かれる遥か以前の城山の、さらに北を西へと抜けた。そして、夢前川に出ると、そこから川沿ひに遡り、書写山の東麓から山間へと入つていつたのである。

後醍醐天皇の還幸の先導として、鹽冶判官が書写山の麓を通過したとき、今のやうな身の上となると誰が思つたらう。ひたすら華々しく勇みたち、この道を東へと向ひ、誉れの徴として美女を得たのだが、その美女ゆゑに、同じ道を西へと惨憺たる逃亡をおこなはなくてはならないのだ。

姫路駅の地下の改札口を出ると、すぐに賑やかな地下街である。

カウンター式の食堂を見つけると、飛び込んで、カレーライスを注文する。ちやうど昼時で、人々はいづれも急ぐ様子で、黙々と咀嚼してゐる。

御着で見失つた鹽冶判官の一行を、師義らが再び見いだしたのは、山間をいくらか奥へ入り込んだ置塩《おきしほ》（現姫路市夢前町）においてであつた。狭い山路の上、松が五六本かたまつて生へてゐるのを盾として、鹽冶の郎等三人が踏み留まり、待ち構へてゐた。

山名勢は、一団になつて迫ることができず、一騎づつ上つていつた。それを狙ひすまし、弓勢強く頭上から矢を射かけた。それにはたまらず、次々と射落された。それでもひるむことなく、鎧目をしつかり合はせ、じりじりと進んだ。

カレーライスの皿が出てくると、卓上の容器から紅生姜を摘み出し、飯の上に置く。そして、二口、三口、スプーンを運ぶうちに、紅が湯気に滲みだし、米粒を染める。それを眺めながら、口を動かす。

矢が尽きると、太刀を抜き放つた鹽冶の郎等らは、おめき声を挙げて駆け下つた。

しかし、太刀と太刀との闘ひとなると、かれらは山名の武士の敵でなかつた。簡単に斬り伏せられてしまつた。

が、山名勢にしても、いまや辛うじて立つてゐるのは師義らわづか七人であつた。そして、馬も疲れ果て、傷ついてゐた。

紅生姜を一塊、口にほうり込み、噛み砕くと、コップの水をたてつづけざまに二杯飲んで、店を出た。

鹽冶判官一行は、ようやく山名勢の追撃を振り切ることができたのだ。

五

再び姫路駅の改札口を入ると、播但線のホームへ行く。

二両編成の電車がすでに入線してゐた。

姫路市街を挟んで、西側に、鹽冶判官一行が遡つて行つた夢前川があり、東側には、来る時に渡つた市川があるが、その市川の川筋を、この路線は遡るのである。

来た方へ戻るかたちで発車すると、左手に姫路城が見えた。それを中心にして円を描くやうに、電車は、北へと進路を変へながら単線の軌道を辿る。そして、やがてその円から外れ、市川沿ひに走りだした。

　買物帰りの女たちや女子高校生らが座席を占め、男子の高校生は、所在なげにドアのところに立つたり、車内をうろうろしたりしてゐる。

　運転室の壁に、和田山と、行き先の表示が出てゐた。和田山と言へば、山陰線の駅である。京都を発つと、老ノ坂の北、嵯峨野の奥を亀岡へと抜け、丹波、但馬の山々を越えて日本海側へ出るのだが、その途中の、福知山と豊岡のちやうど中間に位置してゐる。

　丹波道をとつて出雲を目指すとすれば、やはりこの山陰線沿ひの道を辿るのが順当であらう。水運を利用するのなら、城崎あたりからと言ふことになる。

　しかし、鹽冶判官の妻子の一行は、早くも亀岡あたりから西へと道を外れ、最初の夜は、篠山の手前で過ごし、それから西脇、滝野、北條と、少しづつ南へ下りながら、西へと進んだのである。

　これも丹後が、山名氏の領国であつたのを始め、但馬、伯耆にかけて、追手となつた武将たちが勢力を張つてゐたためであらう。できればそのあたりを突破したかつたのであらうが、結局は回避せざるをえなかつたのだ。そして、山また山のなかを、馬を使はず、輿に妻子を乗せて、隠れ隠れ進んだ。

　二つ目の駅を出ると、水でも張つたやうな平地に、小山が浮かぶやうに点々と盛り上がつてゐる。太古は浅い海底でもあつたのだらう。

　その風景も消え、さらに二つ先の、姫路駅から十数分の仁豊野《にぶの》駅で降りた。

　左先の山裾には、最近出来たらしい鉄筋コンクリートの棟が並ぶ住宅団地が見えた。姫路市郊外の住宅地になり始めてゐるのだ。

路線を跨ぐブリッジには、鳩の糞がいたるところに落ちてゐる。下車した生徒たちは、そこを一団になつて駈け登り、駈け降りていく。

自転車に乗つて生徒たちが散つてしまうと、もう人影はなかつた。その駅前の細い道を行くと、すぐ自動車道に出た。国道三一二号である。ここも車が多い。その道を北へとる。

やがて川岸に出た。市川である。先にコンクリートの大きな橋が架かつてゐる。

目的地は、その橋を渡り、東へ一キロほど行つた先の、酒井である。かつて陰山《かげやま》荘と呼ばれた一帯の中心的な集落の一つで、二十四日の早朝に京を出て、丹波道をたどつた鹽冶判官の妻子一行が、二十八日になつてやつと辿り着いた所である。

対岸の橋の袂では、製紙工場が盛んに蒸気を噴き上げてゐる。そのまだらな影が屋根の上に忙しく動くが、さほど上がらないうちに、霧散する。川上にもう一つ工場が見えた。しかし、それ以外は、ひろびろとした河原と、回りを取り巻く穏やかな姿の小山の連なりだけである。

京からここまで、どうして四日もかかつたのだらう。『太平記』の記述では、京を出たのが二十七日で、翌日に到着したことになるが、これは勿論、誤りである。しかし、徒歩で輿を担ぎながら山中を行くにしても、四日もかかる道ではない。多分、あたりを窺ひながら、あちらへ進み、こちらへ退くといつたことを繰り返しながらたどつたのであらう。そして、結局、播磨へ抜け出よりほかなかつたのだ。

橋の上から眺めると、堤防らしい堤防が築かれてをらず、大きな石がごろごろしてゐる広い河原を、気ままに水が流れてゐて、あちらこちらで陽光を反射させてゐる。そして、ほとんどの車は川沿ひの道を行き、こちらへは来ない。そのため、橋全体が真新しい廃墟でもあるかのやうだ。

この川の、わづか五、六キロばかり下流の地点を、夫たちが必死の思ひで渡つて行つてから三日後に、彼女らはその手前に、たどり着いたのだ。

橋を渡り終へ、工場の横を抜け、それにつづく駐車場を過ぎると、あとは水面の平らさをもつて広がる田と畑であつた。

その真ん中を、道が真つすぐ東へ延びてゐる。

彼方は、北側の小山の裾がゆるやかに伸びて、わづかに盛り上がつた低い岡の先端部である。そこばかり、竹藪が茂り、集落が見え隠れしてゐる。

足を早めたが、容易に近付かない。

収穫をおへた田畑は、陽をいつぱいに受け、心地良さそうに横たはつてゐる。どこかに双ヶ岡のやうな乳房を思はせる山容があるのではないかと、見回さずにをれなかつた。遠く近くに折り重なつた山稜は確かに柔らかな曲線を描いてゐる。が、いづれも気まぐれに乱れてゐる。やはり双ヶ岡からは遠く隔たつた地に来たのだ。

その秋の穏やかな褪色の広がりのなか、彼方の竹藪ばかりが、青々と、しなやかなに波打つてゐる。竹藪の蔭に、白く伸びた築地塀と石垣が見えて来た。そして、岡の上には、山門とも鐘楼とも見える背高な建物がある。

桃井直常らの手勢が、この岡を囲んだのである。

彼らもまた、山中をあちらへ走り、こちらへ駆け、ここでやうやく一行を見付けたのだ。しかし、この地形なら、小山に繋がる一方さへ断てば、隙なく囲むのが容易だ。

よほど豊かな寺らしく、築地塀も新しく、入口の一角の石垣は、畳大の御影石を立て並べたかたちになつてゐる。その間へ入つて行き、石段を上がる。

松が両側に植はつた短い参道の先に、見上げるやうな高さの鐘楼門があつた。遠くから見えたのがこれであつた。規矩正しさと軽やかさを併せ持つ建物で、円通寺と扁額を掲げてゐる。それを潜ると、やや殺風景な境内の奥正面に、本堂があつた。鐘楼門に見合ふ規模で、長押などに複雑な彫刻が見られるが、江戸も末期以降の鈍重さがあり、磨ガラスの戸で閉ざされてゐる。しかし、禅宗らしい気配がある。

庫裏が右手にあり、戸が開いてゐた。覗くと、土間が広く、天井からは駕篭がさがり、上り口には、虎を描いた水墨の大きな衝立があつた。竹薮の中、岩を踏んで、こちらを窺つてゐる。

その当時、この寺はまだなかつた。建ち並ぶ民家の陰などに鹽冶の郎党らは潜んでゐたのである。そして、周囲に起つたあわただしい気配に、自分たちの置かれた状況を瞬時に悟つた。もはや逃れる道はない、と。

さうと覚悟を決めた彼らは、傍らの小家へ、判官の妻と幼い子息らを乗せた輿を運び入れ、戸を固く閉ざした。そして、皆々は肌脱ぎになると、決死の戦闘準備に取りかかつたのだ。

声を掛けると、しばらくして中年の婦人が出てきた。さうして、きちんと衝立の前に座る。

鹽冶判官の奥方に所縁のある寺だとうかがつて、参つたのですが、と改まつて言ふと、

いま住職が留守をしてをりますが……、と、ちよつと躊躇するふうであつたが、どうぞと上げてくれた。

広々とした本堂の中央の板の間には、小振りな厨子と、簡素な須弥壇が据ゑられてゐた。その板の間を取り巻くかたちに赤い絨毯が敷かれてゐる。

「薬師観音をお祀りしてをります。秘仏で、お目にかけるわけにはいきませんが」

丁寧に説明してくれる。

右奥の壁に、八号ほどの額が立て掛けられてゐるのに目を引かれた。色彩豊かな鎧兜の凛々しい馬上の武将の絵姿である。

「この間、出雲の方がお持ちになつたものです」

案内されるままに近付くと、絵の写真版であつた。額の上には、「1333年6月、後醍醐天皇を奉じ京都の東寺へ向う鹽冶判官高貞公」、と筆書きされ、下には、「出雲市鹽冶町高貞公650年祭実行委員会奉納」、とあつた。

もう六百六十年余も前のことなのだ。それにしてもこの姿は？　と改めて見詰めた。

『仮名手本忠臣蔵』の鹽冶判官高定なら、絵も舞台写真も豊富だが、出雲や隠岐の守護の鹽冶判官高貞となると、どうであらう。このやうな肖像画が残つてゐるとは、思ひもしないことであつた。かなり腕の確かな画家の手で、大和絵風の筆致でもつて描かれてゐる。松の廊下の逆上した鹽冶判官高定でも、白い裃に威儀をただして腹を切る沈痛な面持ちの浅野内匠頭でもなく、鼻下の髭もくつきりと、威風を雅やかにも爽やかに示してゐる。

これが塔の鳩のやうなくぐもつた声の持主で、閨房でも武骨な男であらうか。決してさうではあるまい。類ひない麗はしさを備へた女の夫として、まことにふさはしい。鹽冶判官がかういふ男であつたからこそ、師直は、歯軋りして、なにをおいても除かねばならぬ、と決心せずにはをれなかつたのだ。

追手たちは、一斉に太刀を抜いて、近付いて来た。

その者たちのほとんどは、双ヶ岡や加古川の騎馬の武者たちと違ひ、具足をつけてゐなかつた。追撃には邪魔なので、捨てて来たのだ。その無防備な胸へ、喉へ、弓を執つた郎党は、思ひ思ひに狙ひを定めて、待ち受けた。

矢が放たれた。

寄手たちはばたばたと倒れた。瞬く間に十一人が絶命し、数知れないものたちが深手を負つた。血が坂を流れ下る。

しかし、すぐに新手の兵が繰り出された。そして、屍を乗り越え、やつて来る。その彼らもまた、喉や胸に矢を立てられ、ことごとく倒れた。が、途絶えることはない。兵たちは、倒れても倒れても、やつて来る。

郎党らは息つぐ暇もなかつた。矢を射て、射つづけた。しかし、寄手はますます数を増すばかりである。後方には続々と到着する者どもの姿が見えた。

この時代、どうして彼らは死を避けることなく、ひた押しに進むのだらうか。雑兵に至るまで、「名」を残さうといふ一念に凝り固まつてゐたのか？

かうなれば、矢種が尽きるのは先のことでない。

八幡六郎は、判官の妻子のゐる小家へ走つた。

戸を開けると、薄闇のなか、妻は目を涙に潤ませ、ひつそりと座してゐた。


アテヤカニシヲリワビ……、我ト消ヌト見ユル気色《キショク》ナル

それにもかかはらず、二人の子を膝にしつかり引き寄せてゐる。

救へるものなら救ひたい、と誰しも思はずにをれないだらう。兼好が机でもつて助太刀したのも、

さうした思ひからだつたし、作者の近松にしても同様で、『兼好法師物見車』では命を永らへさせた。が、忠臣蔵で大石内蔵之助になるはずのこの八幡六郎には、いまや同志を呼び集め、計りごとをめぐらすだけの時間がない。

どうぞこちらへ、と言はれるまま、板の間の外を回つて、左手の奥へ行くと、両側には、位牌がびつしりと何段も並んでゐた。

位牌堂であつた。

そのさらに奥が、ひと間続きながら、開山堂であつた。薄暗く、突き当りの祭壇は煤けて、そこに置かれた仏像の形も、定かには見えない。

寄手たちの間に交はされる声が、こちらまで届いて来る。

「縦《タトヒ》鹽冶判官ヲ討タリトモ、其ノ女房ヲトリ奉ラデハ、執事ノ御所存ニ叶《カノフ》ベカラズ」

桃井直常らが、家来たちに下知してゐるのだ。

「……相構テ其旨ヲ存知セヨ」

繰り返し繰り返し、周知徹底を図つてゐる。桃井らは、師直の鹽冶判官の妻への執心をよくよく承知してゐたのだ。琵琶法師が頼政と菖蒲前の物語を語つた場に、彼もゐたのであらう。それればかりか師直自身、かの女の浴後の様子などを彼に向つて縷々と語つて聞かせたに違ひない。

鹽冶判官は殺せ。

その妻は生捕《いけど》れ。

生捕つて、師直に奉れ。

御意に適ふには、これより外ないぞ。

八幡六郎は、この下知を耳にして、思はず師直の目でもつて、主君の妻を見るのだ。

ここまで四日間、苦しい旅をつうじて、なにかと近付く機会が多かつた。山路を背負つてたどりもすれば、物陰にともに息をひそめたりもした。それだけに、単なる主君の妻といふにとどまらない親しみが生まれてゐたが、しかし、同時に、鹽冶の一族郎等を破滅の淵へと引きずり込む、恐ろしくも呪はしい美貌の女としての在り様を、いよいよ露はにしてゐるのだ。その女人が、いま、この狭い小家のなかで、彼一人に対し、限りなく「シヲリワビ」てはかなくもたをやかな姿を、惜し気もなくさらしてゐる。男として心臓を鷲掴みにされる思ひをしたとしても、不思議はあるまい。

そして、この一時の後には、自分を含め、すべてが血の海に呑み込まれるのだ。


只惘然《バウゼン》トシテゾ居タリケル。


八幡六郎の様子を、『太平記』の筆者はかう書く。領国十ケ国どころか、命を賭けても師直が見たかつたのは、じつはこの女の姿ではなかつたか。浴後の艶姿など、これに比べればものの数でない。それをいま、八幡六郎一人がほしいままに目にしてゐる。

暗くてご覧になりにくいでせうが、と言ひながら、手を伸ばして仏像の右側を指した。そこには、笠と額縁の付いた高さ四十センチほどもある立派な位牌があつた。

われに返つた八幡六郎は、傍らへと寄ると、三歳になる次男ひとりを引き剥がし、抱いて小家を走り出た。そして、近くの辻堂へ駆け込むと、そこにゐた行脚僧に、お前の弟子にしてこの子を出雲まで連れていつてくれ、さうしてくれたなら必ず所領を与へる、と小袖一重を添へて頼んだ。僧が驚きながらも引き受けると、八幡六郎は小家の前へ戻り、皆々に命じた。


「女性少《オサ》ナキ人ヲ差《サシ》殺シ進《マヰラセ》テ、家ニ火ヲ懸《カケ》テ腹ヲ切レ」。


彼ら自身の手で、血の海は招来させなくてはならないのだ。

判官に最も近い血縁の山城守宗村が、深く頷くと、黙つたままさつと小家へ走り込んだ。そして、太刀を持ちなほし、一息に女の胸へ……。

天正本によれば、その「泣シホレタル女房ノ、云バカリナキ其姿」を、この瞬間、宗村も見てしまふのである。それゆゑに彼は、太刀を投げ捨て、涙を押さへ、倒れ伏す。

その宗村に向かひ、女が言ふ、

「刀ヲタベ」

驚いて立ち上がつた宗村は、首を左右に大きく振ると、太刀を取りなほし、「暴《アラ》キ風ヲモ厭ヒニシ、花ヨリモ美シク、雪ヨリモ潔キ御胸モト」へと、切つ先を擬して、再び走りかかる。

そして、

紅《クレナヰ》ノ血ヲ淋《ソソ》キ、ツト突《ツキ》トヲセバ、アツト言声《イフ》幽《カスカ》ニ聞ヘテ、薄衣《ウスギヌ》ノ下ニ臥給フ。

宗村とは、判官の甥らしい。西源院本は、その彼が、「敵ニ主ノ女房ヲ奪レテ、後マデノ憂名ヲ留ンヨリハ、我等ガ手ニカケ奉」らうと考へた、と記すが、これは、ここに立ち到つた、妻自身を含めた一行全員の思ひであり、血縁の彼が果たすべき役割であつた。

当寺開基　水月院円通妙応大姉之位

黒漆塗の艶も失はれてゐないその位牌の表に、金文字でかうあつた。

鹽冶判官の妻の戒名である。その文字の右に暦応二年、左に三月二十八日、と小さくある。『太平記』の一書、あるいは『播磨鑑《はりまかがみ》』（宝暦十二年・一七六二完成）によるのであらう。正しくは、言ふまでもなく暦応四年である。そして、その死が、この寺の創建の基となつたと言ふのである。世の人たちは、かうまでして弔はずにはをれぬ気持になつたのだ。

やや小さいながら、同じやうな位牌が横にあり、そこには、開基の文字はなく、ただかうあつた。

佐々木鹽冶判官頓覚高貞大居士霊位

「お一人では寂しからうと、後に、判官の位牌もお祀りするやうになつたと言ふことです」

さう話しながら、香台を置きなほし、どうぞと線香を渡してくれた。

傍らにあつたマッチを摺り、火をつけると、香の匂ひが濃く漂ふ。


「母御《ハハゴ》ナウ」

五歳になる童子が、血まみれの母に抱きつき、泣き声をあげる。宗村は、その子を片手で抱き上げ、己れの胸に押しつけ、太刀の柄尻を前の柱に当て、それへ向つて己が身を力一杯に投げ付けた。太刀は、過たず童子もろとも、心臓を一つに貫いた。


婦人は、外まで送り出してくれた。

「焚堂《やけだう》といふのが、この寺の裏の方にございます。見ていつてくださいまし」

焚堂なるものがどのやうなものか、説明はせず、ただ、縁起に詳しい役僧がゐたのですが亡くなつてしまいましたと、残念さうに付け加へ、場所を教へてくれる。

山門を出て、石垣沿ひに右手へ回り込むやうに進むと、岡の上の集落へと入つて行く。すると、すぐ石の門柱があり、生垣をめぐらした、一見住宅ふうの一劃があつた。ちやうど庭木の手入れに人が入つてゐた。尋ねると、そこが焚堂であつた。

木陰から手拭を姉さんかぶりにして青つぽい色のエプロン姿の老女が顔を出し、お入りくださいと言ふ。そして、屈めた腰を伸ばし、頭の手拭をとると、色白の、ほつそりしたひとであつた。

「あちらに」

と、指差す方を見ると、庭の中央に堂々たる石碑が立つてゐた。二メートルを超す、いくらか青みを帯びた平滑な石で、頂は丸く整へてあり、亀の背に乗つてゐる。

「陰山焚堂早田妙応夫人之碑」

横にさう刻まれ、下には、縦に十数行にわたつて碑文がつづられてゐる。早田は父の宮のもので、妙応は戒名によるのであらう。

老女は、わたしと並んで一緒に碑面を見上げ、

「うちのひとが生きてをれば、詳しくお話できるのですが」

と、申し訳なささうに言ふ。この間亡くなつた役僧の伴侶であつたひとと分かつた。

碑文は漢文で、まづ　宗村が「民舎」で早田妙応夫人と児を「刺殺」したことなどが記されてゐる。

その最期を見届けた八幡六郎と残る二十二人は、口々にかう言ひ合つた。

「今ハ心安シ」

そして、髻を切り、髪を乱し、大肌脱ぎになると、近くの家々に火を付けて回つた。

煙が激しく噴き出す。その煙のなか、それぞれ太刀を振りかざすと、名乗りを上げた。

「鹽冶爰《ココ》ニアリ」

「高貞是レニアリ。頚取テ師直ニ見セヌカ」

さうして、さんざんに荒れ狂つたのだ。

寄手は恐れて一斉に退いた。すると、面々は、再び血と煤煙で汚れた顔を寄せ合ひ、頷きあつたと思ふと、三人の遺骸の横たはる小家に火を放つた。

火の手が大きく上がる。それを見定めると、その炎のなかへ、次々と駆け込んだ。

そして、

思々《オモヒオモヒ》ニ腹切テ、焼《ヤケ》コガレテゾ失《ウセ》ニケル。


『太平記』の記述である。碑文の方も、「民舎」に火を掛け、八幡六郎ら二十余人がことごとく「自刃」し、焼けた、とあつて、その後、灰の下の遺体を埋めて墳とし、小堂を建てたのが、今の焚堂である、と記されてゐる。

文政二年（一八一九）の建立年月と、建立者の名を見終つたのを見計らつて、老女は、左後の、小型の鐘楼跡とも見える石垣に囲はれた一画を指して言ふ。

「灰が埋められてゐる、と言ふ話です」

亡夫のやつてゐたことを思ひ出しながら、務めてくれてゐるらしい。

石垣は、目の詰まつた丁寧な造りで、四方が二メートル半ほど、高さはわたしの胸ぐらゐで、上面は芝で覆はれてゐる。


焼ハテテ後、一堆《イッタイ》ノ灰ヲ払《ハラヒ》ノケテ是ヲ見レバ、

『太平記』は、かう書き継がれてゐるが、半焼け状態の人間の体ほど凄まじい悪臭を放つものはない。血を嗅ぎ慣れた武士でも、面を背けずにはをれまい。しかし、追手たちは、小家が焼け落ち炎が鎮まると、その跡を掘り返し、折り重なつた二十余の死体を一つ一つ、丹念に改めたのだ。
すると下から、こどもを抱いて一本の太刀に貫かれた男が現はれた。顔は、焼け損じてわからない。その下に、女の死体があつた。

女房ハ焼野ノ雉《キギス》ヲ雛ノ翅《ツバサ》ニカクシテ、焼死《ヤケシニ》タル如ニテ、

いくらかは姿をとどめてゐたのである。流布本は、つづけて、かう記す。

未《イマダ》胎内ニアル子、刃《ヤイバ》ノサキニ懸《カケ》ラレナガラ、半ハ腹ヨリ出テ血ト灰トニ塗《マミレ》タリ。

宗村は、胸ではなく腹を刺したらしい。西源院本や梵舜本は、この記述の箇所で妊娠七月であつたとする。
これが鹽冶判官とその妻に違ひない、と皆々は判断した。そして、首を取ることも出来ぬまま、桃井らはそのまま都へと引き上げたのである。

二十九日丙子、天晴、今日聞、隠岐大夫高貞陰山自害云々、不便々々、為之如何

『師守記』の一節である。この記録によつて、鹽冶判官高貞も、この地で死んだと、多くの歴史家はする。今日の日本史事典などもさうなつてゐる。しかし、これは事件の翌日、京で大外記の中山師守が耳にした情報がかうであつたと言ふに過ぎない。そしてこの時点では、鹽冶判官の郎党らが死でもつておこなつた企みは、成功したのである。

「どうぞお茶を」

その声に振り返ると、御堂とも住居ともつかぬ古びた建物のなかに、老女が座つてゐた。

瓦を置いた屋根は反りを見せ、白壁はところどころ剥げ落ちてゐるが、どことなく繊細な趣がある。梵堂である。

植木の職人さんにあがつてもらうものですがと、用意のできた茶菓を指して、老女が繰り返し勧めるので、縁に腰をおろす。縁の内側の座敷は六畳ほどで、奥正面に小さな仏壇があるばかりである。その裏が台所になつてゐる様子で、仏堂といふより、つつましやかな住居の気配である。

茶碗をとると、いい薫がほのかにした。

美味しいお茶ですね、と言ふと、

「この前、出雲の方が送つてくださつたんですよ」

さう答へて、この春、鹽冶判官所縁の人たちが、出雲からバスで訪ねて来たことを話す。

鹽冶判官本貫の地には、いまだに彼を忘れずにゐる人々が少なからずゐるらしい。本堂にあつた額や絵も、その人たちが持つてきた、とさきほど聞いた。

老女は、菓子を勧めながら、石碑を建てた子孫が、いまも近所にゐて、祖先伝来の同じ名を名乗つてゐること、もともと碑は、石垣の塚の上に建てるはずだつたができなかつたことなどを、ぽつりぽつりと話す。

そして、戦争中、防空壕をつくらうとして、石垣の裏を掘つたところ、黒い土が出てきたが、灰かどうか、よくはわかりませんでした、と言ひ、「ちやうどこの指ぐらゐ」と、意外にすんなりとした人差し指を立て、

「黒く焼けた仏さんがお寺にあると言ふことですよ。お寺の奥さんからうかがつたのですが、判官さまの北の方の持仏で、運慶といふ大変偉い仏師が造りなすつたお薬師さまだとか。秘仏なので、見せては頂けませんが」

さうした話を聞きながら、縁先から庭を改めて眺めた。

中心に据ゑられた碑を除けば、贅沢な住宅の庭のたたずまひである。これだけにするには、それ相応の情熱を日々傾けなくてはなるまい。それにしては、建物が小体である。不思議に思つて訊ねると、曹洞宗で妻帯が厳しく禁じられてゐた時代、円通寺の住職がここに妻子を住まはせてゐたと言ふ。なるほど、建前上、秘密の家庭をここで営み、家屋を本格的なものとする代はりに、庭に手を入れたのだ。

しかし、この場所で、その禅僧は、どのやうな思ひで隠し妻を抱いたのだらう。

美超百花　艶絶万人

もう一度、碑面の夫人を形容する文字を眺めてから、辞さうとすると、すぐ近くに袖かけの松がありますので、ご案内しませうと、老女が腰を上げる。

門を出て、南側の土塁に沿つて進み、西の端を左へ折れて、緩やかな坂をわづかに下ると、竹藪の

手前、左側に石垣が築かれてゐた。

その石段を上がると、地蔵堂で、右横に赤錆びたトタンを乗せた、二抱へもありさうな枯木の切り株があつた。樹皮はほとんど剥がれ、根も朽ちて浮き上がつてゐる。兼好旧居跡の老木の、さらに何十年も経た後の姿のやうだ。

傍らに石柱があり、かう刻まれてゐた。

焚堂　加をよござん　袖かけの松

焚堂の碑の建立者は『太平記』に拠つてゐたが、こちらは、『仮名手本忠臣蔵』を初めとする浄瑠璃や歌舞伎、あるいは読本に馴染んだ人の手になるのやうだ。

「これをご覧ください」

エプロンのポケットから、老女は一枚のコピーを取り出し、渡してくれた。

文政四年（一八二一）とあるから、焚堂の石碑が建立された二年後になるが、その年に板行された、円通寺住持の筆になる「円通寺開基略縁起」であつた。

後醍醐天皇の皇子早田宮の息女、妍御前、となつてゐる。ここでは、後醍醐天皇との血縁関係が一段と濃くされ、名も、文字は違ふものの、同じく「かほよ」である。その女が、師直の兵に追はれてここまで来たとき、「此の松心あらバ、我名をして永朽ざらしめよと、片袖を松に掛け」たのだといふ。その松が、「今に袖掛松と称して繁茂せり」と記されてゐる。

これよりも六十年ほど前に刊行された『播磨鑑』を見ると、「廟所の印に老木の松有」と出てゐるから、その間に、墓の印が袖掛松になつたことが分かる。

老女と別れ、坂を下り、田圃のなかの道をしばらく進んでから振り返ると、傾いた陽を受けて、坂の上に老女の曲つた背が、ぽつんと小さく見えた。夫をなくした独り居の日々の重さが、そこに畳み込まれてゐるやうに思はれた。

もしかしたら彼女の夫の役僧は、物語僧の末裔だつたのではないかと、考へた。

小嶋法師は、備前岡山の児島を本拠とする山伏であつたとも言はれてゐるが、その児島と老ノ坂を経て京の西陣とを結ぶ道筋に、このあたりは当たるはずである。それに物語僧がもつぱら属したのが曹洞宗だが、この円通寺は曹洞宗であり、かつ、同宗同名の有力寺院が、同じ道筋で、さほど遠くない丹波の氷上町にあるのだ。足利義満の帰依を受けたと言ふ名刹である。多分、そちらが本寺であつたのであらう。そして、その寺院は、篠山の北に位置する三嶽の修験道と深く結びついてゐた歴史を持つ。

老女の姿が消えた。角を曲がつたのだ。その見えなくなつた背と、すでに遠く去つた物語僧の背とが、重なるやうに思はれてくる。

六百五十年ほど前になるが、その物語僧が、『平家物語』や『太平記』の幾つかの段を語りながら、児島と西陣の間を行き来してゐたのだ。そして、あるとき、この陰山の地で鹽冶判官の妻の最期をつぶさに聞き、自ら語り出した……。

この地にもう一つの円通寺が建てられたのも、さうしたことがあつてではないのか。鹽冶判官の妻が開基だとは、さう言ふ経緯を語つてゐるやうに思はれる。すなはち、物語のなかから、この寺は造り出されたのだ、と。

それにしても、鹽冶判官の妻の死は、なんと多くの死に取り巻かれてゐることだらう。子と縁者と一族の郎党たち二十余人、それに数限りない追手たちの死。彼らは如何なる「生」と「名」を残したのか。

市川の流れは、行くときと違つて、光を失ひ、冷え冷えとして、赤く色づき始めてゐた。鹽冶判官の妻子たち一行は、ついにここを越えることがなかつたのだ。森閑とした橋の上に立ち止まつて、川面を見つめる。一行の死を、夫の判官が知るのには、まだ日数がある。が、師直は、早々に報告を受けた。「ワナワナト振ヒ」、昏倒したかどうか、その記録はない。

六

姫路駅に戻つて、先に紹介されてゐた出雲の地元史家のAさんに電話を入れた。鹽冶判官由縁の地を近日中に案内してほしいと、希望を伝へてあるのだが、けふのところは、円通寺で見た鹽冶判官高貞の肖像画と、バスを仕立てて訪ねて来たと言ふ人たちについて、訊ねようと思つたのである。

電話に出たAさんは、しかし、お待ちしてをりました、といきなり言つた。

じつはいま姫路に来てゐるのですが、と話し出さうとすと、八時に岡山発の特急にお乗りになれば、今夜中にいらつしやることができます、駅前に宿をとつて置きませうか、とかねてから心算してゐたらしく、てきぱきとした言葉が返つて来た。

いいや、さうではないのですが、と言ひかけて、咄嗟《とっさ》に、いい機会かもしれないと、思ひ返した。出なほすとなると、いつのことになるやら分からない。

それではよろしくお願ひしますと答へて、高貞の肖像画を見ることができるなら見たいとだけ、付け加へて、電話を置いた。

　思ひがけない成行きで、今夜中に出雲まで行くことになつたのが信じられない気持だつた。喫茶店で一息入れて、旅程の変更を自宅に連絡し、七時過ぎに「こだま」に乗る。

　発車して十分ほどで、列車はもう次のホームへと滑り込む。

　蛍光灯の青白い表示に、

「播州赤穂乗り換え」

とあつた。

　浅野内匠頭の居城のあつた地が、この相生駅から在来線で十数分のところにあるのだ。瀬戸内海に面した裕福な塩田地帯である。

　大石内蔵助に主税、それに大野九郎兵衛らさまざまな浅野家の家臣たちが、穏やかな日々を送つてゐたのだ。そこへいきなり、内匠頭の刃傷、切腹の報がもたらされ、赤穂城明け渡しの決定となつた。吉良上野介の横恋慕から起つた事件だと言ふのが、『仮名手本忠臣蔵』の設定だが、『太平記』では、天下を睨んだ師直の激しい恋ゆゑである。そして、いまや行き着くべきところへ行き着かうとしてゐるのだ。

　次が、もう岡山であつた。

　人気の少ないコンコースで、伯美線の乗場はどこだらうと、表示を捜してゐると、「宇野線・児島」の文字があつた。わたしは一瞬、これから自分がそちらへ行かうとしてゐるのだと思つた。そして、まづ児島へ行き、小嶋法師なる人物の気配なりをいくらか窺つて、それから赤穂へ回れば、具合ひがよささうだ、と……。

しかし、小嶋法師と赤穂とはおよそ関係がなく、多少の係はりが出来るのも、いまわたしが追つてゐる事件から、四百年の年月が経過してから後なのである。

出雲市行きの特急は、乗り込むと、間もなく発車した。乗客はまばらである。

倉敷を過ぎると、進路を北へと変へる。

やがて中国山地にかかつたらしく、窓の外には灯がほとんど見えなくなつた。

その濃い闇に塗り込められた窓ガラスに、車内の様子がぼんやり浮かんでゐるのを、間断ない動揺に身を委ねながら眺めてゐると、自分がいまどこにゐて、どこへ行かうとしてゐるのか、分からなくなつて来る。伯美線といふ軌道を外れて、どこか遠くへ漂ひ出してしまつたやうにも思はれるのだ。

そして、自問せずにをれなくなる。今、わたしは平成の時代に間違ひなく身を置いてゐるのか？どこか遠い別の時代へ紛れ込んでしまつてゐるのではないか？　なにしろ六百六十余年も以前のことに思ひを巡らしつつ旅をしてをり、かつそれはまた、三百年ほど前、元禄の一連の出来事とも絡みあつてゐる。さうした錯綜した流れと、このわたしが現に身を置いてゐる時とが、どのやうに係はつてゐるのだらう？　もしかしたら思ひもかけない潮流に攫はれ、とんでもないところへと押しやられてゐるかもしれない……。


世に語り伝ふる事、まことにあいなきにや、多くは皆虚言なり。

『徒然草』第七十三段である。その「世に語り伝ふる」「虚言」に導かれて、わたしはいま、闇のなかをあてどなく漂つてゐるのかもしれない、とも考へる。

双ケ岡でのことも加古川でのことも円通寺でのことも、いづれも物語僧や近松などといふ浄瑠璃作者が、思ひつくままに語りなした、およそ実のない「虚言」ではないか。その「虚言」が「虚言」を生むままに語り継がれて来てゐる……。

不意に目の前に明るい窓が浮かんだ。頭髪の薄い小柄な男が、その枠のなかで欠伸をしてゐる。

山間の灯のないプラットホームの向う側に、行き違ふ列車が停車してゐたのだつた。缶ビールが三本、窓際に並んでゐて、男が過ごした無聊の時間を示してゐる。

その無聊の時間を、多分、これからわたしが過ごすことになるのだ。それがどのやうなものか、見定めようと目を凝らすと、横へ滑り始めた。互ひの列車が動き出したのだつた。男は黒つぽいジャンパーを羽織つてゐる。もしかしたら、赤い鼻緒の下駄を突掛けてゐるのではないか、と思ふ。

闇が、再び窓ガラスに貼り付く。

その向う側を覗き込めないものだらうかと、顔を寄せると、闇の中、一段と黒々としたなにものかがむらむらと縺れ塊つては、次々と後へ流れて行く。

物語のなかに現はれては去つて行つた者たちかもしれない、と思ふ。じつに多くの、数へきれぬ死んだ者たちである。蓑の毛のやうに矢を射立てられながら荒れ狂ひ、立つたまま腹を切つた男を始めとして、燃える小屋につぎつぎと駆け込み、腹を切つた者たち。鹽冶の郎党たちの放つた矢につぎつぎと射止められ絶命した追手の兵たち。それから、鹽冶判官の弟六郎とその配下、そして、判官の妻に八幡六郎、宗村ら。これから物語の赴く先、また、多くの者たちが死んで行かうとしてゐる。

その彼らは、よく「名」を残しただらうか？　名もない雑兵たちは、残さうにも名そのものがなかつたのではないか？

不意に灯が現はれて、山間に伸びる道が照らし出された。その長く伸びた道を、灯が動いて縮めて行く。車のヘッドライトであつた。

妻子とそれに従ふ郎党の無残な最後も知らず、この山地の闇のなかをひたすら駆けつづける鹽冶判官の一行の姿が浮かぶ。

雑兵であらうと、ひとである以上、名のない者はゐなかつたはずである。殊に生死を賭け行動を共にする者たちの間では、ひとりひとりが間違ひなく「名」を持つてゐた。そして、その一員が死ぬと き、仲間の者たちは、その「名」を必ず語り継いだ。死に方によつては、仲間に限らず、一党から一族、一国の者たちと、語り継ぐ者の輪が広がつた……。

「名」を顕はし、「名」を伝へるのは、結局のところ、語り伝へられることによつてであり、物語の領域においてなのだ。勿論、ささやかな雑兵の「物語」は、簡単に歴史の波間に泡となつて消える。消えるが、しかし、その者の命が絶えた後も、しばらくは、仲間の者の「物語」のなかに生き永らへるのだ。彼らが死を恐れず、死へと跳び込むやうに突進するのは、これゆゑだつたのではないか？ 激しく矢を射掛けられながらも渡河し、次々倒れる仲間を乗り越えて判官の妻が隠れる岡の上の小屋を目指すのも、「物語」のなかへ、命に替へて己が「名」を投げ入れる行為だつたのであらう。

「禽獣に近き振舞」をことゝする武士たちこそ、じつは「手書」たちよりも、はるかに「物語」に命を賭けてゐたのだ。

『太平記』と題された大部の軍記物語は、じつはその投げ入れられた「名」を受け止める装置であつたのであらう。一介の雑兵から名だたる武将、将軍、そして天皇に至るまで、無数の人たちがそれぞれに己が「名」を投げ入れつづけ、それが膨大な「物語」へと成長して行つた。

窓ガラス一枚外の闇には、「物語」がぎつしりと詰まつてゐる、と思つた。そして、じつはいま、わたしはこの車輛ごと、無数の「物語」によつて持ち上げられ、『太平記』の書き手が作り出した一つの流れに従つて運ばれてゐる、と……。

なほも窓の外を覗き込むやうにしてゐると、車輪の音とともに、切迫した馬と男たちの息づかひが聞えて来るやうであつた。

彼ら鹽冶判官の一行は、さうして、三月も末日になつて、やうやく国境を越え、出雲の国へ入つた。追撃を振り切つてから、五日後のことである。

七

出雲の朝は雨だつた。

秋の終はりは、これが普通の天候でして、とホテルのフロントの男が申し訳なささうに言ふ。

十時前、Aさんが車で迎へに来てくれた。

タートルネックの鼠色のセーターに、同じ色のジャケットを羽織つた、白髪で、痩身のひとであつた。数年前に市の教育委員会を定年退職したとのことだが、意外に若々しい。

初対面の挨拶を交はすと、すぐに参りませうと、先にたつ。何事でも手早く片付けずにをれない性格のやうである。

しかし、運転は慎重だつた。

車が出雲駅の前を通り過ぎると、

「このあたりがもう鹽冶町です」

と、言葉すくなに教へてくれる。

鹽冶判官の「鹽冶」が、地名として現にあることが、不思議に思はれた。浅野内匠頭の舞台上の名だとの思ひ込みが強いからだ。パチンコ屋や八百屋が軒を並べ、どこにでもありさうな地方小都市の佇まひである。

踏切りを渡つて、南側に出ると、鹽冶幼稚園、鹽冶医院などの看板が目についた。

地図を開いて見ると、南側のほとんどが、鹽冶町をはじめ、鹽冶原町、上鹽冶町などと、「鹽冶」を町名の一部に持つてゐる。出雲の旧市街地の半ばが、かうなのだ。

「斐伊川《ひいかは》の河口には、藻の茂つた水溜りが多く、それを『ヤムヤ』と呼んだのです」

Aさんはゆつくりした口調で話し出した。

「それが地名の起りで、『止屋』と書いたのですが、神亀三年（七二六）に好字を用ひよとの大和朝廷の命によつて、『鹽冶』に改めました。しかし、平安朝中ごろまでは、なほも『ヤムヤ』と訓じてゐたといふことです」

神亀といふ千二百七十余年も前の年号が、ごく自然に口にされるのに、改めてこの土地の歴史が思ひやられた。神話時代にそのまま繫がつても不思議はないところなのだ。

停車したのは、山門の前であつた。神門寺《かんどじ》と柱に板が下がつてゐる。

境内は広く、堂々とした規模であつた。本堂は、量感のある銅葺の屋根をゆつたりと広げ、回縁は背丈に倍する高さだ。いきなりこのやうな寺が目の前に現はれると、圧倒される。

建物そのものは江戸時代とのことだが、創建は、どれだけ溯れるか、簡単には言へないやうである。『出雲風土記』によれば、鹽冶を含めた八郷を神門郡と称したが、その中心地がここなのである。始めは神社が営まれてゐたはずだが、長い歴史の中で、寺に替はり、いま目にする建物となつたのだ。

山門を潜ると、すぐ左手の茂みへ導かれた。

幸ひ小雨で、下は砂地だつた。

茂みのなかに、五輪の石塔があつた。目の高さで、笠の傾斜が急なずんぐりした形で、室町時代も早い時期のものらしい。風化が進んでゐて、表面のあちらこちらが剥落してゐる。

「確かな証拠はありませんが……」

Aさんは、さう断つて、

「高貞の墓だと言はれてをります」

語尾まではつきりと、不確かさを不確かさとして言ふ。可能な限り事実ありのままを、正確に伝へようとしてくれてゐるらしい。案内してもらう側として、まことにありがたい。それにしても、「高貞」と言ふ呼び方が珍しく感じられた。鹽冶の地なればこそ、かう呼ばれるのであらう。

両側の花入には、菊が盛大に盛られ、背後には真新しい卒塔婆が二本立てかけられゐる。右に鹽冶判官頓覚大居士、左には水月院円通妙応大姉と、墨で黒々と書かれてゐる。

「この神門寺の過去帖には、高貞にかかはる記録は一切ありません。そこで陰山の円通寺にある位牌の戒名を、そのまま使はせてもらつたのです」

さう言ひながら、傍らの真新しい表示柱の文字、「鹽冶判官高貞公六百五十年祭実行委員会」を指して、

「わたしもこの委員会の一人です」

と、言ふ。Aさんもバスで焚堂を訪れた一行の一人なのであらう。確かめようと思つたが、Aさん

は踵を返して、本堂横の、老杉が立ち並ぶ広い墓地の方へさつさと行く。

双ヶ岡麓の墓地も広かつたが、こちらはその数倍もある。そこへずんずんと入つて行き、先程のとよく似た古い五輪の石塔が幾基も並ぶ前に立ち止まると、言ふ。

「鹽冶一族のものと思はれます」

木蔭になるため、いづれも一面に苔がついて、傾いたり、笠が外れてゐたりする。

Aさんは、手前の狭い溝をひよいと飛び越えると、笠が外れ、剥き出しになつた塔身の凹みに手を入れて見せ、

「ここに遺骨が収められてゐたはずですが、わたしが最初に見たときから空つぽでした」

そのAさんの身軽さに驚きながら、「最初に見た時」とはいつのことですか、と尋ねると、

「さあ、はつきりとは覚えてゐませんが、小学校には上がつてゐたと思ひますねえ」

と答へる。

幼いときから、この墓地を遊び場にしてゐて、幾度となくその穴の中を探つて来てゐるのだ。そして、市の教育委員会の職員になつてからは、学術調査に携はつた。地元の人の、地元の文物との付き合ひは、かういふものなのかと、思ひ知らされる気持であつた。

寺の前からは、再び車で東へ走る。

数分で、小山に突き当つた。ちやうど正面に石の鳥居があり、「鹽冶神社」と扁額が挙がつてゐる。

その左横の急な坂を、一気に登る。

停まつたのは、本殿の横であつた。

流造の、これまたかなりの規模の、細工も確かな建物が、床高に建つてゐる。その前の拝殿は、入

母屋造で、上窯のかかつた黒瓦を置いた、反りのある屋根の本格的な建物である。村落の鎮守といつたものではない。

　石畳が敷き詰められた正面参道の降り口のところまで行くと、はるか下へと石段が続いてゐるのが見下ろせた。しかし、その上に木々が覆ひ被さるやうに繁つて、展望はきかない。が、下りきつたところから真直に伸びる濡れた道が木隠れに見えた。いま車で走つてきた道である。

「あの道を三百メートルほど戻つて、左へ少し入りますと、高貞が寄進したといふ記録の残つてゐる、鹽冶八幡の跡があります。その八幡や他の社を幾つかを集めて、明治にこの社殿が出来たのです」

　並んで立つて、Aさんが説明してくれる。

『出雲風土記』には、鹽冶社、鹽夜《えんや》社、夜牟夜《やむや》社の名で、五つもの社が記載されてゐるが、それらがここに合祀されたのである。

　それにしても、この社殿と言ひ先の神門寺と言ひ、規模から考へてこのあたりはずいぶん豊かな土地柄だと思はれる。

　脇に掲示板があり、祭神が書かれてゐた。鹽冶毘古命《やむやひこのみこと》、焼太刀大穂日子命《やきたちひもりおほひこのみこと》などとあり、末尾に、鹽冶判官高貞命とあつた。

　鹽冶毘古命は、大国主神と多紀理毘売《たぎりひめ》命との間に生まれた阿遅須枳高日子命《あじすきたかひこのみこと》の子で、『出雲風土記』にも鹽冶郷に居ます神として記されてゐる。焼太刀大穂日子命は、多分、刀鍛冶に係はる神であらう。砂鉄を豊かに産した土地ゆゑに違ひない。

　いま斐伊川は、宍道湖に流入してゐるが、かつては日御碕からこのあたりまで入り込んでゐた海へ流れ込んでゐた。その流れが土砂を運び、肥沃で、砂鉄などの採れる土地を生み出したのだ。「ヤムヤ」の形成だが、これよりさらに以前は、日御碕から美保関に至るまでの地域――出雲大社や中畑薬師、松江城のある、宍道湖や中海の北側――は、本土から離れた島であつた。それが「ヤムヤ」によつて地続きになつた。これが国引きの神話のもとらしい。

さうした古代での変動を考へてゐると、展望はきかないものの、ここから広大な一帯が見渡せるやうな気持になる。

河船ノモソロソロニ、国来《クニコ》国来ト引キ……

『出雲風土記』の国引きの一節で、川の曳船のやうにゆつくりゆつくりと、国よ来い国よ来いと引いて来て、縫ひ合はせたのだと記されてゐる。日御碕から美保関までにとどまらず、西は三瓶山から東は大山にまでとなつてをり、鹽冶の地は、その地域の西に寄つてゐるものの、要をなすところであつたのである。

国引きの一節には、「新羅ノ岬ヲ、国ノ余リアリヤト見レバ」ともあるが、この地の人たちは、太古の昔から、朝鮮半島も視野に入れてゐたのだ。三百艘からの水軍を擁してゐた鹽冶判官高貞が、当時の武将たちの中でも抜きん出てさうであつたのは当然だらう。

その彼の目の前で、後醍醐天皇の隠岐脱出といふ事件が起きたのだ。

ここでは鹽冶判官も神様なんですね、とAさんに言ふと、Aさんは答へずに、拝殿の方へ行き、軒下で傘をすぼめて、どうぞこちらへと招いた。

拝殿前の階段に並んで腰を降ろすと、手にした封筒から手札型のカラー写真を一枚取り出して、渡してくれた。

　牛車を中心とする武者や公卿たちの行列を描いた、大和絵風の色彩豊かな絵を撮影したものであつた。その大勢の人物の顔は、小さくてよく分からない。裏返すと、荻原達義筆「後醍醐天皇京都遷幸の図」伊勢神宮徴古館蔵とあり、昭和八年に描かれた国史画の内の一点、百号、と書き添へられてゐた。

「円通寺にわたしたちが持参した肖像の元の絵が、これです」

と、言つた。

「左端、行列の先頭に、黒い馬に乗つた鎧兜の武将が描かれてゐますでせう。その武将を拡大したのです。『太平記』に、後醍醐天皇の京都遷幸の際、鹽冶判官高貞が先導を勤めたと記されてゐますね。画家も、その記述に従つて描いたのだらうと、推量しまして、さう特定したんです。他に確かな証拠があつてのことでは、まつたくありません」

　またAさんの口癖が出たな、と思ひながら、昭和の画家の想像によると分かると、いささか落胆せずにゐられなかつた。

「高貞についての確かな史料は僅かしかありませんし、口承の類となると、皆無ですねえ。だから、この絵の絵かきさんが、どれだけ確かな材料に基づいて描いたのか、分かりません」

　わたしの気持を察してか、ちよつと気の毒さうに、しかし、念を押すやうに言ふ。

　濡れて鈍く光を反射してゐる敷石の上に、間を置いて、雨滴が弾けるのを眺める。

　しかし、確かな証拠がないと繰り返しながら、Aさんも、他の地元のひとたちも、はるばる伊勢まで、昭和の絵だと承知しながら、出かけて行つたのだ。鹽冶判官の姿を自分の目でしかと見たいとの望みは、わたしなどよりも遥かに強いのだ。

小山を下り、鹽冶八幡の跡に寄つて、石碑などを見てから、かつて居城のあつた小高い学校の傍らを過ぎ、鹽冶家の墓がある浄音寺へと回る。

神門寺とは違つて、ごく小さな寺であつた。その雑然とした墓地に、大きな石塔があり、開基鹽冶氏塔と刻まれてゐる。この寺を鹽冶氏が開いたとされてゐることから、後年になつて建てられたものであつた。

「事件の後は、弟が鹽冶の家を受け継いだんですが、尼子氏によつて、結局、出雲の鹽冶家は断絶してしまひました。しかし、他国に散つた子孫は続いてゐて、いまでも本家の方が、横浜にをられます」

Aさんは、さらに言葉を継いで、

「陰山から行脚僧に連れられて落ち延びた次男ですが、その後裔だと言ふ方が、鳥取県の東郷にをられて、先年お参りに来られました」

本当ですか、と驚いて、尋ねると、

「あくまで伝承ですから、真偽のほどは分かりません」

Aさんは、冷静に答へる。そして、言ひ添へた。

「ですが、この鹽冶といふ土地を治めてゐた、鹽冶と名乗る一族が存在してゐたことは、疑ひありません。もつとも、高貞といふ個人の存在となると、はつきりはしませんがねえ」

雨がやや強くなつて来た。

そのなかを宍道へ向ふ。

東へ十六、七キロ、出雲市と松江市のほぼ中間に位置する、宍道湖畔の町である。

視界が悪く、少し離れた山々がすつかり霞んでゐる。

「春もこのあたりは雨が多いんです」

高貞が出雲の国に入つたのが旧暦の三月も晦日であつたことを念頭に置いて、言つてくれてゐるのであらう。さうだとすれば、その日も、かうした天候であつたかもしれない。

斐伊川を渡る。

別にとりたてて言ふべき特徴のない、あまり大きくもない川だが、国引きの神話の大本となつた川である。そして、須佐之男命が、箸の流れ下つて来るのを見て川上へと上つて行き、八岐大蛇を退治したのも、出雲建が倭建命に騙し討ちにされたのも、この川でのことであつた。出雲神話の中心なのである。

しばらく走ると、左側が斐伊川の河原になつた。遠く向うの方に、ぼんやりと灯の列が見えた。出雲空港の滑走路の灯である。まだ正午前なのに、それが夕暮のやうな印象を与へる。

反対側は、丘陵と言つてもよい低い山々で、雨にもやつたなか、すがれた姿を気紛れに浮き出させ、ところどころ秋の濃い紅や褐色を滲ませてゐる。

やつとの思ひで、出雲の地を踏んだ鹽冶判官の一行は、中海の南の山中に位置する富田城を目指した。富田城は、後に尼子氏の根拠地となつたやうに、地の利に恵まれた、守りの堅固な城である。そこへ入りさへすれば、幕府の大軍を迎へても、やすやすと敗北することはない。

が、師直の手はすでに回つてゐた。陰山で妻子もろとも自害したとの報はいち早く訂正され、反逆者追討の幕府の指令が、出雲のすみずみまで行き渡つてゐたのである。鹽冶家は、先にも触れたやうに出雲佐々木氏の一族で、その縁に繋がる者たちは出雲一帯に広がつてゐたが、彼らは、いづれも門を固く閉ざし、判官一行を迎へ入れようとしなかつた。富田城もまたさうであつた。

他人ハ云ニ不及《オヨバズ》、親類骨肉迄モ欲心ニ年来《トシゴロ》ノ好《ヨシミ》ヲ忘ケレバ、

『太平記』にはかう記されてゐるが、その彼らは、一行を拒んだだけではない。

兵共《ツハモノドモ》、道ヲ塞《フサ》ギ前ヲ要《ヨギツ》テ、此ニ待《マチカ》彼《シコ》ニ来《キタリ》テ討ントス。

播州、美作、伯耆など、これまで通り過ぎて来た他国よりも、はるかに苛酷な態度に出たのだ。縁に繋がる者としては、縁のない者たちよりも却つて一段と厳しい態度をとらなくては、我が身が危ないのだ。

月が変はり翌一日になると、山名伊豆守時氏に右衛門佐師義らも三百余騎の手勢を従へて、安来に乗り込んで来た。取り逃がした判官を、本拠地で殲滅しようと決意してのことだ。

安来は、富田城から飯梨川を中海へ下つたところに位置し、かつて鹽冶判官高貞が千騎の兵とともに、多数の船を浮かべ、船上山の一戦の帰趨を見守つたところである。そして、鎌倉の御家人として後醍醐天皇の許へ最初に馳せ参じ、京へと躍り出る道筋を開いた。が、その拠点も富田城も、ともにやすやすと抑へられてしまつてゐたのだ。

高貞一日モ身ヲ隠スベキ所無ケレバ

帰り着いた自国で、かういふ状況へ一気に追ひ込まれたのである。

一行は、最後の拠り所、鹽冶を目指すよりほかなくなつた。しかし、行き着いたところで、なんらかの成算があるわけではない。

いつの間にか左手に、水面が広がつてゐた。宍道湖である。わづかなうねりが見えるばかりで、あくまでも穏やかで、目を凝らせば、雨滴が描く無数の波紋が見えさうだ。

「このあたりが佐々布です。そこの山の、奥になりませうか」

ハンドルから右手を放して、Aさんが指さす。

いよいよ父母の地、鹽冶へ行き着けるかどうかもあやしくなつて、高貞が陣を構へようとしたのが、佐々布だつたのである。鹽冶からは、直線距離で十二、三キロほどだが、その僅かな距離を突切れるかどうかが、心もとなくなつてゐたのだ。それに、たとへ無事に突切つたところで、平地にある居城では、包囲陣の中へ飛び込むやうなものである。

湖岸に姿をさらすのを避けながら、なほも沿ふやうにして、高貞は、山間を西へと馬を急がせてゐた。従ふのは、いまや三十騎ほどである。その彼らに出会ふべく、わたしたちは佐々布の北麓を東へと車を走らせる。

湖面は、ますます穏やかで、繋がれた小舟が、ぼんやりと薄墨色一色になつて浮かんでゐる。

なにがなんでも佐々布で一戦を交へよう。それが武士としての意地を見せる最後の機会だ。さう心を決めて、高貞は、木村源三ひとりを残して、手勢全員を先へやつた。一刻も早く態勢を整へようとしてのことである。

宍道の町に入る。

ひつそりした家並みである。一気に走り抜けて、湖へ張りだした小山の鼻先を回る。そして、すぐ右へ折れ、ほぼ平行する山陰線の踏切を渡る。

と、少し高くなつた先に、宍道中学校の校門があつた。車は、そのまま門を入り、鉄筋二階建の校舎に沿つて、右へと進み、角を折れて、停つた。

佐々布から谷ひとつ隔てた、東へ二、三キロのところである。

校舎の裏は、中学校とは思へない広いグラウンドであつた。一段低くなつてゐて、西側の緩やかな山の斜面に、土止めを兼ねたコンクリートの観覧席が長々と伸びてゐる。そして、観覧席が切れたその先、半ば削られた遥か向うの岡まで、グラウンドは広がつてゐる。

「少し前まで、このあたりは一面に田圃だつたんです。深い泥田でしてね」

傘をさしたAさんは、観覧席の端を歩き出した。その後にわたしは従ふ。水捌けに注意して造成されたのか、グラウンドに水溜りは見当らない。

グラウンドの奥の岡の背後には、小山が幾つも折り重なつてゐる。

その小山の間を縫つて、細々と通じてゐる山道がある。そこをただ一騎、遅れる木村源三を気にしながら、高貞はやつて来たのだ。

長い観覧席が終はつたところで、Aさんがわたしを待つてゐた。近づいて行くと、

「多分、このあたりのグラウンドの下の田圃だつたらうと思ひます」

と言つた。

一瞬、なんのことか分からず、Aさんの顔を見ると、

「このすぐ上に首塚があります」

そして、右手の山への小道を上がつて行く。

わたしは立ち止まつて、改めてグラウンドを見た。足元に整地用の熊手が投げ出されてゐて、雨に濡れてゐる。

一人の男がよろよろと、その高貞の前に駆け寄つたのである。男は、喘ぎながら、

「……御台《ミダイ》ヲモ公達《キンダチ》ヲモ皆差殺シ進《マヰラセ》テ、一人モ残ラズ腹ヲ切テ死テ候也」

判官の妻子に従つてゐた若い中間《ちゆうげん》で、陰山での最期を報告するのだつた。

「是ヲ申サン為ニ甲斐ナキ命《イノチ》生テ、是迄参テ候」

かう言ひも果てず、男は、刀を抜くと、自らの腹へと突き立て、馬前に突伏した。

高貞は、馬上からその男の言動を見てゐたが、やがて静かに東の空を振り返つた。さうして、

「時ノ間モ離レガタキ妻子ヲ失《ウシナハ》レテ、命生テハ何カハセン」

かう嘆くと、激しく歯軋りして、

「七生迄師直ガ敵ト成テ、思知センズル物ヲ」

叫びながら鐙を踏ん張つて突立つと、前をくつろげ、太刀を逆手に握り、腹に突き立て、横へと掻き切つた。そして、頭から前へ真逆様に落ちた。

小道のすぐ上、右手に、赤錆た鉄パイプが幾本も剥出しになつてゐる温室があり、その前にAさんが立つてゐた。わたしが近づくのを待つて、反対側の凹地を指さす。

道から三メートルほど下に、雑草を刈り払つた一劃があり、その奥の、大木が幾本も生ひ茂つた陰に、かなり大きな墓石とも碑とも見えるものがあつた。前の花立には、菊の花が萎れてゐる。

そこへ行くのには、形ばかり丸太を並べた急な階段を降りなくてはならないが、土で半ば埋まつてゐる。

雨のなか、無理ではないかと思つたが、注意して降りる。

無事に降りることは出来たが、枯草の覆つた下が水をたつぷり吸つた粘土で、ぬるぬるする。

「伝鹽冶高貞首塚」

さう書かれた細いコンクリートの角柱が立ち、その向う、石灯籠と花立を左右に、三段重ねの基壇があつて、その上に、二メートルもありさうな太い石柱が立つてゐる。

「鹽冶判官高貞之碑」

そちらにはかう刻まれてゐた。

一足遅れてやつて来た木村源三が、馬から飛び降り、駆け寄つた。大星由良助が、一足遅く駆け寄るのと同じである。さうして由良助は、今はの際の主君の口から、「鬱憤を晴させよ」との言葉を聞くが、源三にその暇はなかつた。まだ息がかよつてゐたが、かまはず判官の首を斬り落とし、身体から鎧直垂を剥ぎとると、手早く首を包み、傍らの田のなかへと入つて行つた。深くぬかるむなか、無理矢理に進む。そして、人目がないと見定めると、泥中深く埋めた。そこが、グラウンドの下の田であつた、と言ふのである。

「昭和九年に建てたものです」

後から降りてきたAさんが言ひ、

「わたしの祖父の名もあります」

と、基壇に刻まれてゐた幾人もの名のなかの一つを指差す。当時の地元有志が集まつて、このあたりに散らばつてゐた墓石をこの下に収め、建てたと説明してくれる。

傍らには、白く滑らかな太い幹のタブの木がある。根元から四つに分岐し、高々と聳え、秋にもかかはらず葉を密に茂らせてゐて、ここばかりほとんど雨滴が落ちてこない。

首を埋めると、源三は、遺体のところに戻つて、腹を切つた。そして、自らの「腸《ハラワタ》繰出シ、判官ノ頚ノ切口ヲ陰《カク》シ」、打ち重なつて死んだ。

将の首を隠す話が『太平記』には幾つも出てゐるが、当時、将の首を取るかどうかに、勝敗の決着の象徴的意味がかかつてゐたのだ。あらゆる手立てを尽くして、首を隠し通さなくてはならなかつたのである。

が、この死を賭しての企みは、無駄に終はつた。追尾してきた山名伊豆守の兵たちが二つの死体を見付けると、「木村ガ足ノ泥ニ濁《ヨゴレ》タルヲシルベニテ」、あたりの田圃を探索し、鹽冶判官の首を掘出した。

二人とも汚れた靴を気にしながら、グラウンドの観覧席のところまで戻つて来ると、向うの校舎の横に、宍道湖の湖面が霞んで見えた。傘を叩く雨の音を聞きながら、Aさんと並んで、しばらく眺める。

「作り話かもしれませんね」

Aさんがぽつりと言つた。

思はず顔を見ると、

「いや、高貞がこのあたりで死んだのは間違ひないと思ひます。しかし、高貞が後醍醐天皇から夫人を賜つたといふのが。いろいろ調べてみるのですが、記録が出てきません。あるのは、『太平記』の鹽冶判官讒死事のところだけです。天皇から拝領したのなら、他にも記録があるはずだと思ふのですがねえ」

これまで幾度も聞かされてきた、記録のない嘆きは、このやうなところまで及んでゐたのだ。

「いや、作り話なのでせう」

自ら結論を下すやうに言つて、Aさんは、観客席の端を戻り始めた。

しかし、もしもさうなら、どうなる？ 師直の恋そのものがなかつたことになるのではないか。そして、手引きした侍従も、艶書を書いた兼好も、まんまと黄金の太刀をせしめた薬師寺公義も、ゐなかつたことになる。円通寺や梵堂やその碑などは、荒唐無稽な伝承のうへに建てられたことになる。

ここまでそれらを辿つて、旅をして来たわたしはどうなるのか？

Aさんの背中を見ながら、途方に暮れる思ひを覚えずにをれなかつた。

もしかしたらAさんは、わたしのやうなよそ者に、悪意のやうなものを抱いてゐるのではあるまいかと、疑ふ気持さへ兆す。

急にAさんが立ち止まり、こちらに向き直つて、

「お笑ひになるかもしれませんが……」

と、吃るやうにして言つた。

「わたしは、わたしが興味を持てば持つほど、その人物が、歴史から消へてしまふ、そんな不安を、持つてゐるのです」

そして、空いてゐる左手を、先程までゐたあたりを指し示すやうに、ぎごちなく動かし、

「鹽冶判官高貞とその夫人について、わたしは、ずつと、幼い時から関心を持つて来ました。なにしろ高貞は、わたしの生まれ育つた土地の人物ですし、祖父から寝物語に語り聞かされて育つたせゐでせう。若いときなどは、同じ鹽冶の地に生を受けたものとして、ああした美しいひとに出会ひたいものだと、大真面目に思ひ詰めたものです」

さう言つて、ちよつと照れ臭さうに、無理に笑ひを浮かべた。

「祖父がよく話してくれたのは、鹽冶判官のほかに須佐之男命《すさのおのみこと》に、大国主命《おほくにのみこと》でした。ご存じのやうに、いづれも出雲に深いかかはりのある、神話上の人物です。わたしが中学生になつた年、敗戦になつて、神話は非科学的な単なるお伽話、といふことになりました。それで、須佐之男命も大国主命も、歴史の世界から追放されてしまひました。しかし、一人だけ、追放されずに歴史の片隅に残つたのが、鹽冶判官高貞でした。彼は、間違ひなく歴史上の存在だつたからです。しかし、南北朝時代そのものが、ほとんど採り上げられなくなりました。忠臣楠木正成や新田義貞を持て囃した戦中の反動として、『太平記』の時代を、恐れ憚るやうな空気が強くなつたためです。もつとも戦中にしても、鹽冶判官高貞は、後醍醐天皇を途中で裏切つた逆臣だ、女のために死んだ男だ、といふことで、決してよくは遇されませんでした。そして、戦後は戦後で、楠木正成らと行動をともにした時期があつたため、彼らと同じ扱ひを受ける結果になつたのです。そんな具合ひでしたから、鹽冶判官高貞も、須佐之男命などと同じ運命を辿るのではないか、と恐れる気持を、ずつと持ちつづけて来てゐるのです。お解りいた

だけるかどうか分かりませんが、歴史に関心を持つやうになつて以来、わたしはずつとさういふ恐れを、持ちつづけて来てゐるのです」

突然の雄弁に驚かされながら、わたしは耳を傾けた。

「負ければ、物語を奪はれる、歴史を奪はれるのです。古い昔から繰り返されて来たことです。なにしろ出雲は、大和朝廷に征服されて以来、幾度となく負けつづけてきた土地柄です。高貞も、負けました」

雨の音に紛れさうな、低いが、はつきりした声でAさんは言ふ。

「勝者が歴史を奪ふ、その最初の確かな証拠が、『古事記』ですね。祖父が話してくれた須佐之男命と大国主命の話にしても、また、出雲建《いずものたける》の話にしても、じつは大和朝廷によつて組み直されたものでした。それと同じやうなことが、繰り返されて来たし、これからも繰り返されるだらうと、わたしなどは考へてしまふのです。いや、現に、この前の敗戦で繰り返されたのでしたね。教科書に墨を塗られたことを覚えてゐます。それればかりか、学校や図書館にあつた貴重な書物が、戦意を鼓吹した、非科学的なものだ、として処分されました。わたしの通つてゐた中学校でも、運動場に本が積み上げられ、焼かれました。さうしたことが、鹽冶判官高貞の上にだつて、いつ、起るかもしれない。高貞についての資料らしい資料が、地元にほとんど残つてゐないのも、もしかしたら、鹽冶一族を追ひ出した尼子氏の手で、抹消されたためかもしれません。希代の栄誉として美女を賜つたなどと言ふ事実は、抹消するのがもつと容易でせう。架空のお話にしてしまへばよいのです。師直が覗き見した揚句、横恋慕の情を抑へきれなくなつて、と言ふふうに、いかにもお話らしく膨らませばよろしい。しかし、実際に彼女がまつたくの架空の人物だつたとなると、どうでせう？　わたしのやうな鹽冶生まれの、鹽冶育ちの、高貞とその妻に関心を持つて来た人間は、どうなるのでせう？　わたしとしては、この地に、現実に生きた女でなくてはならない。さういふ存在として、わたしは納得したい」

　誰よりもＡさん自身が、「架空の作り話」とされることを恐れてゐたのだと知つた。だから先回りして、わたしに対しあのやうな言ひ方をして来たのだ。案内しながらも、他国者のわたしに「架空の作り話」でせうと言はれるのを、なによりも恐れてゐたのだ。だからこそ、文献にないことを繰り返し強調して来たのだ。

　Ａさんのズボンの裾に泥が付いてゐるのに気付いた。首塚のところまで降りたときに付いたのだ。多分、わたしのズボンも汚れてゐるはずだ。

「ところが」

　と、Ａさんはつづけた。

「こんなわたしの気持とは別に、最近、『太平記』を読み返しますと、高貞の夫人の存在が、疑はしく思はれて来て仕方がないのです。あんなふうに面白く話を膨らませることが出来たのも、もともとがお話として作られてゐるからではないか。さう思つて読みますと、疑はしい節々が目について仕方がないのです。さう言つたことはありませんか？」

　わたしを見据ゑるやうにして、Ａさんは、問ひかける。そこまで真剣に考へて読んでゐるわけでもないので、わたしは答へに窮した。

「じつはこの春も、陰山へ行つてきました。三度目ですが、高貞の夫人の存在をどうにかして確かめたいと思つてのことです。あの立派な寺と早田妙応夫人の文字を刻んだ石碑を見ますと、心強くなるんです。加古川にも行つて、二つの石碑を見てきました。それから、京都の鷹司西洞院あたりも歩いて来ました」

すでにAさんが幾度も歩いた道を、わたしは辿り、ここまでやつて来て、いま、Aさんと向きあつてゐるのだと、知つた。

依然として雨は傘を叩き、宍道湖はグラウンドの彼方に煙つてゐる。生害灘と、この事件後、呼ばれるやうになつたのは、いま目にしてゐるあたりだらう。

風らしい風はないが、ズボンの裾はすつかり湿つて、脚にまとはりつき、濡れた靴のなかの爪先が冷たい。

「この鹽冶判官讒死事の筆者は、ずいぶん作為を加へてゐますね。兼好法師が仲を取り持つたといふ話にしても、ただ手紙の代筆をした可能性があると言ふことから、膨らませたものでせうし、女装して風呂場を覗いたなんて、出来過ぎです。ですから、ますます信じられなくなるのです」

Aさんは、つらさうに言ふ。

不意に傘の群れがグラウンドに走り出てきた。赤、青、黄、黒、さまざまな色の傘を、生徒十数人がてんでに差してゐるのだ。女の子もゐる。昼休みに校舎内に籠つてゐるのが我慢できなくなつたのだらう。

こちらへ走つてくるその一団のなかから、サッカーボールが転げ出た。その後を、みんなが追つて来る。

Aさんも気付いて、目で追ひながら、

「こんな言葉を、実際に、高貞が口にしたとお考へですか？」

と言ひ、陰山での妻子の最期を聞いた時、判官が発した言葉、「時ノ間モ離レガタキ妻子ヲ失レテ、命生テハ何カハセン」を口ずさんだ。

先頭の少年が追ひ付くと、ボールを蹴り上げた。白と黒のモザイク模様の球体が、ゆつくり回転しながら雨空へと上がつていく。

「今日のわれわれは、高貞は大変な愛妻家だつたんだなと受けとつて、奇異ともなんとも思はないかもしれません。しかし、妻子を離れて戦場を駆けめぐるのを常とした武士が、実際にかう考へ、絶望して自害したとは、到底あり得ないことでせう」

落下してきたボールが、飛沫をあげて鈍く弾んだところに、別の少年が回り込んでゐて、逆の方向へ蹴つた。

「当時の武士にとつて妻子が大事であつたのは、血脈を保持するためでして、時の間も離れ難い思ひなどに拘る余地など、まつたくなかつたはずです。だから、わたしなりの推測を言はせていただくと、これは、時代離れした考へ方を好んでする人が、勝手に持ち込んで、高貞に言はせただけのものだと思ふんです」

これまでのAさんは、推測を口にすることがほとんどなかつた。それだけに、興味をそそられ、それは誰だとお考へなのですか？　と尋ねずにをれなかつた。

「やはり、書いた人、と言ふことになるのではないでせうか」

書いた人？　鸚鵡返しに言ふと、

「素直に考へますと、さうなるのではありませんか？　『太平記』の、この巻を書いたひとです」

それなら、小嶋法師なりそれに近い人物ではないか。なるほど、彼こそ、「時代離れした考へ方を好んでする」筆者かもしれない、と思つた。旅を日常とする身の上で、兼好を初め世間と言ふものを冷たく突き放して見てゐた。それだけに却つて、自分に無縁な妻子なるものに過剰な夢を託してゐたとしても不思議はないかもしれない。

さうして妻であり母親である鹽冶判官の妻を限りなく美しく描き、一方で、激しく恋する師直を、艶書を書く兼好を、妻子を唯一の生き甲斐とする鹽冶判官を、実際の高貞とかかはりなく、示したのだらう。多分、Aさんはそんなふうに考へる方向へと傾いてゐるのだ。それにAさんのうちには、その時その時の勝利者側に身を寄せて物語をつづる者への不信の念も働いてゐよう。物語は、勝敗にかかはりなく、なによりも死ぬ者の「名」を掬ひ採るものでなくてはならないのだが、実際は、さうはなつてゐない。『古事記』の時代から、さうなのである。

今度は白いソックスの赤いセーターの女生徒が、細い脚で蹴つた。それをもう一人の背の高い女の子が、リレーするやうに蹴る。萌黄色の上着だつたので、京都で見かけた女子大生が少女になつて現はれたのか、と一瞬思つた。

確かに、そのとほり作為がある、とわたしも思はざるを得なかつた。当時の武士にとつて大事なのは、「名」であり「家」であつて、妻子との「時ノ間モ離レガタキ」思ひは二の次であつた。しかし、Aさんの言ふやうに、筆者ひとりの作為かどうか。

もしかしたら、生徒たちの群れのなかから不断にボールが蹴り出されるやうに、物語の進展そのもののなかから、その言葉が出て来たのではないか、と考へる。

その言葉は、ボールがいまグラウンドを走つてゐる生徒全員のものであるやうに、筆者ひとりのものでも高貞のものでもなく、物語全体のものであつたのではないか。作為もまた、それに従つておこなはれたのだらう。

傘もささず、校舎のある土手の上で、盛んに手を振つてゐる男がゐるのに気付いた。頭からすつぽり黒いアノラックを着てゐる。眼鏡が鈍く光る。教師なのだらう。戻るよう指示してゐるのだ。しかし、ボールは逆の方へと転がつていく。

この物語には、物語全体を衝き動かして、先へ先へとうねつて行くものがある。そして、そこからこぼれ出たのが、「時ノ間モ離レガタキ」思ひを言ふ言葉であり、「命生テハ何カハセン」と言ふ叫びであつたのではないか。そして現に、このうねりを体現したやうな男がゐたのだ——、と思ひ当つた。言ふまでもなく、「国ノ十箇国許、所領ノ二三十箇所也トモ、カヘテコソ給ラメ」と、本気で望み、自らに許された限りの権力を傾けて、女を得ようとした男である。その男は、ついに女に逢ふこともないまま、一方的に「時ノ間モ離レガタキ」思ひをつのらせ、揚句の果て、自ら手を下すに等しいかたちで、当の女を殺してしまつたのだ。「命生テハ何カハセン」と、彼こそ叫ばずにをれまい。

教師の指示を無視できなくなつたのか、生徒たちは校舎の方へと、ボールをゆつくり転がしだした。空へ上がることとなく、泥水をまとひつかせて、地面を転がつていく。

結局、師直が手にしたのは、泥まみれの女の夫の首だけだつたのだ。

傘が一つに集まり、やがて伸びて一列になつて階段をあがつて行く。

その師直の絶望の深さを、最もよく見届けたのは、頼政の逸話から書き始めた筆者であらう。そして、その思ひを、彼もまた、最後に書き込まずにをれなくなつたのだ。しかし、師直その人は、京にとどまつて諸将を指揮する立場にあり、この出雲の地には姿を現はさなかつた。そこで、作為を働かせたのだ。誰よりも師直のものであるべき言葉を、鹽冶判官のものとして書き込む、と。そのためには、「女」とあるべきところを、「妻子」と替へさへすればよかつた。

傘の列は、校舎の中へ呑み込まれ、つづいて教師らしい男の姿も消えた。薄すらと水を含んだ足跡が一面に乱れ残つてゐるグラウンドばかりが、広く感じられる。

このやうな理屈にもならない理屈を重ね、引き出した意見をAさんに話したら、なんと言ふだらうと、歩きだしたAさんの方を見ながら、考へた。馬鹿々々しいと一蹴するに違ひあるまい。なにしろ証拠を重んじるひとだから。いや、いまAさんは、推測を語つたのではないか、と思ひ返す。

そしていま、わたしが考へてゐるのは、理屈と言ふよりも、物語自体が指し示してゐる方向である。無数の「物語」に持ち上げられ、その流れのままにこの地へと運ばれて来た者として、わたしは、そのことは強く主張してよいのではないか。

また、この事件後の師直の言動が、なによりも雄弁にそのことを語つてゐる。『太平記』巻第二十六以降に記されてゐるやうに、彼は世を驚かす乱行へと走つた。今出川一条の屋敷を奪ひ取るとともに、貴人たちの娘の許へつぎつぎ押し掛け、凌辱を繰り返し、「毎夜の宮廻《みやめぐ》り」と、京童たちにはやしたてられた。すなはち、高雅な女の前に「色蒼ざめ」るのではなく、逆に、さういふ女たちを徹底的に色蒼ざめさせたのである。かうも豹変したのは、鹽冶判官の妻を手に入れることが出来なかつたがゆゑにほかなるまい。空しい復讐に出たのである。

さうして行き着くところ、自からの首が、蹴られつづけてゐるボールのやうに泥にまみれることとなつた。このグラウンドの下の泥田のなかから、高貞の首が見付け出されてちやうど十年後の春、観応の擾乱で敗北、雨のなか、兵庫川畔――鹽冶判官一行を追ふ山名伊豆守らが駆け抜けていつたところ――を馬で連行されたが、先を行く馬の蹴立てる泥水を頭からしたたか浴びせられ、「深泥ニマミレ」た挙句に、報復の念に駆られた者たちに襲はれ、泥水のなかへと転落、首を刎ねられた。物置小屋から引きずり出された吉良上野介の面が汚れてゐなくてはならないのは、このためなのだ。

かうした師直の辿つた軌跡が、鹽冶判官の妻の実在を、なによりも証してゐるのではないか。かの女は間違いなく実在してゐましたよと、Ａさんに言はなくてはなるまいと、わたしは足を早めた。

（文学界、平成十一年二月号）

初出一覧

『夢幻往来―異界への道』（昭和62年〈一九八七〉10月8日　人文書院）
信太森―うらみ葛の葉（「近代風土」20号　昭和59年〈一九八四〉3月）
野守鏡―水底の鷹（「現代文学」33号　昭和61年〈一九八六〉7月）
二上山―幻視往生（「現代文学」31号　昭和60年〈一九八五〉6月）
江　口―白象に乗る遊女（「近代風土」22号　昭和60年〈一九八五〉2月）
求　塚―均衡の悲劇（「近代風土」21号　昭和59年〈一九八四〉9月）
蟻　通―謎解きの旅（「近代風土」23号　昭和60年〈一九八五〉6月）
雲林院―別れし夢（「近代風土」27号　昭和62年〈一九八七〉3月）
蝉　丸―往くも帰るも（「近代風土」25号　昭和61年〈一九八六〉5月）
大物浦―入水再び（「近代風土」26号　昭和61年〈一九八六〉10月）
橋　姫―失はれた物語（「近代風土」24号　昭和60年〈一九八五〉12月）

『袈裟の首』抄（平成3年〈一九九一〉9月17日　福武書院）
塩竈の煙（「海燕」平成元年〈一九八九〉8月号
袈裟の首（「海燕」平成2年〈一九九〇〉2月号）
源氏供養（「海燕」平成2年〈一九九〇〉10月号）

弱法師（「海燕」平成3年〈一九九一〉8月号）

『師直の恋――原「忠臣蔵」』抄（平成13年〈二〇〇一〉9月30日　邑書林）

比叡の瀧（「海燕」平成5年〈一九九三〉3月号）

師直の恋――原「忠臣蔵」（「文学界」平成11年〈一九九九〉2月号）

あとがき

いはゆる文学研究から離れて、文章を書くやうになつたのは、ここに収めた『夢幻往来』（「異界への道」とサブタイトルが付いてゐた）からだが、基本的にはこの書き方を以後もずつと続けることになつた。数へてみると、もう四十五年にもなるではないか。いささか呆れる思ひだが、どうしてかういふことになつたのか。論文や評論を書いてゐたこともあるが、小説らしい小説を書くことに何かしら抵抗感を覚え、古典の専門家になる気にもないのに、あちこちと古い文章を読み漁り、当て所なく歩くのを楽しみにしてゐたので、案外、身にあつてゐたのかもしれない。一時は、新しい小説技法として打ち出してみようかといふ思ひを抱きかけたこともあるが、気負へば筆はあまり動かなくなり、その拙さにいやになつて、後は気ままにやつて来たといふところである。

この書き方を採るやうになつた切掛けを、著書『夢幻往来』の後書に記してゐるので、それを引用すると、

「私が勤める大阪の大学の一つ手前の駅が、俊徳道である。行き帰りにいつも気なつてゐたのだが、なにか気軽に読めるものを書くやうにと、大学で発行してゐる雑誌「近代風土」から求められたとき、その駅のことが、ふと頭に浮かんだ。俊徳道とは、いふまでもなく謡曲の「弱法師」、説経の「俊徳丸」、歌舞伎の「摂州合邦辻」などに出てくる主人公俊徳丸にちなむ地名である。この悲惨な運命に弄ばれた美少年については、さまざまな伝承があり、物語や舞台に採り上げられたが、大正になつてからも折口信夫が論じ、一篇の物語を書いたし、戦後では三島由紀夫が「近代能楽集」で一幕の劇にした。

このやうに長い時間にわたつて、さまざまなかたちで採り上げられ、生きつづけて来たものを、その土地を実際に訪ねることをとほして扱つてみてはどうだらう、と思ひついた。幸ひ、関西には、さういふ土地がいくらでもある。」「ただし私は、近代文学を専攻する者で、古典については不案内である。しかし、それゆゑかへつて専門家の陥りがちな弊から逃れることができるだらうし、なによりも気ままに書くことが許されるはずだと考へた。ムシのいい考へだが、さういふ狙ひで書き出したところ、つぎつぎと興味深い材料が出てきて、楽しく書くことができた」。

当時、わたしは東京の青山墓地近くに住み、大学へは毎週、新幹線で通つてゐた。そのためこの往復は「ちよつとしたサイエンス・フイクション以上の体験をしてゐる」とも受け取られた。すなはち、「歴史の希薄な世界からおそろしく濃厚な世界へと、タイム・スリップを繰り返してゐる」やうなものだ、と。さうして、古い伝承のある土地々々を訪ねて行くと、自分が「諸国巡歴の僧にでも」なつて、「土地々々に鎮まつてゐるさまざまな物語の霊を、呼び覚ましていく」のだとも見なす気持も抱いた、と書いてゐる。

かうして書いたものを、雑誌「海燕」を始めた編集者寺田博氏が目を留めてくれたのか、小説であることに拘らず、なんでもよいから書いて見ないか、と言つてくれた。さうして書いて持つていくと、なにも言はずに次々と載せてくれ、「海燕」廃刊を前にして、素早く纏めてくれたのが短篇集『袈裟の首』であつた。

以後も寺田氏は顔を合はせると元気づけるやうなことを言つてくれたし、時評でいろんな方々が採り上げてくれ、川村二郎氏などは近い発想で精力的に書くやうになつた。しかし、わたしとしてはいささか限界を感じるとともに、歴史上の人物や出来事に関心が向ふやうになつた。そこで「季刊文科」

に長いものを連載するやうになつた。

ただし、現地を訪ね歩くといふ方法は、歩く体力がなくなれば、不可能になる。今やその状態に近くなりつつあるといふのが、現実である。さういふところで、この著作集のため再読する機会を持つたのだが、その拙さ加減を思ひ知つたものの、今日、読んで貰ふ多少の意味はあるのではないかと思つた。そこで『夢幻往来』は全篇、『袈裟の首』『師直の恋』からは六篇を選び、改稿して、収めた。多少なりとわが国の文学に親しむ糸口になつてくれれば、と思ふ。

なほ、著作集全体としては不統一の批判を免れないが、この巻以下は歴史的仮名遣ひで統一する。古今を気ままに往来するのには、現代仮名遣ひでは歩速が合はない感じがするのである。

平成最後の初春

松本　徹

松本　徹（まつもと　とほる）

昭和八年（一九三三）札幌市生まれ。大阪市立大学文学部国語国文科卒。産経新聞記者から姫路工大、近畿大学、武蔵野大学教授を経て、山中湖三島由紀夫文学館館長を勤めた。現在は「季刊文科」「三島由紀夫研究」各編集委員。

著書に『徳田秋聲』（笠間書院）、『三島由紀夫の最期』（文藝春秋）、『三島由紀夫の時代—芸術家11人との交錯』（水声社）、『小栗往還記』（文藝春秋）、『風雅の帝　光厳』（鳥影社）、『天神への道　菅原道真』（詩論社）、『西行わが心の行方』（鳥影社）など。

編著に『年表作家読本三島由紀夫』（河出書房新社）、『三島由紀夫事典』（勉誠出版）、『徳田秋聲全集』全四十三巻（八木書店）など。

監修『別冊太陽　三島由紀夫』（平凡社）

松本徹著作集③

夢幻往来・師直の恋ほか

平成三十一年（二〇一九）二月二十五日　初版発行

著　者——松本　徹

発行者——加曽利達孝

発行所——図書出版　鼎書房

〒132-0031　東京都江戸川区松島二-十七-二

電話・FAX　〇三-三六五四-一〇六四

URL　http://www.kanae-shobo.com

印刷所——シバサキロジー・TOP印刷

製本所——エイワ

落丁、乱丁本は小社宛にお送りください。送料は小社負担でお取り替えいたします。

ISBN978-4-907282-44-8　C0095

松本徹著作集（全5巻）

① 徳田秋聲の時代（既刊）
② 三島由紀夫の思想（既刊）
③ 夢幻往来・師直の恋ほか
④ 小栗往還記・風雅の帝 光厳（以下続刊）
⑤ 天神への道 菅原道真ほか

四・六判上製・各巻四〇〇頁・定価三、八〇〇円＋税

鼎書房